MUNDO MAIS
CONSCIENTE

LEO CHAVES
VIVIAN DIAS | MAURÍCIO DIAS

MUNDO MAIS CONSCIENTE

Educando emoções, transformando pessoas

São Paulo, 2024

Mundo mais consciente: educando emoções, transformando pessoas
Copyright © 2024 by Leo Chaves
Copyright © 2024 by Vivian Dias
Copyright © 2024 by Maurício Dias
Copyright © 2024 by Novo Século Ltda.

EDITOR: Luiz Vasconcelos
COORDENAÇÃO EDITORIAL: Silvia Segóvia
PREPARAÇÃO: Adriana Bernardino
REVISÃO: Andrea Bassoto
CAPA E PROJETO GRÁFICO: Lumiar Design

Texto de acordo com as normas do Novo Acordo Ortográfico da Língua Portuguesa (1990), em vigor desde 1º de janeiro de 2009.

Dados Internacionais de Catalogação na Publicação (CIP)
Angélica Ilacqua CRB-8/7057

Chaves, Leo
  Mundo mais consciente : educando emoções, transformando pessoas / Leo Chaves, Vivian Dias, Maurício Dias. -- Barueri, SP : Novo Século Editora, 2024.
  304 p. : il.

Bibliografia
ISBN 978-65-5561-762-7

1. Educação socioemocional 2. Emoções I. Título II. Dias, Vivian III. Dias, Maurício

24-1282   CDD 370

Índice para catálogo sistemático:
1. Educação socioemocional

Alameda Araguaia, 2190 – Bloco A – 11º andar – Conjunto 1111
CEP 06455-000 – Alphaville Industrial, Barueri – SP – Brasil
Tel.: (11) 3699-7107 | E-mail: atendimento@gruponovoseculo.com.br
www.gruponovoseculo.com.br

Agradecimentos

ENTRE OS ANOS DE 2014 E 2015, eu vivia a persona quimérica de uma celebridade no auge da fama. Nesse lugar você facilmente se torna apenas uma peça de um sistema. As fantasias e os desejos que o poder da fama traz são apetitosos e ao mesmo tempo perigosos. Além disso, o mercado do *show business* exige de um artista uma agenda atribulada.

Ali, sentado e estagnado à varanda da desconexão, eu me sentia vazio, sempre em busca de algo que ainda não tinha conquistado; muitas vezes, procurando saciar nos valores externos as minhas ruínas interiores. O labirinto da vida te possui quando você não se possui.

Em meio àquela ladeira sem direção, em que a minha relação comigo e com meus filhos não era tão constante, decidi buscar ajuda. Eu trazia vestígios e marcas de outrora, e isso ecoava para meus filhos, assim como acontece com a maioria dos pais. Quero evidenciar a importância e a gratidão que tenho pelos meus pais, pela forma como me educaram e conduziram meu processo de criação, mas a jornada da vida propõe evolução e desamarras. É preciso se jogar em novos lugares, desafiando as próprias convicções e conhecendo profundamente o que você carrega nos seus bastidores. Foi o que fiz naquele momento de angústia e desilusão. Joguei-me para dentro de mim.

Destaco que a pessoa que me deu as mãos nesse período foi Augusto Cury, com quem eu havia encontrado em um bate-papo sobre pecuária. No pedestal de celebridade nacional, mencionei com coragem palavras e histórias que abriram a porta para um novo mundo: a educação. "Augusto, preciso de ajuda! Parece que tenho tudo na vida, mas internamente minha sensação é de não ter nada, estar vazio".

De forma solidária e altruísta, ele me ofereceu um curso, com base na educação socioemocional. Dediquei-me inteiramente a esses estudos, que mudariam para sempre a minha relação com meus filhos e a minha vida como um todo. Após um bom período de estudos, percebendo as mudanças em minhas relações, decidi ampliar esse impacto, alcançando pessoas que não têm o mesmo acesso ao conhecimento e às oportunidades.

Fundei, então, uma ONG, com o objetivo de aplicar gratuitamente a educação socioemocional em escolas de periferia e rurais. O nome da ONG? Instituto Hortense. E aqui abro um parêntese. Nos tempos de bares, numa fase difícil em São Paulo, eu estava desanimado com a carreira musical. Sem dinheiro, com poucas perspectivas e sem motivação para continuar, conheci uma senhora que me reconectou a um propósito de vida. Mesmo em uma cadeira de rodas, ela mantinha um sorriso exuberante, uma energia inigualável e uma atitude acolhedora com todas as pessoas que visitavam o Santuário de Schoenstatt. Agradeço ao amigo Carlos Laureano e sua família por me apresentarem aquele lugar mágico com o qual me relaciono até os dias atuais. No primeiro encontro, aquela senhora, a Irmã Hortense, deu-me um banho de estímulo para seguir no caminho da música. Olhando nos meus olhos repletos de lágrimas, ela me disse que eu tinha uma missão muito além de cantar em bares (o que me fazia feliz também) e que salvaria almas. Eu não entendi aquilo, mas essas palavras ficaram guardadas no meu íntimo. Era, na verdade um novo propósito, usar a música em benefício das pessoas.

Em 2016, junto a alguns amigos, especialmente Gilmar Goudard, surgiu a ideia de comemorar meu aniversário de 40 anos realizando um evento beneficente em Uberlândia, com o show de grandes artistas. Dessa semente nasceu a ONG, batizada como Instituto Hortense, em homenagem à irmã que me devolveu a motivação.

Em um dos períodos mais difíceis da minha vida e durante a pandemia de Covid-19, em uma de minhas palestras, conectei-me com um casal de professores e fundamos juntos a EAI Educa, uma metodologia de educação socioemocional que cresce a passos largos e já impacta mais de meio milhão de pessoas diretamente. Foram tantos desafios que não há como os descrever! Alinhados ao propósito de transformar vidas, hoje a EAI Educa tem como grande parceiro o Instituto Hortense, ao qual estendo meus agradecimentos por tantas conquistas até agora. Muitas outras virão certamente!

> Agradeço às pessoas que fizeram e fazem parte dessa jornada na EAI Educa e no Instituto Hortense!
> Agradeço à minha família pelas inúmeras experiências vividas. Aos meus amigos e colegas de trabalho no Grupo Chaves, em especial ao meu sócio, Joaquim Guimarães.
> Ao meu irmão Victor, sem você nada seria possível!
> Existem duas pessoas que, certamente, representam um grande alicerce nesse projeto: Vivian e Maurício. Vocês são o dedo divino na jornada da EAI Educa. Minha gratidão por confiarem em minhas loucuras e peripécias.
> Aos meus filhos, que me ensinaram e me ensinam tanto, obri-

gado por tantas experiências como pai! Amo muito cada um de vocês!

À minha esposa, Carol, companheira e guerreira, sempre ao meu lado em tudo. Você faz toda a diferença!

Agradeço também à mãe dos meus filhos, Tatiana Sbrana, pelos momentos e aprendizados vividos como pais.

Minha gratidão a Deus, pela oportunidade de viver tudo isso! Caminhar com a Educação é um presente divino!

Leo Chaves

Aos nossos pais, que sempre acreditaram que estudar é o caminho para uma vida digna e com maiores possibilidades de realização pessoal. Foi esse legado deles que nos permitiu materializar este sonho.

Aos meus filhos, aqui representados por Mauro, pelo lindo exemplo citado neste livro, e por ser fonte contínua de incentivo deste projeto, sempre com uma palavra motivadora e amiga.

Maurício Dias

A todos os nossos incríveis profissionais da Saúde, que, em meio à pandemia, doaram o melhor de si para salvar vidas durante 24 horas, aqui representados pelos nossos médicos mais queridos — meu filho Ian, meu grande amigo e incentivador, e minha querida nora Caroline.

Vivian Dias

Às nossas famílias, irmãos, cunhados, tios, sobrinhos, primos, todos, sem exceção, que sempre, de maneiras diversas, ensinaram-nos e lapidaram nossas emoções e sentimentos.

Aos professores e educadores como um todo, que mostraram a capacidade de se reinventarem na pandemia! Nós acreditamos em vocês e na força que têm para construir as mudanças que nosso país tanto almeja e necessita.

A todas as crianças deste país e, em especial, as próximas a nós, pela sua bondade, audácia e criatividade, que fazem com que acreditemos que é possível, sim um mundo melhor e mais acolhedor. São tantas as que amamos, mas aqui as representamos todas por meio da ousadia e da criatividade de uma menina que é parte especial da nossa vida, nossa sobrinha Valentina.

Aos amigos de São Paulo, família que escolhemos, pelo tanto de carinho genuíno, apoio e incentivo, vibrando a cada passo dado com amor e entusiasmo. Vocês foram a melhor e mais leal torcida e nunca soltaram as nossas mãos!

Aos amigos de Uberlândia (MG), pela receptividade, abertura e carinho, e por nos ensinarem o real sentido da palavra acolhimento, e ao Instituto Hortense, pela parceria e pela confiança depositada em nosso trabalho desde o início de nossa feliz parceria.

Ao time mais incrível, humano, solidário e fraterno: os profissionais comprometidos e apaixonados da EAI EDUCA, que constroem esse sonho a muitas mãos todos os dias aqui, cumprimentados pelo nosso querido gestor executivo Luís Mordente, e à primeira pessoa a caminhar conosco, nossa querida coordenadora pedagógica Maria Tereza Ramos de Oliveira.

A todos os brasileiros, que seguem acreditando em um país democrático, inclusivo, diverso, plural, solidário, humano, que creem na força do diálogo e da união do nosso povo.

E nosso mais especial e carinhoso agradecimento ao querido amigo e parceiro no sonho EAI EDUCA, Leo Chaves, que, com seu entusiasmo, coragem, otimismo, sensibilidade e amor pela educação confiou em nós e nos impulsiona com sua ousadia a irmos muito além do que um dia sonhamos, nossa gratidão será sempre eterna.

A Deus e a Sua infinita bondade que habita nossos corações, nós nos imbuímos de fé e força para seguirmos, a despeito das inúmeras dificuldades já vividas e que sedimentaram nosso caminhar.

Vivian e Maurício Dias

Sumário

PREFÁCIO..13

APRESENTAÇÃO..17

COM A PALAVRA, OS PROFESSORES....................27

INTRODUÇÃO..31

Capítulo 1..51
EAI SOCIAL

Capítulo 2..95
EAI CRIATIVA

Capítulo 3..125
EAI COLABORATIVA

Capítulo 4..151
EAI DE COMUNICAÇÃO

Capítulo 5..183
EAI FOCAL

Capítulo 6..213
EAI DE AUTOGESTÃO

Capítulo 7..239
EAI RELACIONAL

Capítulo 8..269
EAI EXISTENCIAL

UM PERCURSO DE SONHOS E REALIZAÇÕES: A MATERIALIZAÇÃO DA METODOLOGIA EAI.........294

CULTIVANDO CORAÇÕES E MENTES......................297

BIBLIOGRAFIA..298

NOTA DOS AUTORES: os nomes de pessoas usados em depoimentos neste livro foram mudados para preservar suas identidades.

Prefácio

O CÉREBRO QUE SENTE

Leandro Karnal

RENÉ DESCARTES (1596-1650) TORNOU FAMOSA a expressão "Penso, logo existo". Era o primado racionalista que despontava na consciência europeia. A Razão poderia superar os dramas do atraso, eliminar os obstáculos à ciência e inaugurar uma nova era de abundância e de paz. A crença intensificou o Iluminismo. Um sol luminoso e racional brilharia sobre uma humanidade liberta dos horrores da superstição e do atraso.

Chegamos ao século XX com uma constatação complexa. No apogeu da ciência, enfrentamos genocídios e guerras sem precedentes. Matamos em escala industrial e não surgiu um novo homem equilibrado e feliz, mas os portões tenebrosos de Auschwitz. O avanço técnico foi muito mais veloz do que o amadurecimento ético.

O que deu errado? O neurocientista português António Damásio (1944) escreveu o instigante texto *O erro de Descartes* (Editora Companhia das Letras), uma crítica à crença em uma certa existência determinada pela percepção racional, a rigor, cartesiana. Para ele, as emoções e os sentimentos estão na base do processo cognitivo e o homem precisa ser visto de forma mais abrangente. "Sinto e existo" é binômio essencial da nossa experiência. Descartes errou pela parcialidade.

De muitas formas, a escola acompanhou "o erro de Descartes". Os alunos eram considerados gavetas para o depósito de informações racionais. Fórmulas, regras gramaticais, características de escolas literárias, figuras geométricas: informações cartesianas em fluxo gigantesco. Era como se educássemos máquinas aptas a responder programas pré-fabricados. Os alunos que se rebelavam eram punidos, os submissos tornavam-se exemplos a serem seguidos. Como aluno e como professor, eu fiz parte desse grande moedor de carne pedagógico que procurava esmagar sentimentos e produzir, na crítica do grupo Pink Floyd, "another brick in the wall". A mesmice de um tijolo, parte de um todo e sem protagonismo ou individualidade, foi instituída como modelo.

Leo Chaves, Vivian Dias e Maurício Dias desenvolveram o olhar crítico para essa construção. Por que não desenvolver uma visão mais sistêmica, um olhar holístico para o ser humano jovem que se dispõe a aprender, eles se perguntaram. Faltava uma educação socioemocional. Agora temos uma proposta concreta e você a contempla em mãos.

A chave para superar o racionalismo exclusivo como método está na percepção, no desenvolvimento, na vivência e no controle das emoções. Eles sintetizam a nova concepção na fórmula EAI (Emoção, Aprendizagem, Inteligência). Há oito novas perspectivas para pensar: Social, Criativa, Colaborativa, Comunicação, Focal, Autogestão, Relacional e Existencial.

Os oitos campos abarcam uma inovadora visão do aluno e da educação. O conteúdo precisa ser ressignificado e ter uma visão mais ampla e integral do cérebro humano.

Leo, Vivian e Maurício indicam um caminho concreto, testado, prático e muito rico.

Para nós, leitores e profissionais da educação, o primeiro passo é descobrir a ideia apresentada. O outro, mais complexo, é traduzi-la em cada sala de aula do nosso imenso país.

Sabemos bastante sobre as deficiências estruturais dos alunos que saem do ensino médio. Até há pouco tempo eram tratadas como falta de dados. Enfim, podemos mudar de ponto de vista e indicar um enfoque distinto: ver o aluno como uma pessoa em sentido mais amplo e inserido em um grupo humano, com emoções que podem ajudar ou atrapalhar o crescimento discente. O coração pode, finalmente, ser incluído.

Medos e curiosidades podem ser integrados ao processo. O aluno não é mais um cérebro que pesa e existe na sala de aula, mas um corpo, uma sensibilidade e um conjunto intrincado de afetos que, sendo considerados, promovem uma revolução educacional.

Sabemos o que nunca deu certo na educação. O trio de autores começa a indicar o que pode ser feito de forma direta e clara para que as escolas tenham outro papel na biografia dos nossos alunos. Tenho esperança de que cada professor leia a proposta e a adapte ao seu universo específico.

Nada supera a prática da sala de aula. Necessitamos amparar nossa experiência longa e até desafiadora com boas propostas. Precisamos lutar por uma escola mais eficaz, ampla e que desperte a vontade viva de conhecer nos alunos. Alunos vivos em uma escola viva — eis o risco do modelo apresentado se levado adiante com eficácia. Não é pouco!

Apresentação

> "Tudo pode ser tomado do homem, exceto uma coisa: a última das liberdades humanas — a escolha da atitude pessoal diante de um conjunto de circunstâncias — para decidir seu próprio caminho."
>
> (Victor Frankl, escritor e psiquiatra)

COM ALEGRIA E MOTIVADO pelo sentimento do entusiasmo — palavra que significa *in-theos*, ou seja, "com Deus" —, sinto-me confiante em apresentar este livro e compartilhar uma experiência da minha vida, pois, ao longo destas páginas, daremos visibilidade a muitas histórias e experiências pessoais. Elas visam ilustrar as várias aprendizagens que criam pontes para o processo educativo e nos conectam pelas semelhanças comuns — emoções e sentimentos!

Quando eu era apenas um menino, bastante ativo e agitado, que vivia em Abre Campo, no interior de Minas Gerais, tinha, como a grande maioria das crianças, dificuldades para agir dentro dos limites e da disciplina. Era comum há alguns anos que entre a vara da disciplina e o diálogo, quase sempre a primeira ganhasse, e, evidentemente, eu não me sentia feliz. Como consequência, era natural que, à época, eu me sentisse contrariado. Entretanto não guardo mágoas dos meus pais ao relembrar esse período da minha vida.

Então, aos 14 anos, tive a oportunidade de estudar em um colégio interno, de caráter confessional, e lá me confrontei com a rigidez institucional: as rotinas, a disciplina, o respeito às regras, as vivências coletivas, o trabalho em equipe. Inclusive, foi nesse colégio que despertei para a música, pois encontrei um professor que, ao perceber meu interesse e minha vocação, estimulou-me aos estudos com partituras, instrumentos e canto.

Hoje, avalio que a riqueza dessa experiência em minha vida não se deu somente em relação ao currículo formal, que, além de me permitir uma ótima formação, gerou oportunidades em várias situações nas quais fui levado a trabalhar minhas emoções — como aprender a perseverar, a conhecer e a aceitar minhas limitações; a superar, aprendendo a lidar com frustrações e a conviver em grupo, adequando-me às regras e exercitando, em meu dia a dia, a solidariedade, a empatia e o companheirismo.

Olhando para essa fase da minha vida, percebo que, com aquela experiência, meu maior ganho, ou seja, o que levei em minha bagagem para a vida toda, foi aprender a fazer a gestão das minhas emoções. O menino que foi viver a experiência no internato, certamente, não foi o mesmo que saiu de lá três anos depois, uma vez que tive de aprender a enfrentar e a lidar com todos os meus medos e inseguranças.

Nesse exercício de rememorar meu próprio processo educativo, vejo que há uma clara conexão entre as experiências vividas por aquele menino — que, sendo confrontado com suas próprias emoções, cresceu e se fez melhor — e as aproximações que busco hoje na área educacional. Todos esses aprendizados adquiridos no conflito de práticas vêm se tornando conscientes e reconhecidos intimamente.

Foi justamente essa tomada de consciência sobre a importância do gerenciamento competente das emoções que alimentou meu sonho de tocar positivamente a vida das pessoas pelo viés educativo, mais propriamente da educação socioemocional. É esse sonho que faz aumentar minha inquietude e a busca contínua por um propósito, não só do cantor — sua fama e carreira, o que, sem dúvida, engrandeceu-me e me faz muito grato —, mas também por algo a mais, no sentido de entender que as emoções e os sentimentos, partes constitutivas dos seres humanos, se bem trabalhadas, podem colaborar significativamente com a melhoria do processo educativo. Mas como? Por meio de uma vida mais realizadora e com uma sociedade mais equilibrada, pois foi assim que eu descobri em mim propósitos para além do palco.

Comecei, então, a usar a metáfora "descer do palco", não no sentido de abandonar a música ou o meu público — o que nunca desejei e jamais farei — mas, sim, no intuito de me reconectar a valores essenciais, aqueles que fazem parte de minha vida adulta, infância, história, passando por minha origem e por princípios, e a realizar o sonho de fazer algo pela educação, assunto que me motiva e envolve, sobretudo pelo seu caráter transformador.

Nesse processo, que começa internamente, com estudo e reflexão contínuos, percebi algo interessante: o caminho para alcançar uma meta pode ser tão gratificante quanto sua própria realização, e que estudar lapida não somente o intelecto, mas também as emoções. Para se abrir ao novo é preciso humildade para reconhecer o que fomos antes e que somos sempre aprendizes. Essas percepções nos humanizam, situam e nos aproximam dos outros. Assim, decidi seguir adiante, como diria o poeta Camões, "por mares nunca dantes navegados", e identificar com mais clareza minhas incompletudes e fragilidades. Isso ajuda a me tornar mais forte e maduro na busca pelos meus objetivos.

Durante minha jornada, estudo e reflexão me fizeram entender que um dos mais nobres propósitos da vida é ser empático, generoso e gentil com os outros seres humanos. Isso só acontece de fato quando somos capazes de nos conectar de forma significativa com as pessoas, demonstrando uma presença ativa, e não meramente física. Meus filhos foram fonte de inspiração para que eu caminhasse a passos largos para estabelecer uma conexão genuína com eles, proporcionando-lhes segurança e acolhimento afetivo reais.

No momento em que me esforçava para ser visto como um bom pai aos olhos do mundo, percebo agora que estava longe de entender verdadeiramente o que isso significa. Ser um bom pai vai além de ser o provedor e cumprir todas as obrigações paternas, nas quais sempre me esforcei para não falhar. Mesmo estando fisicamente presente com meus filhos, eu sentia que a atenção que lhes dedicava ainda era insuficiente. A conexão com eles não era completa e havia falhas, o que me incomodava e me motivou a buscar estudo e conhecimento pessoal. Foi aí que me deparei com os trabalhos sobre terapia cognitiva comportamental, de Ellen Langer. Eles me inspiraram e me levaram a refletir sobre o verdadeiro significado de prestar atenção de forma ativa. Isso me ajudou a compreender melhor o significado da aceitação e do comprometimento associados aos estudos de *mindfulness*.

Essas leituras, com muitos outros estudos e cursos, marcaram um ponto de virada em minha vida, não no sentido de resolver todos os problemas imediatamente, afinal, não existem fórmulas mágicas. Todavia tudo isso despertou em mim a consciência de que mudar alguns padrões, que antes eu considerava normais, não apenas era possível, mas também necessário, para garantir que meus filhos crescessem emocionalmente mais seguros e independentes.

Com esse objetivo em mente, comecei minha jornada de busca, crescimento e aprimoramento, indo além da música. Passei a ter uma visão mais clara e adotei uma perspectiva mais ampla ao perceber que compartilhar é mais significativo do que simplesmente acumular e somar. Foi nesse momento que me propus a reavaliar minha própria vida e os papéis que desempenhava — como pai, marido, irmão, filho e amigo. No entanto nem sempre o que alcancei correspondia à imagem idealizada que tinha. Foi um processo desafiador, pois mudar padrões de comportamento não é uma tarefa fácil.

Passei por um período marcado por muitas idas e vindas, rupturas às vezes dolorosas, momentos de reinvenção e reconstrução. Posso afirmar com segurança que esse processo começou, mas não posso determinar quando chegará ao fim. Como seres humanos, enfrentamos o desafio contínuo de assumir o compromisso de evoluir, trabalhando diligentemente para nos tornarmos a melhor versão possível de nós mesmos. Isso significa sair da zona de conforto e nos lançar a novos desafios, buscando constantemente o crescimento pessoal e o aprimoramento.

Estudar, conhecer, ampliar conceitos nas áreas de Sociologia, Psicologia, Filosofia, Educação Socioemocional e Neolinguística me inspiraram a escrever dois livros, que traduzem muito do meu processo de busca, tanto em relação à minha carreira como cantor — lembrando que durante um longo tempo fui parceiro de meu irmão, com quem constituí uma das duplas mais famosas e bem-sucedidas do cenário nacional, Victor e Leo. O primeiro livro, *No colo dos anjos*, de certa forma reflete essa busca mencionada anteriormente. A segunda fase, a da busca, materializou-se posteriormente no segundo livro, *A grande arte de se reinventar*, quando eu já estava vivenciando minha carreira solo.

Mas o desejo de ir além, de continuar e de impactar a vida das pessoas permaneceu. Passei a destinar meu tempo de estudos para a área da Educação, com foco em inteligência emocional, teoria das múltiplas inteligências, Pedagogia, empreendedorismo, teorias cognitivo-comportamentais, de estudos recentes sobre competências e habilidades na área educacional, Aprendizagem Ativa, entre outros temas. Li muito e pesquisei dados para entender a realidade educacional do nosso país. Decidi agir, porque sem ação, as intenções são apenas retórica. Agora, essa motivação me fez voltar para a faculdade e cursar Pedagogia. Será um passo importante para aprofundar meus estudos em uma área que me fascina e me instiga.

Foi exatamente por acreditar no poder da ação e da realização que, em 2016, fundei o Instituto Hortense, cujo foco do trabalho é o desenvolvimento da Educação Socioemocional no universo das escolas. Esse projeto me impulsiona, anima e move, sobretudo pelo contexto em que vivemos, em um mundo permeado pelo crescente individualismo e isolamento social de crianças e jovens, que nunca estiveram tão frágeis do ponto de vista emocional. Diante desse contexto é urgente educar nossas crianças e jovens para que sejam emocionalmente saudáveis, preparando-os para desenvolverem comportamentos que lhes proporcionem uma vida mais significativa e realizada.

Este livro surgiu de uma colaboração intensa entre mim e dois professores experientes, responsáveis e cheios de entusiasmo, que conheci e com quem me identifiquei. Durante nossos encontros, essa equipe demonstrou grande maturidade e um forte compromisso em concretizar este projeto, desenvolvendo efetivamente projetos educacionais e colaborando com o Instituto Hortense.

Com base em nossos objetivos e desejos em comum surgiram as narrativas, as reflexões e as histórias compartilhadas, além do desejo fundamental de criar oportunidades para que crianças e jovens deste país, tanto nas escolas públicas quanto nas particulares, sejam educados no aspecto socioemocional. Embora esse conceito não seja novo e haja projetos sérios e consistentes nessa área, ainda é um desafio no Brasil compreender que lidar com as emoções e, consequentemente, promover o desenvolvimento humano em sua totalidade, é tão crucial quanto abordar os conteúdos da Base Nacional Curricular.

Estudos sérios, reconhecidos por especialistas, destacam que a maneira como desenvolvemos nossa inteligência emocional e nos relacionamos em sociedade influencia diretamente nossa qualidade de vida, felicidade e sensação de realização. Segundo pesquisas na área, 80% do sucesso ao longo da vida de uma pessoa dependem de como ela articula e desenvolve essa inteligência.

Dessa forma, o propósito principal deste texto é inspirar de forma positiva os corações e as mentes de todos aqueles que tiverem acesso a este livro. Não posso deixar de mencionar o médico, escritor e palestrante, meu estimado mestre Augusto Cury, que despertou em mim um profundo interesse por essa área e com quem tive o privilégio de estudar. Expresso aqui minha mais profunda gratidão pelos seus ensinamentos.

Nas reflexões apresentadas nas próximas páginas sobre aprendizagem, reconhecemos sua importância fundamental para capacitar crianças e jovens a compreenderem suas emoções e seus sentimentos. Nosso objetivo é servir como uma ponte para o desenvolvimento de valores positivos, ajudando-os a adotar comportamentos baseados em uma visão humanizada, ética, solidária e empática em relação à sociedade, suas relações interpessoais, família e, principalmente, orientar a condução de seus projetos de vida com autonomia, consciência e respeito.

Todos nós somos educadores e, ao mesmo tempo, aprendizes, capazes de servir como facilitadores para ajudar nossas crianças e jovens a explorarem suas emoções e interações de maneira positiva e realizadora. A conexão que buscamos intermediar é, primordialmente, uma provocação e uma exploração, sempre fundamentadas no diálogo e na confrontação com a realidade. Nosso objetivo é deixar de lado abordagens idealizadas, distantes ou simplesmente prescritivas sobre como alcançar a felicidade emocional. Propomos, em vez disso, incitar reflexões e oferecer direcionamentos, baseados na expertise obtida no Instituto Hortense e por meio de nossos estudos e leituras, na experiência como educadores e na própria vivência.

Nós — eu e meus colegas autores deste livro —, temos a esperança de que você, estimado leitor, a partir deste momento permita-se abraçar as ideias e reflexões que apresentamos aqui, sem preconceitos ou julgamentos precipitados. Desejamos que você se envolva com o mesmo entusiasmo e emoção que nos inspirou a estabelecer a conexão entre meu livro *A grande arte de se reinventar*, a educação socioemocional e os princípios que acreditamos serem capazes, se adequadamente desenvolvidos, de impactar positivamente a educação das gerações atuais e futuras.

Inspirados nas ideias exploradas neste trabalho, também buscaremos implementar uma metodologia exclusiva no Instituto Hortense, um projeto que carrega um significado afetivo profundo em minha vida. A expectativa é que, por meio disso, possamos colaborar, cada um em seu domínio de atuação, seja na sala de aula, em organizações não governamentais, instituições sociocomunitárias ou em casa, para ampliar as oportunidades de desenvolvimento da inteligência emocional e social de nossas crianças e jovens.

Afirmo com convicção que nosso maior desafio é formar seres humanos emocionalmente autônomos, completos, felizes e saudáveis. Acredito que o educador brilhante é aquele que forma pessoas comprometidas com a educação emocional, *não apenas universitários racionais e técnicos*. Ao iniciar nosso percurso, inspiramo-nos no poeta espanhol Antonio Machado: "Caminhante, não há caminho, o caminho se faz ao caminhar."

E é assim, com alegria e gratidão, que os convido a caminhar conosco pelas páginas deste livro. Sigamos, que a estrada é repleta de possibilidades!

Leo Chaves

Com a palavra, os professores

> "Toda experiência de aprendizagem se inicia com uma experiência afetiva. É a fome que põe em funcionamento o aparelho pensador. Fome é afeto. O pensamento nasce do afeto, nasce da fome. Não confundir afeto com beijinhos e carinhos. Afeto, do latim '*affetare*', quer dizer 'ir atrás'. É o movimento da alma na busca do objeto de sua fome. É o Eros platônico, a fome que faz a alma voar em busca do fruto sonhado."
>
> (Rubem Alves, *A arte de produzir fome*)

A EDUCAÇÃO NOS CONSTITUI, não apenas a partir do feliz encontro com nosso, hoje, querido amigo Leo Chaves, já que exercemos o ofício docente há muitos anos. Nossa trajetória de vida está intrinsecamente ligada à educação desde sempre. Somos Maurício Dias e Vivian Dias, professores, casados e parceiros profissionais, com uma vida dedicada à educação, incluindo graduação e pós-graduação. Relembrando meu caminhar, eu, Vivian, posso afirmar que a educação tem sido uma parte essencial do meu percurso desde a adolescência, quando, aos 16 anos, comecei minha carreira como professora. Ao longo dos últimos 20 anos, além do trabalho docente, também assumi o papel de diretora em Escola Pública. Durante esse período, dediquei-me ao que considero o "chão da escola", tanto em instituições públicas quanto privadas, acumulando experiência em todos os níveis da educação básica, bem como no ensino superior e na pós-graduação.

A jornada tem sido desafiadora, especialmente em um país onde a educação muitas vezes não é priorizada, não é vista como uma necessidade fundamental. Nossa compreensão da escola vai além de uma visão distante e puramente acadêmica; é baseada em uma experiência vivenciada. Compreendemos o quanto professores, pais, educadores sociais e a sociedade em geral precisam de inspiração para orientar o processo educativo das crianças e dos jovens. Esse processo exige cuidado e precisão, especialmente no que diz respeito a emoções, sentimentos, valores e atitudes.

Cremos que o olhar através do viés socioemocional contribui com a formação de pessoas socialmente respeitosas, empáticas, criativas, éticas, colaborativas e capazes de se relacionar diante da diversidade, buscando relativizar, conviver e encontrar um sentido para sua vida. Em um mundo atravessado por valores frágeis e superficialidade, crianças e jovens se sentem permanentemente frustrados, incapazes e inadequados. Nunca na história houve tantos casos de suicídio e depressão entre pessoas dessa faixa etária! Um sinal claro de que lidar com as emoções não tem sido tarefa fácil para eles.

Sempre desejamos compartilhar um pouco do conhecimento que acumulamos em um livro. A oportunidade de concretizar esse sonho surgiu após a leitura do livro de Leo Chaves, *A grande arte de se reinventar*, e os diálogos que tivemos com nosso amigo e parceiro a partir disso. Após nossa leitura, começamos a explorar as possíveis conexões com a educação socioemocional. Apesar das críticas contundentes do meio acadêmico em relação ao que chamam genericamente de autoajuda, percebemos este trabalho de forma diferente, buscando uma abordagem que seja acessível e não restrita a um público específico. Nossa expectativa é estabelecer conexões entre as pessoas e aqueles que, de alguma maneira, têm o papel de educar outros seres humanos.

Relembramos, com carinho, do primeiro contato entre Leo e Maurício, e posteriormente comigo, que consideramos terem sido encontros iluminados. Desde o início, fomos surpreendidos, pois nos deparamos com alguém que, além de cantor, palestrante e autor de dois livros, é uma pessoa completamente apaixonada e engajada com a educação. Ele se entusiasma e acredita no potencial da educação como uma fonte de inspiração e transformação positiva na vida das pessoas, uma crença que se materializou no Instituto Hortense, fundado por ele em 2016.

O que nos uniu, talvez mais do que a sinergia e a conexão que sempre tivemos, foi a crença, a convicção e o sonho de que podemos contribuir, agregar, motivar e inspirar as pessoas a compreenderem a importância da educação socioemocional na formação integral de nossas crianças e jovens. Sobretudo a refletir sobre a crescente necessidade de criar indivíduos emocionalmente inteligentes e preparados para um mundo diverso, plural e imprevisível. Na próxima década esperamos viver em um período de mais dúvidas do que certezas daí a importância da educação socioemocional como uma ferramenta necessária para que as novas gerações desenvolvam maior capacidade de gerenciar suas emoções de forma autônoma, orientando suas vidas por valores e atitudes que promovam inclusão e proximidade.

O sentimento que nos invade hoje é o de gratidão, antes de tudo ao nosso querido amigo Leo, por tanta confiança e tanto carinho. Nós cremos neste projeto e convidamos vocês a abraçarem este livro com o mesmo carinho e alegria que sentimos ao escrevê-lo!

Vivian Dias e Maurício Dias

Introdução

"Por tanto amor/Por tanta emoção/A vida me fez assim/Doce ou atroz/Manso ou feroz/ Eu, caçador de mim..."
(Milton Nascimento, *Caçador de mim*)

"Embora preferíssemos acreditar que é o intelecto que nos guia, são nossas emoções — as sensações que vinculamos aos pensamentos — que realmente nos guiam."
(Anthony Robbins)

"Não vamos esquecer que as emoções são os grandes capitães de nossas vidas, nós obedecemos-lhes sem nos apercebermos."
(Vincent van Gogh)

QUANDO RECONHECEMOS o ser humano em sua totalidade e não o dividimos em compartimentos, como costumamos fazer — razão *versus* emoção, intelecto *versus* sentimento — podemos perceber que somos seres permeados por uma complexidade que transcende essa divisão. Temos as capacidades da razão, da emoção, dos sentimentos e da intelectualidade, porém estamos igualmente conectados com outras pessoas, com quem interagimos na sociedade, utilizando tanto a inteligência racional quanto a emocional.

Tanto razão como emoção se expressam no convívio social — somos seres de interação, troca, e aprendemos uns com os outros. Diante dessa constatação, a forma como desenvolvemos habilidades para gerir nossas interações com outras pessoas é determinante em relação ao sentimento de realização que todos nós buscamos de certa forma, assim como ao tão almejado sentido para nossas vidas.

Considerando que somos seres sociais, quanto mais capacitados emocionalmente formos, adquirindo aprendizados que influenciam nossas atitudes, mais estaremos construindo as bases para uma existência individual e coletiva enriquecida por sentimentos que reconhecem a diversidade humana. Nesse processo, é fundamental estar consciente de que o outro não é apenas uma projeção de nossas idealizações e, sim, alguém com suas próprias percepções, sentimentos, valores e emoções variadas, que não podem ser limitados pela imposição de terceiros. Isso envolve a famosa e complexa "arte de conviver!".

Nosso objetivo é provocar uma reflexão sobre a ideia de que emoção e razão não são entidades dissociadas, separadas e, muitas vezes, erroneamente vistas como incapazes de coexistirem. O pensamento cartesiano, que dominou a ciência por muito tempo, afirmava que para pensar corretamente é necessário deixar a emoção de lado. No entanto, longe de simplificações como a crença de que tudo se resolve com o coração, ou que o sucesso está em ter uma mente ágil, métrica e racional, a neurociência e algumas conclusões recentes nos permitem expandir nossa visão, enxergando além dessa redução. Estudos atuais estão cada vez mais inclinados a compreender que ambas — emoção e razão — complementam-se e nos constituem. Segundo uma das maiores referências de nossos estudos, o médico e neurocientista António Damásio[1]: "Pensamos com o nosso corpo e com as nossas emoções, não existindo razão pura."

Este é o caminho que buscamos: entender emoção e razão como elementos que, quando bem articulados, promovem um aprendizado muito mais significativo e carregado de sentido.

Para nós, o recurso de contar histórias evoca um dos sentimentos mais poderosos e que melhor conecta os seres humanos: a empatia. Acreditamos no poder dessa conexão e é por isso que com-

---

1. António Damásio nasceu em Lisboa, Portugal, em 1944. Médico e neurocientista, escreveu diversos livros, entre eles *O erro de Descartes* e *A estranha ordem das coisas*.

partilharemos aqui experiências vividas que abriram caminho para as reflexões que nos propomos a fazer ao longo deste livro.

As duas histórias a seguir nos fornecem *insights* e nos ajudam a começar a refletir sobre a relação entre nossa existência, realização pessoal e a maneira como lidamos com as emoções que nos compõem, mesmo que de forma inconsciente. Vamos ver o que elas nos revelam.

> Acredito que todas as facetas de nossa existência são afetadas pela maneira como gerenciamos nossas emoções. Na verdade, essa não é apenas uma afirmação pessoal, pois a ciência comprova que somos constituídos por emoção e razão, e quanto melhor conseguirmos integrar essas duas forças em nós tanto melhor será nossa qualidade de vida.
>
> Começo compartilhando um momento que ilustra como assumir o controle das minhas emoções e dos meus sentimentos me permitiu superar adversidades, evitando acrescentar mais problemas aos já existentes. É importante lembrar sempre que um evento negativo não precisa necessariamente resultar em algo ruim ou impedir a realização de nossos objetivos.
>
> Após o lançamento do meu segundo livro, *A grande arte de se reinventar*, eu e outras três pessoas da minha equipe estávamos em uma viagem, como caronas em um carro, quando sofremos um acidente. Em questão de milissegundos de distração, experimentamos três capotamentos consecutivos, com gritos e desespero até que o veículo finalmente parou. Até hoje guardo um profundo sentimento de gratidão, pois não houve ferimentos graves e o único saldo que tirei desse episódio foi o de duas costelas fraturadas.

Depois desse fato, em 2019, oito apresentações me esperavam; eram shows muito aguardados, pois marcavam os primeiros da minha carreira solo. A pergunta frequente dos amigos, familiares e da minha equipe era: "Como cantar com duas costelas quebradas, que doíam a cada movimento, considerando que o canto exige um grande controle da respiração?". Para muitos, a única opção seria cancelar os shows, mas, para mim, isso definitivamente não era uma possibilidade. Entendi que esse era um momento decisivo na minha carreira, já que após anos cantando com meu irmão Victor, na dupla que se desfez em 2017, eu iria me apresentar sozinho. Persistir era o único caminho para mim. Com essa decisão firme, o que me conduziu à vitória foi minha atitude e minha determinação mentais. Meu compromisso pessoal me levou a iniciar um processo de fortalecimento e controle das minhas emoções e da dor intensa que eu sentia a cada canção.

Naquela época decidi não tornar público o capotamento, para manter o foco na minha retomada na carreira. Queria falar mais sobre a música e minha arte do que me vitimizar falando do acidente, evitando usá-lo como desculpa para eventuais problemas. Escolhi criar uma espécie de "escudo emocional", alimentando constantemente meus pensamentos com padrões mentais que me direcionavam para o sucesso, não para o fracasso, ao longo dos oito shows. Certamente, houve muita dor, mas quando superamos um obstáculo mental, estamos muito à frente no caminho para o sucesso. Nos momentos mais difíceis, ancorava-me no meu público sempre leal e presente, na música e no meu amor pela arte de cantar. Aprendi a controlar a intensa sensação de dor e a vencer o medo de fracassar.

Olhando para trás, muitas vezes me perguntei: venci pelos analgésicos ou pelas terapias? Cheguei à conclusão de que quem fratura costelas sabe que o tempo é o único aliado e muito pouco há a ser feito. Venci, eu diria, 90% pelo domínio da minha mente, que permitia direcionar meu pensamento para um lugar de mais conforto e menos dor.

Porém é preciso fazer um contraponto importante para não cair na armadilha da vaidade ou permitir que o ego e os elogios - como "Você foi incrível" - desviem nossos verdadeiros propósitos. Alcançar meu objetivo foi gratificante, sem dúvida, mas nem sempre foi assim. Esse caminho, que envolve o equilíbrio emocional, é desafiador e requer prática constante - não é dádiva. Comecei a desenvolver essa perspectiva após participar de terapias, realizar estudos, reflexões, leituras e cursos, que se tornaram fontes de inspiração para promover as mudanças necessárias em minha própria vida. O cérebro constantemente nos impulsiona para uma zona de conforto e inatividade, e romper com padrões estabelecidos ao longo de uma vida é difícil. Sim, é difícil, mas certamente não é impossível.

Leo Chaves

Nunca foi nossa intenção nos colocarmos como detentores da verdade ou oferecer soluções definitivas — e isso foi claramente estabelecido por nós desde as primeiras linhas desta obra. No entanto, compartilhar experiências de vida é um caminho rico para nos levar a uma jornada interior. Com esse propósito em mente, faço um contraponto à experiência do acidente, relatando um momento que evidencia meu péssimo gerenciamento emocional. Afinal, não nascemos prontos e mesmo quando buscamos uma maior consciência, ainda podemos tropeçar ao longo do caminho.

A experiência que uso como exemplo de mau controle emocional aconteceu quando eu e meu irmão estávamos no auge da carreira da nossa dupla, Victor e Leo. Tínhamos uma agenda lotada e múltiplos compromissos. Ao visitar uma rádio em uma determinada cidade do país, o dono da rádio e nosso contratante quis nos impor um horário impossível de ser cumprido, o que comprometeria toda a nossa agenda de compromissos em outro estado. Naquela época estávamos realizando até três shows no mesmo dia, o que tornava nosso tempo extremamente limitado e precioso.

Diante das exigências do contratante, permiti que a raiva tomasse conta de mim por completo e, como sabemos, ela traz consigo uma série de sentimentos negativos – agressividade, irritabilidade, fúria, ironia, autoritarismo, entre outros, que nos fazem perder o controle. Quando digo que "abri uma porta", baseio-me no fato de que a falta de consciência sobre nossas emoções muitas vezes nos leva a sermos completamente dominados por elas. Tomado pela perturbação da raiva, subi ao palco e anunciei publicamente que o proprietário do evento não podia permanecer no local, nem mesmo subir ao palco. Além disso, ao deixar o palco, apontei o dedo em sua direção e declarei que nunca mais poderia contar com nossa presença.

Esse ato impulsivo só nos trouxe prejuízos, pois a parte ofendida ordenou que nossas músicas não fossem tocadas nas rádios locais, o que nos prejudicou de certa forma. Embora não tenha afetado diretamente nossa carreira, uma das piores sensações que um ser humano pode experimentar é o desconforto consigo mesmo. Nos dias seguintes, apesar de não admitir, senti-me imaturo e percebi que não agi como um profissional de projeção nacional deveria agir. Naquela época, pensei: "Leo, as pessoas esperam e merecem mais de você!".

Leo Chaves

Sem dúvida, essa experiência foi um dos principais motivadores para minha busca pelo equilíbrio emocional, pelo domínio da mente e, consequentemente, das minhas próprias atitudes. Foi um aprendizado pela experiência adversa, pela dor e pelo incômodo. Apesar de termos consciência de que somos constantemente influenciados por nossas emoções, o caminho da autorregulação e da gestão emocional deve ser percorrido diariamente.

Hoje, reforço para mim mesmo, com frequência, a ideia de que é necessário fazer escolhas, decidir todos os dias e refletir, a fim de evitar atitudes que possam erguer muros e tornar nociva nossa convivência com os outros. Em uma analogia, é como se estivéssemos atravessando diariamente uma floresta cheia de beleza para ser apreciada, mas ao mesmo tempo, repleta de armadilhas que podem comprometer nossa jornada. Isso requer de nós consciência e atenção plena e, mesmo assim, estaremos sempre sujeitos a escorregões. Mesmo tendo amadurecido muito em relação ao meu autocontrole das emoções, bem recentemente vivi um episódio que fortalece em mim a convicção de que, para além da consciência, é preciso estar alerta sempre!

> Eu estava em uma reunião com parceiros de trabalho e, em determinado momento, um deles, Maurício, coautor deste livro e uma pessoa por quem tenho enorme apreço, fez uma pergunta completamente inocente. No entanto não foi isso que minha mente precipitada e na defensiva compreendeu. Isso desencadeou uma reação emocional rápida, agressiva e, claro, fora de proporção. Graças ao exercício contínuo que temos feito, até para a escrita deste livro, fui tomado imediatamente pela consciência total do equívoco, e felizmente ele foi capaz de me ouvir, dialogar e desculpar minha atitude. Tudo foi resolvido ao término da mesma reunião, que ocorreu on-line, com um telefonema amigável, esclarecedor e permeado pela humildade

que devemos ter ao reconhecer uma atitude inadequada – pedir desculpas e seguir em frente. Conflitos como esse, comuns em nossas vidas, quando não são tratados com transparência e maturidade para se reconhecer o erro e ter a abertura necessária para ouvir o outro, muitas vezes causam danos significativos nos relacionamentos. No nosso caso, de amigos sinceros e irmãos, o episódio apenas fortaleceu os sentimentos de amizade e de confiança entre nós.

O acontecimento relatado mostra que nunca estamos totalmente prontos nem somos detentores absolutos da verdade. O fato de buscarmos trilhar um caminho não nos isenta de cometer erros ao longo do percurso. O diferencial está em demonstrar amadurecimento, reconhecer o deslize e, principalmente, em nossa postura diante de um erro ou de uma atitude inadequada. Essa leitura é fundamental. É na consciência e no entendimento mais profundo da importância de equilibrar nossas emoções que encontramos a chave para construirmos caminhos de diálogo e paz em um mundo severamente marcado por discursos de ódio e conflitos. Ou mudamos nós, ou nada mudará.

Leo Chaves

Os episódios relatados pelo Leo são verdadeiros. Aliás, nenhuma das muitas histórias aqui contadas é fictícia, pois a realidade é, talvez, o melhor laboratório quando se trata de emoções. E é esse olhar para pessoas reais e sentimentos compartilhados entre humanos que buscamos alcançar. Acreditamos que conectar pessoas é essencial, pois o mundo cada vez mais reconhece a força da cooperação, da troca e da solidariedade, em vez da mera competição. Entretanto os contextos e cenários contemporâneos são marcados por uma grande complexidade, que não podemos ignorar. Na verdade, todas as crises enfrentadas hoje pelas famílias e pelas instituições que educam outras pessoas estão relacionadas a uma profunda insegurança em relação a uma série de fenômenos que nos são impostos neste momento único da história.

O momento histórico atual, frequentemente referido por diversos pensadores como pós-modernidade, marca uma ruptura com o conceito de conhecimento estabelecido, finalizado e definido, que se baseava no racionalismo dos iluministas durante a Idade Moderna. Essa ideia não encontra mais eco, nem sentido, em um mundo altamente mutável, transitório e tecnológico. Não podemos mais falar em conhecimentos estabelecidos e únicos, mas em saberes em constante construção e desconstrução, a um ritmo rápido e sem precedentes na história da humanidade.

Há muitos anos, o conhecimento enciclopédico, moldado na era moderna, era considerado suficiente para fornecer todas as respostas, uma vez que o que precisávamos estava contido nos livros das bibliotecas. Atualmente, esse mesmo conhecimento está literalmente ao alcance de nossas mãos com apenas um toque. O significado do conhecimento hoje se amplia e, claramente, aquilo que costumava ser memorizado, como os nomes das capitais dos estados de um determinado país, pode ser resolvido rapidamente por *smartphones*. No entanto estamos falando de aprendizagem significativa, mais do que apenas a memorização mecânica; trata-se da busca pelo verdadeiro sentido do conhecimento, compreendendo a realidade de fato.

COMO NOS COMPORTAMOS DIANTE DAS TECNOLOGIAS?

A tecnologia abre um leque enorme de possibilidades, uma vez que revolucionou as relações com o conhecimento e reconectou pessoas. Ela retirou o saber do pedestal e o democratizou em uma escala e velocidade sem precedentes. Aqui buscamos também discutir a natureza das mediações e como lidar com as inúmeras mudanças, sobretudo utilizando essas inovações de forma inteligente e a favor da vida e da convivência.

Porém, se de um lado o mundo mudou, e continua mudando todos os dias a passos largos, a escola ainda continua se comportando da mesma forma. Não somente ela, mas também pais e mães, além dos educadores em geral, que ainda têm a ilusão de que é possível traçar e determinar um caminho fixo para seus filhos e alunos, desconsiderando a profunda disrupção vivida hoje pela sociedade.

Dialogar com os educadores é um processo desafiador, dado que estamos lidando com um campo repleto de profissionais competentes: especialistas, mestres, doutores, teóricos, estudiosos e conhecedores da realidade educacional. Eles dedicam muitos anos ao estudo de diversas temáticas ligadas à educação, tais como aprendizagem, avaliação, didática, metodologia, entre outras questões.

Diante dessa constatação de que há uma abundância de reflexões sobre os objetos da pedagogia em si, nossa meta é pensar sobre quais pilares socioemocionais podem ser utilizados a favor do aprimoramento de crianças e jovens. Desejamos transformá-los em mais uma ferramenta em prol da vida das crianças e dos jovens em formação.

Estudos e experiências nos mostram que as pessoas avançam e progridem ao entenderem suas emoções, reconhecerem seus limites e conviverem respeitosamente com os outros. Ao aprenderem e aplicarem essas lições em suas vidas, todos se beneficiam. Além disso, é importante exercitar a racionalidade de forma crítica, consciente e baseada em valores positivos. Assim, todos saem ganhando!

O desafio para os estudiosos em educação é comunicar suas ideias não como um conjunto de regras fixas e, sim, como uma oportunidade de contribuição para que os aprendizes se identifiquem, interajam e se desenvolvam em um mundo dinâmico. Eles são seres emocionais e racionais, e ao longo de seu crescimento, enfrentarão mais dúvidas e transformações do que certezas.

INTRODUÇÃO

A transitoriedade do mundo altamente tecnológico, que permitiu um avanço sem precedentes na expectativa de vida, e uma mudança significativa no mundo do trabalho, é muito bem abordada por Susan Davis em seu livro *Agilidade emocional*.

Segundo Davis, professora da renomada Universidade Harvard, as dez principais e mais desejadas profissões nos EUA em 2010 não existiam em 2004. Isso evidencia a rapidez das transformações no mundo do trabalho, que tendem a aumentar à medida que avançamos em relação às novas tecnologias. Essas tecnologias subvertem as lógicas estabelecidas e criam realidades até então desconhecidas por muitos de nós. Um exemplo disso é como os avanços na robótica e na nanotecnologia[2] estão transformando o contexto de prestação de serviços e até mesmo em áreas de maior complexidade, como a Medicina.

Pensar na educação socioemocional é fundamental e relevante para a formação das futuras gerações. Tanto é assim que as habilidades socioemocionais ganharam destaque na Base Nacional Comum Curricular (BNCC), fornecendo uma orientação para o trabalho pedagógico em todas as 179.433 escolas do país, incluindo as municipais, estaduais e particulares, conforme o último Censo Escolar[3].

As BNCC's têm como objetivo traçar ações comuns às escolas em território nacional, e nesse documento oficial foi dado grande destaque à educação socioemocional.

Se almejarmos formar pessoas que percebam maior sentido em suas vidas e com segurança para lidar com todas as mudanças com agilidade emocional, bem como saberem agir, ser e existir em um

---

2. A nanotecnologia é o estudo e controle da matéria em nanoescala, ou seja, em escalas atômica e molecular. Ela desempenha um papel fundamental no desenvolvimento de materiais e componentes para uma variedade de campos de pesquisa, incluindo medicina, eletrônica, ciência da computação e engenharia de materiais.

3. O último Censo Escolar MEC/INEP foi realizado em 2020. O Censo Escolar é o principal instrumento de coleta de informações da educação básica no Brasil e representa a pesquisa estatística educacional mais importante do país.

mundo mutável e cada vez mais plural, então é fundamental que se amplie o olhar para a emoção e sua relação direta com a racionalidade, não de forma estanque e, sim, interligada.

EMOÇÕES E SENTIMENTOS – A RELAÇÃO COM O APRENDIZADO E AS OITO EAIS

Segundo Rodrigo Fonseca, que preside a Sociedade Brasileira de Inteligência Emocional, podemos compreender a emoção e o sentimento da seguinte forma:

> Uma emoção é um conjunto de respostas químicas e neurais baseadas nas memórias emocionais, e surgem quando o cérebro recebe um estímulo externo. O sentimento, por sua vez, é uma resposta à emoção e diz respeito a como a pessoa se sente diante daquela emoção.

Emoção é uma explosão imediata, visível no corpo, intensa e breve. Já o sentimento resulta de experiências mais subjetivas, ocorrendo na mente, com reações não imediatas, mas que surgem com o tempo. Ele é voltado para o interno, tem uma dimensão particular e é mais duradouro do que a emoção. São afins, mas não podem ser entendidos como a mesma coisa, principalmente porque se expressam de formas diferentes.

A palavra emoção vem do latim *emovere*. O *e* significa "energia"; *movere*, "movimento". Literalmente, a emoção nos move. O grande desafio dos seres humanos, contudo, é que as emoções os direcionem para o caminho que realmente tenha sentido para si e para todos com quem se relaciona.

O sentido da palavra nos instiga a pensar que, de fato, a emoção nos impulsiona como uma fonte primeira de energia para vivermos, agindo em nós como um combustível que motiva e incentiva. Entretanto existe um senso comum em torno da forma como ela, muitas vezes minimizada, é vista como algo que atrapalha o foco, a dedicação, causa improdutividade e um excesso de personalismo às relações. Olhar este que quase sempre reduz a real importância da emoção como origem primeira de motivação na vida humana.

De maneira geral, segundo Damásio, as seis emoções básicas que permeiam a vida dos seres humanos são:

Alegria.
Tristeza.
Medo.
Raiva.
Surpresa.
Nojo.

As emoções são assim determinadas e consideradas universais uma vez que várias culturas e experimentos evidenciam que essas são as emoções mais comuns e facilmente encontradas, independentemente da variação étnico-cultural. Há outras concepções, mas é possível perceber, a partir dessas emoções, que existe uma derivação enorme de sentimentos que nos serve como base.

A expressão da emoção e do sentimento produz duas situações de natureza contraditória: de um lado tem grande potencial para atrair pessoas, gerar relações de curiosidade em relação a vários contextos, podendo ser sobre uma viagem, um evento, uma tarefa, um desafio. De outro, gera, na mesma proporção, uma repulsa imediata, como se o cérebro emocional nos dissesse: fique bem longe disso! Sentimentos esses que não estão estáticos e encerrados. Há sempre um campo de adaptação que pode produzir mudança e com isso alterar essa percepção inicial.

Durante muito tempo, como já afirmamos, não só a escola, mas também as famílias e a própria sociedade, estabeleciam uma espécie de linha de corte entre a cognição — o raciocínio e o quociente intelectual (QI) e a emoção — quociente emocional (QE) das pessoas, como se para estudar, aprender ou ser um bom profissional, a emoção tivesse que ser deixada de lado. Esse fato é impossível diante da complexa engrenagem chamada "ser humano", que nunca é definido por uma coisa ou outra, tampouco pode ser dissociado de seu todo.

Em todos os níveis da aprendizagem de conteúdos formais, como parte integrante dos currículos e do desenvolvimento de sentimentos, atitudes e valores, a emoção se faz presente, pois é algo que nos constitui.

Assim, a aprendizagem e o desenvolvimento intelectual andam de mãos dadas com a emoção e os sentimentos que compõem os seres humanos. Em nossos estudos, diálogos e imersões, foi encontrado um excelente artigo, de autoria de Vitor Fonseca[4], que esclarece bem essa questão quando explicita que: "Só num clima de segurança afetiva o cérebro humano funciona perfeitamente, só assim as emoções abrem caminho às cognições."

Em situação de tensão ou ameaça, o cérebro inconsciente — emocional — age antes do consciente — racional. Isso pode explicar por que é tão comum ver alguém, por exemplo, ficar muito nervoso diante das pressões do vestibular, de uma prova escolar, ou mesmo de um concurso público na fase adulta, e ser dominado pela emoção, o que, consequentemente, inibe o cérebro consciente ou a racionalidade.

Não sabendo reconhecer e lidar com suas emoções mesmo tendo pleno domínio de determinado conceito ou conteúdo, as pessoas, muitas vezes, deixam-se levar pelo medo, pela insegurança ou, ainda, pela falta de autoconfiança. Com isso não atingem seus objetivos ou "endereços", como usualmente dizemos em nossas trocas. Essa ausência de controle também se expressa, por exemplo, em uma entrevista decisiva, em que a pessoa tem a necessidade de expressar seus conhe-

---

4. Vitor Fonseca, pesquisador português da Universidade do Porto, especializado em inteligência artificial e reconhecido por pesquisas na área da linguagem natural e processamento da máquina, bem como memória e inteligência.

cimentos, porém não consegue fazê-lo porque emoções e sentimentos negativos a dominam e ela cria um obstáculo a si mesma.

Da mesma forma, as emoções e os sentimentos exercem influência no processo de criação dos filhos. Por muitos anos predominou a educação baseada no uso contínuo de punições, o que resultava em sentimentos negativos e contribuía para a construção de muros e distanciamento nas relações familiares. Uma educação que levasse em conta sentimentos e emoções, marcadamente na criação de meninos, era vista como algo que não moldaria um bom caráter ou levaria os filhos a perderem o foco dos estudos. Essa ideia está na contramão do que se sabe hoje. Como diz Vitor Fonseca: "As emoções capturam atenção e ajudam a memória, tornando-as mais relevantes e claras."

Atualmente, entendemos que somos seres emocionais antes de sermos meramente racionais ou inteligentes. Quanto mais compreendemos e percebemos o ser humano em sua totalidade, maior é a probabilidade de seu desenvolvimento ser mais completo e eficaz no mundo, com o mundo e em harmonia com o mundo que o cerca.

Não há uma única maneira de aprender, nem as emoções podem ser ensinadas. Elas surgem espontaneamente, não são resultado de uma decisão racional. No entanto elas estão intrinsecamente ligadas a qualquer processo de aprendizado, que pode ser compreendido, de forma simplificada, como uma «mudança de comportamento diante de estímulos, mediações, novos conhecimentos e técnicas». Quando realmente aprendemos algo, nosso comportamento em relação a determinado contexto se modifica.

O que se deseja fomentar neste livro é a discussão sobre atitudes, sentimentos, valores das crianças, jovens e adultos, que decorrem de emoções e podem ser estimulados, desenvolvidos e aprimorados, produzindo, assim um aprendizado novo, que impacte em seu meio, em sua rede de relacionamentos, na sua capacidade de realização, de elaboração de seu processo de aprendizagem, e que não se dissocie da dimensão afetiva, emocional e relacional.

Na figura abaixo, são apresentados os **oito pilares** abordados ao longo deste livro. Não se trata apenas de uma perspectiva acadêmica ou restrita aos profissionais da área educacional. Buscamos oferecer *insights* a todos os envolvidos no processo educativo de outras pessoas. Os oito pilares visam ampliar a compreensão das dimensões — social, criativa, colaborativa, comunicativa, autogestão, existencial, focal e relacional — que daqui em diante serão referidas como EAIs, conforme nossa compreensão:

- **Emoção** – conectada a sentimentos, valores e atitudes.
- **Aprendizagem** – enquanto algo que transcende uma mera habilidade, é um processo contínuo ao longo da vida, visando mudar comportamentos por meio da integração da emoção e da razão.
- **Inteligência** – que em sua etimologia significa "ler nas entrelinhas", compreender, buscar entendimento, a fim de que, diante dos pilares trabalhados, crianças e jovens se sintam capazes de reelaborar racionalmente o mundo, de recriar e reinventar os aprendizados, as vivências e os conceitos — a favor e ao longo de sua vida.

Desse modo, falaremos de **Emoção, Aprendizagem** e **Inteligência,** utilizando a sigla **EAI** (elencadas anteriormente) e seus subgrupos, como formas de pensar e sistematizar um trabalho com mais foco e senso de realidade junto às crianças e os jovens, estejam eles em casa, na escola ou em espaços sociocomunitários.

E então? Vamos seguir juntos?

A METODOLOGIA EAI

A representação a seguir apresenta as oito EAIs, que, para nós, expressa o ser humano em sua totalidade nas várias dimensões que o compõem, entrelaçando-se e dialogando com a emoção e a inteligência para promoverem aprendizados que possam se converter em saberes que irão permear sua vida.

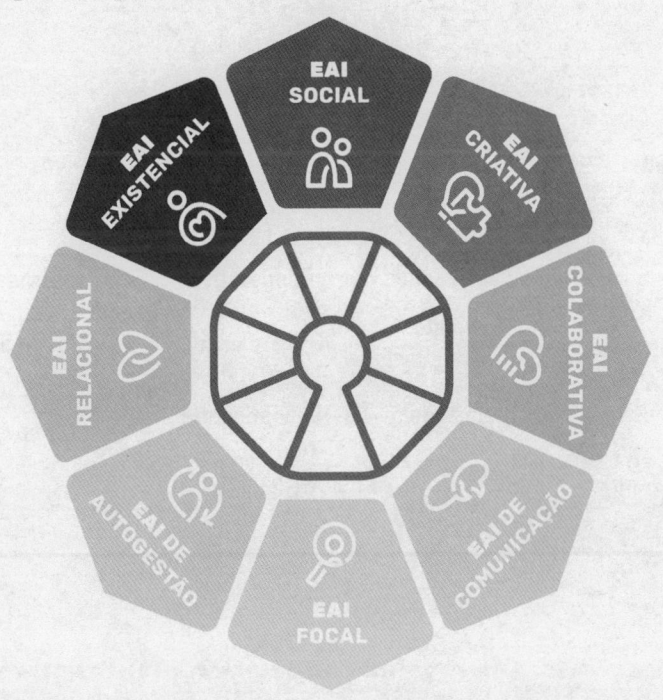

Fonte: metodologia desenvolvida pela EAI EDUCA LTDA. – 2020

A base de cada uma das EAIs são os sete pilares do livro de Leo Chaves, *A grande arte de se reinventar*, traduzidos nas palavras-chave: **percepção**, **aceitação**, **perseverança**, **direção**, **conexão**, **marca** e **gestão**. Partindo dessas palavras, desenvolvemos as oito EAIs: **Social, Criativa, Colaborativa, de Comunicação, Focal, Autogestão, Relacional** e **Existencial**.

Cada uma delas é sustentada pelos diversos pilares destacados no gráfico a seguir. Esses conceitos não são apenas palavras, mas guias para nosso pensamento, que serão explorados ao longo de cada capítulo, permitindo uma compreensão prática. Por exemplo, discutiremos a importância da empatia, inclusão, generosidade e disciplina, entre outros fundamentos das EAIs apresentadas.

EIXOS TEMÁTICOS

EAI SOCIAL PERCEPÇÃO	EAI CRIATIVA AUTORREVOLUÇÃO	EAI COLABORATIVA DIREÇÃO	EAI DE COMUNICAÇÃO CONEXÃO
Respeito	Inventividade	Cooperação	Objetividade
Empatia	Espírito Investigativo	Generosidade	Intenção
Inclusão	Originalidade	Solidariedade	Expressão Corporal
Amizade	Ousadia/Inovação	Gentileza	Dissociação

EAI FOCAL PERSEVERANÇA	EAI DE AUTOGESTÃO GESTÃO	EAI RELACIONAL MARCA	EAI EXISTENCIAL ACEITAÇÃO
Organização	Autonomia	Humildade	Amor/Gratidão
Disciplina	Abdicação	Compromisso	Senso de Finitude
Precisão	Flexibilidade	Projeto de Vida	Busca de um sentido
Presença Ativa	Educação Financeira	Ser com o Outro	Paciência

Fonte: metodologia desenvolvida pela EAI EDUCA LTDA. - 2020

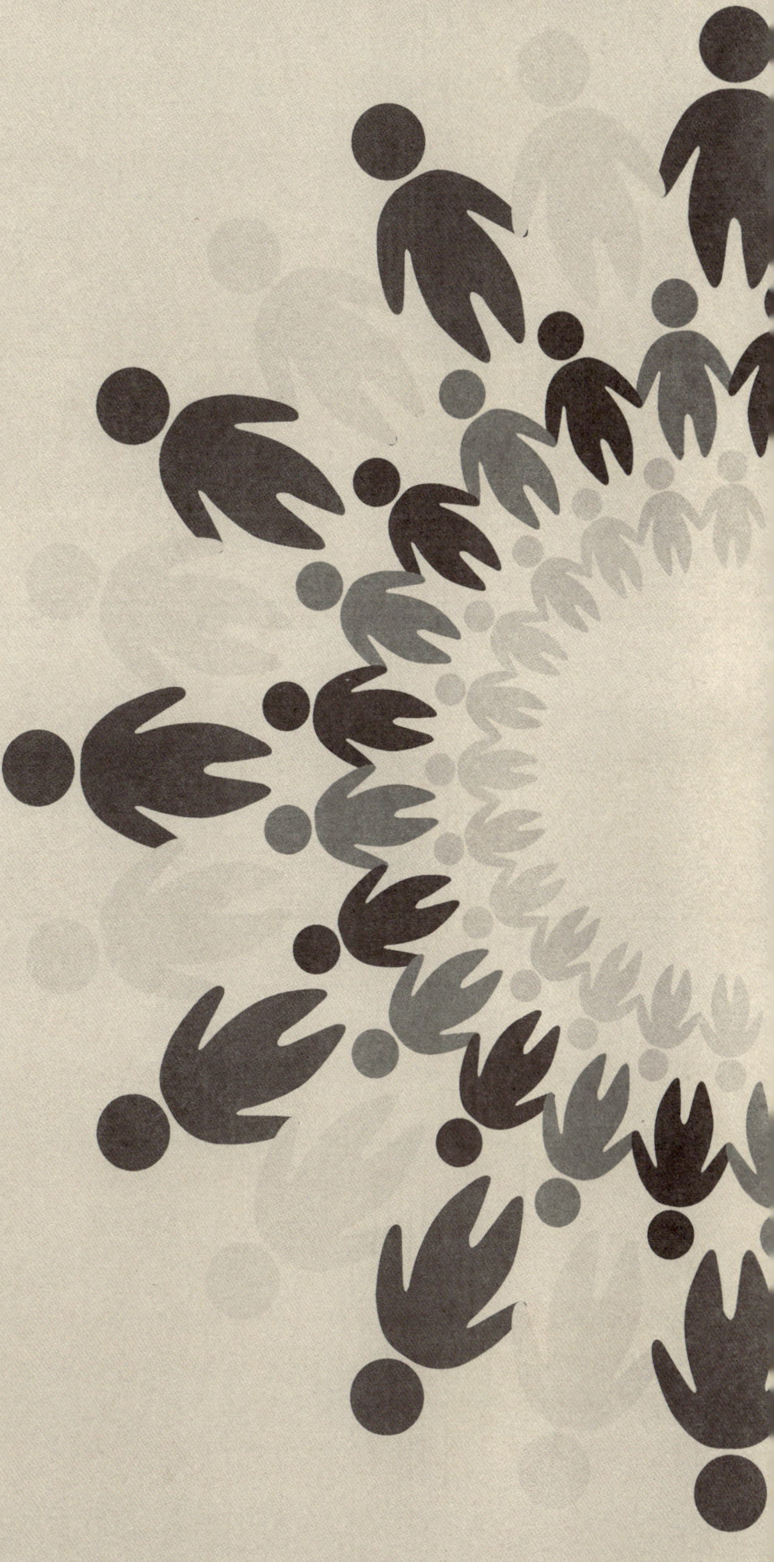

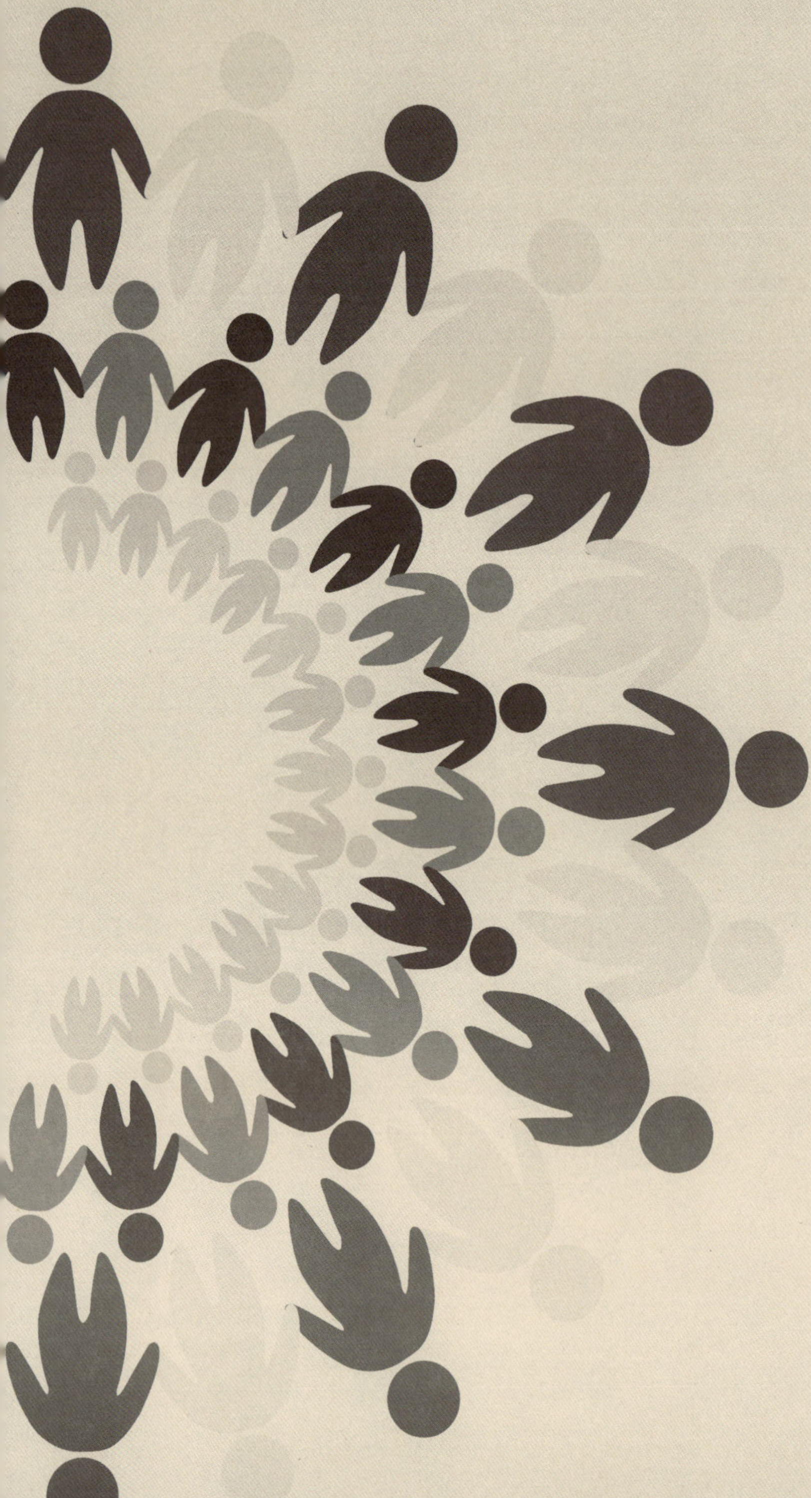

Capítulo 1

EAI SOCIAL –
Percepção

> "Nascemos com a capacidade de empatia. Uma capacidade de reconhecer emoções que transcendem raças, culturas, nacionalidades, classes, sexos e idades."
>
> (Mary Gordon, escritora e professora)

> "Inclusão é a nossa capacidade de entender e reconhecer o outro e, assim, ter o privilégio de conviver e compartilhar com pessoas diferentes de nós."
>
> (Maria Teresa Mantoan, pesquisadora e professora da Unicamp)

JULIA ERA UMA CRIANÇA DE APENAS 9 anos quando teve a percepção de que não era aceita pelo seu grupo da escola. Tal constatação a levou a desenvolver um profundo sentimento de frustração, afinal seu sonho era ter um grupo de amigos com os quais pudesse conviver de forma pacífica, amiga e sendo efetivamente incluída. A escola não era uma boa mediadora dessas questões, embora fosse um colégio muito bem-conceituado, o melhor da cidade (o trabalho com educação socioemocional é um advento relativamente recente nos projetos pedagógicos das escolas. Assim, essa história certamente teria um desfecho diferente se houvesse um trabalho mais sistematizado, embasado e consistente no sentido de minimizar os nefastos efeitos do isolamento de determinadas crianças promovido pelo grande grupo, fato, este, infelizmente, presente ainda hoje no âmbito das escolas).

Julia se isolou, passando por anos difíceis na escola. Hoje, uma mulher de 30 anos, excelente profissional, realizada em seu trabalho e cursando o último ano de Psicologia, foi construindo ferramentas ao longo da vida, inserindo-se e buscando seu lugar ao sol. Porém, quando olha para trás, para a menina Julia, sente que se, durante seu percurso escolar, tivesse sido mais educada, orientada no sentido de desenvolver habilidades sociais, bem como seus colegas, aos quais muitas vezes faltavam empatia, respeito, amizade e a percepção de que Julia não era feliz, sua história escolar poderia ter sido muito mais alegre e realizada. Esse cuidado teria poupado Julia de viver uma depressão que se manifestou de forma mais intensa na adolescência. Talvez a escolha de Julia pela Psicologia esteja ancorada no momento vivido na infância e no desejo de melhor compreender e ajudar as pessoas, que eventualmente passem por experiências semelhantes às dela.

A história de Julia, com suas decepções e frustrações diante do grupo que encontrou na escola e em sua infância, é comum e recorrente, quase sempre se manifestando por meio do afastamento social ou isolamento.

Vivian Dias

A Emoção, a Aprendizagem e a Inteligência Social (EAI), como todas as habilidades socioemocionais que o livro irá contemplar — promovem uma ponte com o processo educativo, seja escolar, seja familiar, sendo, assim, passível de ser estimulada, apreendida e desenvolvida. Vale reforçar que EAI é sinônimo de habilidade socioemocional e que considera o equilíbrio entre emoção e razão como fator fundamental para aprender, evoluir e crescer.

Ninguém nasce sabendo se relacionar socialmente de forma competente e realizadora. Somos frutos de uma cultura que nos ensina, desde cedo, regras e comportamentos que são aceitos ou não em determinado contexto social.

Assim, é possível constatar também que a EAI Social está sempre inserida em um contexto sociocultural, não se dissociando, pois, da cultura. Alguns códigos sociais muito bem-aceitos em uma cultura podem não ser em outra. Em algumas culturas, o ato de arrotar após uma refeição é visto como sinal de gratidão e satisfação. No entanto, na cultura ocidental, essa ação é considerada grotesca, mal-educada e repreensível para a maioria das pessoas. Esse exemplo destaca que os comportamentos sociais devem ser relativizados de acordo com a cultura.

No território que esta obra se dedica a olhar — a educação no âmbito das emoções —, alguém que desenvolve a EAI Social de forma a utilizá-la a favor de sua vida, de seus projetos e de seu aprendizado, é, como diz Vivian Dias, "uma pessoa competente no que tange à capacidade de se relacionar com pessoas, de forma a incluí-las, ouvi-las, respeitar as opiniões divergentes, percebendo efetivamente as pessoas em sua complexidade, bem como desenvolvendo vínculos afetivos — como a amizade."

COMO ANDAM NOSSAS CRIANÇAS, JOVENS E SEUS EDUCADORES EM RELAÇÃO À EAI SOCIAL?

A ultraconexão promovida pela tecnologia fez com que passássemos a conversar e a interagir com um número muito maior de pessoas ao longo do dia. Entretanto não ampliou, necessariamente, as possibilidades de que essa interação se dê de forma realizadora e competente.

O Brasil se destaca internacionalmente pelo "tempo de tela"[5] que crianças e jovens passam em frente às telas ou navegando na internet. Nesse cenário, ocupamos o terceiro lugar, com o internauta brasileiro passando, em média, 9 horas e quatorze minutos por dia conectado. Esses dados, fornecidos pela *Hootsuite* e pela *We Are Social*, posicionam o país logo atrás da Tailândia (com 9 horas e 38 minutos) e das Filipinas (com 9 horas e vinte e quatro minutos).

---

5. Expressão para o tempo de uso da tecnologia digital em *smartphones*, tevês, *tablets* ou computadores.

Os problemas de relacionamento estão cada vez mais presentes entre crianças e jovens. Isso quando não se apresentam entre eles, seus pais, professores ou colegas. Um embate sem precedentes ocorre hoje entre crianças, jovens e escolas em relação ao uso do celular, seja em sala de aula, à mesa de refeições ou durante conversas. Tal conflito demonstra e confirma a crise entre a convivência social e o uso sem critérios da tecnologia. Ainda iremos explorar e detalhar essa relação nas próximas páginas. Como será possível perceber, ela perpassa todas as EAIs, já que impacta as várias dimensões do desenvolvimento dos seres humanos.

Fato é que o excesso de tempo nas telas e os distanciamentos resultam em dificuldades no desenvolvimento das habilidades sociais, tanto na escola quanto nas famílias e em outras instituições envolvidas na educação de crianças e jovens. É desafiador convencer os adolescentes de que a convivência presencial com outras pessoas pode ser mais interessante, agradável e divertida.

Contudo é importante fazer uma ressalva. Enquanto existem desafios relacionados à ultraconexão, também há inúmeros benefícios que não podemos ignorar. Reconhecemos que, a partir das experiências vivenciadas, a rede de conexões proporcionada pela tecnologia pode expandir o pensamento, as redes sociais, o multiculturalismo e a compreensão de outras realidades. Em vez de limitar, ela pode promover a visão e a compreensão de realidades anteriormente desconhecidas. O uso da tecnologia, quando exercido corretamente, em especial no âmbito da educação, cria uma interessante oportunidade de aproximação. O próprio perfil dos jovens atuais — muito mais dinâmico e aberto a desenvolver vários saberes — tem a ver com essa permanente e diária influência da tecnologia que, literalmente, coloca um mundo de possibilidades e pessoas a apenas um toque.

Outro fator que potencializou esse uso por parte de jovens e adultos foi a pandemia do coronavírus[6]. De escala mundial, ela mudou drasticamente a relação das pessoas com a tecnologia, levando a um aumento significativo no tempo de tela. Isso resultou em uma transformação radical na interação de crianças e jovens com a escola e seus professores, já que, com a adaptação das escolas, a mediação entre conhecimento, conteúdo e os educandos passou a ser feita à distância. Essa mudança direcionou crianças e jovens para um ambiente mais centrado na família, pois foi o que permitiu a continuidade da educação em uma época em que a escola prioriza cada vez mais as interações mediadas pela tecnologia.

Para os professores, tal evento foi um desafio que exigiu que fossem encontradas formas de ressignificação de sua prática. Os pais, por sua vez, passaram a ter outra dimensão do processo ensino-aprendizado. Entretanto as dificuldades se revelaram inúmeras, já que usar a tecnologia com o foco no aprendizado, com compromisso, disciplina e responsabilidade, foi desafiador para todos os personagens envolvidos no processo.

Nada foi fácil. Os jovens e as crianças que encontraram escolas, professores e pais com um bom nível de habilidade social, capacidade de reinvenção e presença ativa na vida deles tiveram mais êxito nessa missão. A abertura ao novo e a criatividade aliados à capacidade de inovar foram habilidades bem-vindas e úteis aos docentes, pois não havia outra forma de criar aproximações. Dessa experiência, é possível tirar uma grande lição: viver é estar sempre aberto a novos aprendizados para viabilizar a convivência.

As constatações sobre esse contexto único da pandemia evidenciam que nenhuma geração é imune ao seu tempo, às suas mazelas

---

6. Pandemia descreve uma situação em que uma doença infecciosa ameaça simultaneamente muitas pessoas pelo mundo. A Covid-19 é uma doença causada pelo coronavírus, denominado SARS-CoV-2, que apresenta um espectro clínico variando de infecções assintomáticas a quadros graves, que podem levar à morte.

e suas alegrias e dores. Vivemos em um mundo em constante transformação, o que sistematicamente deixa os educadores de jovens e crianças perdidos ou com dificuldades em desenvolver ferramentas para educar seus filhos e/ou alunos na perspectiva socioemocional.

De forma constante, o isolamento gerado pelo uso excessivo da tecnologia, que já existia antes da pandemia, contribuiu para o individualismo, a supervalorização de sentimentos autocentrados em torno de demandas pessoais e até mesmo uma baixíssima resistência à frustração. Todavia, proporcionalmente, muitas crianças e muitos jovens, quando incentivados por adultos conscientes e emocionalmente inteligentes, estão voltando sua atenção para outras pessoas. Esse olhar se aprimora e eles passam a se importar genuinamente com os demais. Longe do pessimismo que derrota e cria amarras, vemos essas crianças e jovens como agentes potenciais para instituir novos paradigmas, novas possibilidades de conviver socialmente e, assim, construir possibilidades efetivas de melhorar seu entorno, seu meio, sua cidade, seu estado, seu país e o mundo.

Um grande exemplo de uma jovem que olha na direção de outros indivíduos e situações com empatia — um dos pilares mais fortes da EAI Social — é Malala, a menina paquistanesa que sofreu um atentado por parte de radicais apenas porque desejava e ousava frequentar a escola. É dela a belíssima frase: "Uma criança, um professor, uma caneta e um livro podem mudar o mundo."

Sua força e seu empenho na luta pelas meninas que não podem ter acesso à escola, na busca por um mundo menos radical e violento, é um exemplo de que, quando a força da juventude é usada a favor do outro, torna-se uma potência transformadora.

Mas não chegaremos a jovens mais "empáticos, inclusivos, respeitosos, amigos e perceptivos" em relação aos que os cercam, se aqueles que os educam não estiverem impelidos a também olhar nessa direção. A sala de aula é um ambiente propício para isso e revela seu potencial quando é um espaço em que as relações são marcadas pelo respeito, incluindo a todos sem distinção, promovendo a empatia, a troca e o estímulo de amizades baseadas na compreensão e no envolvimento com os colegas. É um local rico para a construção do conhecimento, a execução de projetos que conduzem à aprendizagem e ao desenvolvimento de habilidades e saberes, em uma abordagem autêntica, dialógica e dinâmica.

Nas relações familiares entre pais e filhos, quando estão permeadas pelos sentimentos mencionados, os conflitos são tratados de forma mais amena. A escuta se torna mais atenta, o respeito é cultivado naturalmente e o agradecimento e a troca se tornam bases sólidas do processo de criação dos filhos. Do mesmo modo, a ausência desses sentimentos e valores torna — no âmbito da escola, da família ou da sociedade — as relações entre crianças, jovens e adultos absolutamente caóticas, o que é óbvio quando compreendemos que estamos vivendo exemplos muito claros desse caos social em vários níveis.

Nos últimos anos temos visto reportagens que refletem a falta de respeito e empatia de crianças e jovens em relação aos pais e professores. Cenas grotescas mostram professores sendo agredidos por alunos e um distanciamento crescente entre pessoas próximas, em que os laços se enfraquecem. Para muitos professores, estar em sala de aula e conviver com alunos tornou-se um pesadelo. Pais também têm terceirizado a educação de seus filhos, talvez por acharem mais fácil se ausentar dos conflitos.

Cabe ressaltar que não há, aqui, a intenção de culpabilizar pessoas, mas, sim, compreender que as inúmeras demandas e exigências da profissão, continuadamente inscritas na luta diária pela manutenção de suas famílias, aliadas a toda a exigência de um mundo rápido e com apelos fortíssimos ao consumo desenfreado, faz com que a ausência dos pais seja potencializada de forma impactante.

Por falta de energia ou empenho, os pais se sentem perdidos em alguns momentos, frequentemente corroborado pelo fato de que ninguém recebe um "manual" de como criar filhos. Além de lidarem com as exigências e desafios do cotidiano, muitos acabam desorientando-se ou desistindo. Isso ocorre devido à necessidade de reservar tempo diário para fortalecer os laços e as relações afetivas, repletas de diálogos, com seus filhos. Educar, afinal, demanda tempo, energia, palavras e empenho, muitas vezes de forma contínua e repetitiva.

Também se percebe a dificuldade em lidar com relacionamentos interpessoais entre adultos, crianças e jovens, mesmo com uma legislação clara que regula as atitudes em relação aos menores, como a proibição de bater ou espancar. É alarmante o número de crianças vítimas de violência física e abusos psicológicos e sexuais em nossa sociedade. Isso as coloca em uma das posições mais vulneráveis. Os números são chocantes, especialmente quando se observa que, muitas vezes, essa violência parte dos pais e parentes, que são os mais próximos à criança.

De acordo com dados divulgados pelo Ministério da Mulher, da Família e dos Direitos Humanos, entre março e julho de 2020, foram registrados no Brasil 26.430 casos de denúncias de desrespeito à infância. A princípio, observa-se uma diminuição de 12% em relação ao ano de 2019, considerando que em 2020, um ano atípico devido à pandemia que assolou o mundo, as crianças deste país praticamente não frequentaram a escola. Sem contato presencial com outras crianças e professores, devemos questionar se essas ocorrências realmente diminuíram ou se simplesmente não puderam ser detectadas e relatadas pela escola, uma instituição fundamental na proteção da criança e do jovem. Sempre cabe um alerta: "A escola é o principal canal de proteção, apoio, e quem melhor percebe a criança", pois é ela quem efetivamente denuncia e encaminha problemas relacionados à infância e juventude.

Citamos anteriormente alguns desacertos na condução da educação, pois buscamos evitar três questões sobre a educação socioemocional: não pretendemos oferecer receitas e, sim, suscitar reflexões visando evitar polarizações indesejadas. O problema não se resume apenas às crianças, aos jovens, aos educadores ou aos adultos, mas em compreender o quão complexo é esse relacionamento, sempre permeado por diversos desafios e pelo contexto da sociedade. Por fim, este livro traz, de maneira colaborativa e baseada em experiências, muitos estudos, histórias e vivências de dois dos autores na área educacional.

Se você, caro leitor, é um educador, um pai ou alguém interessado no processo de construção de valores e caráter em crianças e jovens, e acredita que esse ciclo continuará e que crianças e jovens tornar-se-ão cada vez mais incontroláveis, isso significa que você está adotando um pensamento reativo. A experiência nos mostra que, por mais chocante que isso possa parecer, os comportamentos das crianças e dos jovens também são influenciados por ausências, omissões ou pela aceitação passiva de que essa geração não tem saída ou, ainda, pela ideia de que "as crianças de hoje são assim mesmo".

Seria uma perda sem precedentes, do ponto de vista social, condenarmos toda uma geração sem compreender que esses comportamentos e emoções desconexas não surgem do nada, são expressões de uma série de interações equivocadas que estamos construindo.

Propomos, portanto, aos adultos, que colaborem de forma proativa para o desenvolvimento, em crianças e jovens, das EAIs Sociais. Essas habilidades facilitarão a aproximação deles com seu meio social, pares, educadores, pais e famílias, de maneira mais respeitosa, harmônica e acolhedora.

A IMPORTÂNCIA DA EMPATIA E SUA CONSTRUÇÃO

Para uma compreensão mais clara do que vamos abordar, nada melhor do que um exemplo que ilustre na prática aquilo que estamos discutindo.

> Mariana, professora mediadora de um projeto de educação socioemocional, percebeu que uma das participantes mais ativas era uma senhora, uma avó. No entanto essa senhora sempre saía antes do término das atividades. De maneira discreta, ela se retirava e, apesar de participar ativamente, não permanecia para o momento final, do café comunitário, da confraternização, das trocas e da assinatura da lista de frequência.
>
> Todos sabiam que nos encontros mensais, a dedicada avó nunca faltava e sempre era a primeira a chegar. Com essa informação em mente, Mariana decidiu que, no próximo encontro chegaria mais cedo e questionaria a senhora sobre por que, apesar de participar tão intensamente da reunião, sempre saía antes do final.
>
> E foi exatamente isso que Mariana fez. Ao chegar cedo à escola, encontrou a avó, que já estava lá, como de costume. De maneira cordial, amável e respeitosa, Mariana questionou a avó sobre o motivo de ela sempre sair antes do término da reunião. A avó respondeu:
>
> – Não sei ler nem escrever. Não assino meu nome. Então tenho vergonha. Não quero atrapalhar, por isso vou embora antes...
>
> Sempre que Mariana relembra esse episódio, ela se emociona. No entanto a lição contida nessa história está relacionada à percepção do outro. Mariana realmente observou e se importou com a senhora que saía antes, mas, acima de tudo, ao compreender seus motivos, demonstrou empatia e buscou uma solução. Ela se comprometeu a verificar se a avó permaneceria até o final das reuniões, tudo permeado pelo profundo respeito à senhora.

Vivian Dias

FALAR DE EMPATIA É PRECISO

Em seu sentido mais literal, empatia significa "colocar-se no lugar do outro". Aplicado à realidade, isso envolve entender, respeitar e criar aproximações, mas não necessariamente sentir exatamente o mesmo que outra pessoa. Afinal, sentir a dor do outro é impossível sem um conhecimento profundo e uma experiência pessoal dessa dor, e o que não foi vivenciado efetivamente nem sempre pode ser sentido.

Quem realmente compreende o processo de perder uma casa e um lar, que afeta aqueles que vivem nas ruas sem ter passado por isso pessoalmente? Ou, ainda, o impacto devastador do racismo sem ter sido diretamente vítima desse ato ignóbil? No entanto é possível se conectar com as emoções e os sentimentos de outra pessoa de tal forma que leve a um desejo de agir em favor dela, o que se manifesta pela compaixão — que é, na verdade, a empatia em ação.

Um dos fundamentos da EAI Social é, sem dúvida, a empatia. Ela promove a união entre as pessoas por meio de um vínculo invisível que acolhe e se abre sem julgamentos. Nas crianças, ao longo de seu desenvolvimento, observa-se uma tendência natural para a empatia e a solidariedade. No entanto a empatia é um exercício contínuo, que começa com o exemplo e as atitudes dos pais, dos professores, dos gestores escolares e dos adultos que lideram um determinado meio social, cidade ou país.

Mariana, uma educadora social empática, foi capaz de verdadeiramente enxergar a avó e estabelecer um diálogo empático, encontrando soluções. Provavelmente, se ela não tivesse habilidades de percepção — no sentido de observar as pessoas efetivamente —, essa avó, com o tempo, teria abandonado o projeto. Se Mariana tivesse baixa empatia e apenas dissesse uma frase como: "Nossa, que bobagem! Isso não importa!", ou se ela se divertisse com o receio da senhora, nada de positivo teria acontecido, pois a avó poderia se sentir menosprezada em suas dificuldades.

    Assim como Mariana exemplificou, as pessoas desempenham papéis importantes no processo educativo de nossas crianças e nossos jovens. Que tal fazer uma rápida reflexão para perceber qual é o seu nível de empatia com seus filhos, alunos, parentes, filhos de amigos ou participantes de algum projeto social?

Vamos lá!

REFLEXÃO – NÍVEL DE EMPATIA

1. Você acredita que crianças e jovens têm problemas?
( ) SIM   ( ) NÃO

2. Quando seu filho ou aluno reclama muito de uma situação, você considera apenas um excesso de mimo?
( ) SIM   ( ) NÃO

3. Ao se deparar com uma situação de violência na rua ou na televisão, você simplesmente prefere evitar falar desses assuntos desagradáveis com seu filho ou aluno?
( ) SIM   ( ) NÃO

4. Existe um conflito na sala de aula ou em casa. Você interfere, isolando os que não estão no conflito, tira os envolvidos, sai de cena com todos e não trata mais dessa desagradável questão com seu filho/aluno?
( ) SIM   ( ) NÃO

5. Quando certos grupos expressam queixas sobre discriminação, violência ou injustiça, você aborda esse assunto com seus filhos ou alunos, incentivando-os a se colocarem no lugar dessas pessoas?
( ) SIM   ( ) NÃO

6. Costuma generalizar opiniões para seus filhos ou alunos, dizendo frases como: "Toda mulher dirige mal", "Determinadas etnias não gostam de trabalhar", "O que determina o caráter das pessoas é a cor de sua pele"?
( ) SIM   ( ) NÃO

7. Se vir alguém ou um animal em sofrimento real, passando por uma necessidade, você:

    A) Tenta de alguma forma ajudar?
    ( ) SIM   ( ) NÃO

    B) Afirma para a criança ou jovem: a vida é assim mesmo, cada um ocupa seu lugar, não vamos resolver os problemas do mundo.
    ( ) SIM   ( ) NÃO

8. Se ouvir piadas que possam ferir idosos, imigrantes, pessoas com deficiência, de outra orientação de gênero e sexual que não masculino e feminino, obesos etc., você, de imediato, chama a atenção e é enfático em conversar sobre a inadequação desse comportamento?
( ) SIM   ( ) NÃO

9. Você estimula jovens e crianças a realizarem tarefas que envolvam ajudar pessoas, desde tirar a mesa a dar a mão à bisavó velhinha que visita vocês? Comenta com eles sobre o envelhecimento humano como um processo que atingirá a todos que não morrerem jovens?
( ) SIM   ( ) NÃO

10. Você costuma invalidar para crianças e jovens todo e qualquer pensamento que seja divergente das convicções deles?
( ) SIM   ( ) NÃO

Vamos refletir sobre essas questões. Evidentemente, não estamos buscando um resultado definitivo ou fechado em si. No entanto é importante ficar atento à natureza de suas respostas e constantemente se perguntar: "Estou preocupado com a forma como esse jovem ou essa criança, que está sob minha responsabilidade, enxerga verdadeiramente o outro? Estou construindo relações de empatia e não negando a dor do outro? Como posso ajudá-los a entender que as pessoas não precisam ser iguais a eles para serem validadas e terem seu lugar no mundo?".

No final deste capítulo você encontrará alguns comentários adicionais sobre cada item, que podem ser vistos como reflexões. Optamos por deixá-los para o final, pois a ideia é que, ao longo do capítulo, você reflita, retorne ao questionário e o preencha novamente, considerando os pontos que favorecem uma educação genuinamente empática. Compare, então, as respostas iniciais com as posteriores e avalie o que mudou após a leitura deste capítulo.

Desenvolver a empatia nas novas gerações tem sido uma preocupação constante entre educadores, cientistas, psicólogos e outros profissionais. Richard Weissbourd, um psicólogo de Harvard, é o responsável pelo *Project Making Caring Common* (MCC), que pode ser traduzido como "Tornando o cuidado comum". O MCC é uma fundação que, de forma regular, alerta os adultos de que as crianças não nascem prontas ou são predestinadas a serem boas, calmas, pacíficas, más, terríveis ou geniosas.

Destaca-se que são seres em desenvolvimento e necessitam que os adultos estejam ao seu lado para orientá-las, acompanhá-las, desafiá-las e estimulá-las. Dessa forma, elas tornar-se-ão pessoas mais solidárias, gentis e capazes de serem respeitosas e responsáveis em relação ao seu meio e sua comunidade. Periodicamente, a Fundação MCC realiza campanhas nacionais nos EUA para promover o comprometimento de toda a sociedade na criação de pessoas empáticas.

A falta de tempo, a presença constante e massiva, especialmente da tecnologia por meio das mídias sociais, a busca por melhores posições na carreira, o desejo de acumular mais e maiores bens físicos, muitas vezes levam famílias e até mesmo educadores a estabelecerem relações superficiais com crianças e jovens. Educar com o intuito de cultivar a empatia requer um compromisso constante com essa construção, porque, no contexto da educação, tudo o que for negligenciado no presente pode se transformar em um grande e complexo problema no futuro. Basta observar os pais que se distanciaram de seus filhos na infância e, como resultado, enfrentaram sérios problemas na adolescência ou na fase adulta deles. Muitos, ao perceberem esse distanciamento, provavelmente desejariam voltar no tempo e reescrever essa história dada a gravidade dos problemas, que muitas vezes incluem adversidades relacionadas à dependência dos filhos. Jovens sem limites, respeito e empatia, podem acarretar sérios transtornos para si mesmos, para os pais e até para a sociedade.

Por isso defendemos uma educação preventiva em contraposição à abordagem meramente corretiva, pois a primeira verdadeiramente prepara para a vida, para a compreensão de que estamos em constante evolução, que os erros não nos definem e que é possível uma mediação menos autoritária. Pais que estão presentes e atuam como mediadores enfrentam uma demanda significativa, mas certamente colherão mais satisfação em relação aos seus filhos no futuro, ao vê-los emocionalmente mais capazes de refletir sobre seus sentimentos e ações.

Recentemente, foi amplamente noticiado que um jovem de apenas 18 anos atropelou várias pessoas, causando a morte de duas delas, e não parou para prestar socorro. Além disso, ao ser flagrado, fugiu, escondeu-se e tentou remover manchas de sangue de seu carro. Ele alegou que não parou porque não se sentia culpado e "não conhecia as pessoas". Ao ler essa notícia, foi impossível não questionar em qual momento todas as pessoas envolvidas na educação desse jovem falharam. Ficou evidente que foi desperdiçada a oportunidade única de educá-lo sob a perspectiva da empatia, em que o convívio social deveria ser fundamentado no respeito e na responsabilidade pelos próprios atos e pelo impacto causado aos outros.

Acreditando na importância de estabelecer o caminho da educação baseada na empatia como um processo contínuo, Richard Weissbourd identificou, após observações, pesquisas e estudos validados, alguns métodos para desenvolver a empatia em crianças e jovens. A seguir, resumimos conceitos de seu livro *Os pais que queremos ser: como pais bem-intencionados podem prejudicar o desenvolvimento moral e emocional dos filhos*, que nos permitem ampliar a compreensão sobre os caminhos possíveis, os quais, longe de serem complexos, sem dúvida exigem envolvimento:

- **Seja um bom exemplo** – lembre-se de que as crianças e os jovens imitam os comportamentos dos adultos. Um ditado popular antigo, que ainda circula muito entre nós, resume bem essa ideia: "As palavras movem, os exemplos arrastam". Isso reflete o cerne do observado pelo grupo da Fundação MCC: dê o exemplo e tudo começará a acontecer. Portanto se a criança crescer cercada por atitudes respeitosas em relação às pessoas, solidárias e gentis — por exemplo, sempre agradecendo e cumprimentando todos os profissionais e pessoas, independentemente de sua classe social ou características físicas —, ela aprenderá a ser empática e, consequentemente, desenvolverá formas humanizadas de se relacionar com os outros.

Aqui vale um acréscimo para explicar um estudo sobre aprendizado social, termo proposto pelo psicólogo Albert Bandura[7]. Os exemplos têm mais impacto quando são dignos de atenção e quando se conectam aos "neurônios espelho", que influenciam muito. Por exemplo, crianças cujos pais são fonte de afeto, admiração e inspiração. Bandura diz que o ambiente, a atenção e a motivação também afetam a emoção, o aprendizado e a inteligência.

- **Reflita antes de superdimensionar os sentimentos das crianças** — reconhecer, validar e entender os sentimentos das crianças e jovens é fundamental, mas os pais devem ficar atentos: tão importante quanto o sentimento dos seus filhos é o sentimento de outras crianças e outros jovens. É fundamental perguntar como eles se sentem e, também, como outras pessoas se sentem, ajudando e validando o sentimento dos outros.

Existe uma tendência a enaltecer demais as crianças, o que pode torná-las autocentradas e, muitas vezes, incapazes de perceber que há um mundo ao seu redor, repleto de desafios que podem ser mais complexos do que os delas. Ensinar às crianças que elas não são o centro do mundo e que os outros não devem se submeter às suas vontades é fundamental para que desenvolvam empatia e compreensão, percebendo os demais.

---

7. Albert Bandura (1925-2021) foi um psicólogo canadense e professor de Psicologia Social na Universidade de Stanford. Suas pesquisas abrangeram áreas como psicologias social e cognitiva, psicoterapia e pedagogia. Ele se tornou o presidente mais jovem, aos 43 anos, eleito para a Associação Americana de Psicologia.

- **Tenha controle sobre o excesso de elogios** — elogiar quando a criança e o jovem realizam suas atividades com dedicação e responsabilidade, ou, ainda, quando conseguem algo que almejavam com esforço, é importante para construir a autoestima e não deve ser negligenciado pelos pais. No entanto o excesso de elogios se tornou algo banalizado, produzindo na criança o sentimento exagerado de que tudo gira em torno de suas vontades e seus desejos. Isso pode levá-la a enfrentar grandes dificuldades em seus relacionamentos na vida adulta, como não reconhecer seus erros, perceber suas falhas e entender que os seres humanos estão em constante processo de desenvolvimento e crescimento.

O excesso de elogios distorce a autoimagem da criança e lhe confere um equivocado senso de que são perfeitas e, portanto, superiores aos demais. Ao contrário, elogios no momento correto, valorização e estímulo positivo fortalecem o sentimento de autoestima e segurança. É importante para os pais equilibrar o senso pragmático e o senso moral.

- **Dê oportunidade para que crianças pratiquem a empatia e cuidem dos outros** — ao proporcionar às crianças e jovens possibilidades de enxergar além do universo de sua família, escola ou comunidade, contribuímos de forma significativa para a construção do sentimento de empatia. Demonstrar um interesse genuíno pelas pessoas é um exemplo que pode levar a criança e o jovem a um estado quase imediato de empatia.

Uma escola que se envolve em causas sociais e implementa um projeto de educação socioemocional que verdadeiramente dialogue com outras pessoas e realidades se torna rica em oportunidades de interação. Nada melhor do que esse exercício ser liderado pelos adultos.

Quando os pais ou adultos mais próximos das crianças ou jovens abraçam uma causa — que pode ser desde o envolvimento em associações que protegem animais até a arrecadação de alimentos para a população carente e desfavorecida — há um desenvolvimento natural e um engajamento também das crianças e dos jovens em relação a ela, tornando-se mais receptivas a essa participação. A pandemia do coronavírus proporcionou uma oportunidade ímpar para o desenvolvimento de ações empáticas. Nesse momento, elas se concretizam de fato, pois o "outro" deixa de ser alguém desconhecido e se torna real, com seus sentimentos, alegrias, dores e incertezas.

Para contribuir com esse desenvolvimento, é essencial que pais, educadores e instituições saiam da zona de conforto e criem não apenas uma, mas várias oportunidades para o exercício contínuo da empatia, que não surgirá espontaneamente, como num passe de mágica.

- **Amplie o olhar, expanda seu círculo familiar ou escolar e enxergue além do próprio espelho** — em uma sociedade cada vez mais violenta, permeada por competição, desafios e individualismo, é comum seguir o caminho fácil de se fechar em bolhas de relacionamentos. Por exemplo: crianças de determinadas escolas convivendo entre si e lidando apenas com os problemas típicos de seu universo. Embora seja natural as pessoas conviverem melhor com quem faz parte do seu cotidiano, acreditamos que essas bolhas podem e devem ser rompidas.

Outros contextos precisam ser construídos para que a percepção do outro, que é diferente, esteja presente. Esse exercício começa pelos livros que damos às nossas crianças, pelos programas e filmes que assistimos com elas e por projetos que possibilitem que os adultos se aproximem dos pequenos. Uma simples campanha na televisão para arrecadar fundos em prol de uma causa pode ser a oportunidade para incentivar a participação das crianças e expandir seus horizontes: "Que tal conhecermos esse projeto? Visitar o site? Escrever algo? Como podemos nos envolver?".

Quando os adultos proporcionam o acesso a uma literatura que não retrate apenas uma realidade ou um único padrão de vida e pessoas, estão contribuindo significativamente para a construção de uma visão empática, onde o outro é reconhecido em suas diversas vivências e desafios, e isso é algo que pode e deve ser compreendido. Dessa forma, estamos estimulando uma participação ativa por meio de ações para amenizar os danos dessa realidade.

A escola é um ambiente propício para essa construção, e hoje há uma grande preocupação em promover essa diversidade de perspectivas e criar vínculos. No entanto adotar essa visão empática sempre requer, por parte dos adultos, a desconstrução de seus próprios preconceitos. É improvável que adultos carentes de empatia, que apoiam visões que culpabilizam ou discriminam pessoas, consigam promover uma educação baseada na empatia. Nesse sentido, todas as EAIs e seus pilares discutidos neste livro podem se tornar ferramentas auxiliares para efetivamente cultivar a empatia, permitindo que crianças e jovens se tornem mais receptivos socialmente e, como resultado, mais felizes. Quanto mais diversificada for a rede de amizades de uma criança, mais ela desenvolverá empatia por outros que não sejam apenas reflexos de si mesma.

A AMIZADE QUE APROXIMA E FELICITA

Na conhecida lenda árabe sobre amizade, retirada do livro *As mil e uma noites*, dois amigos embarcam em uma jornada por um deserto inóspito, enfrentando uma trajetória desafiadora. Ao partirem para o deserto, os amigos se envolveram em uma discussão acalorada que culminou em uma agressão, quando um deles deu um tapa forte no rosto do outro. Que grande ofensa um homem levar um tapa no rosto! Indignado e muito magoado, o homem agredido pelo amigo escreveu na areia:

"Hoje, meu grande amigo bateu em meu rosto!".

Seguiram, então, viagem. A alegria e a espontaneidade que os uniam pareciam perdidas. Até que encontraram um oásis no deserto, e o amigo que havia sido agredido decidiu refrescar-se na água. No entanto, por não ser um bom nadador, começou a se afogar. Seu amigo, aquele que o havia agredido, não hesitou em pular na água e salvá-lo da morte iminente.

Uma vez salvo, o amigo pegou um objeto cortante e escreveu em uma pedra:

"Meu grande amigo salvou minha vida hoje".

O amigo, intrigado, perguntou:

— Quando eu te bati no rosto você escreveu na areia. Agora, escreve na pedra. Por que age assim?

A resposta do amigo revelou o grande ensinamento dessa história.

— Se um amigo nos ofende, o melhor é "sempre escrever na areia", pois o vento pode levar as marcas, permitindo o esquecimento e o perdão, apagando, inclusive, da nossa memória. Por outro lado, quando um amigo realiza algo extraordinário por nós, esse gesto deve ser gravado na pedra e na memória do coração, pois assim nunca será apagado nem esquecido.

Essa história, além da lição final, oferece um retrato realista da amizade, pois os amigos discordam, brigam e, às vezes, têm atitudes que nos decepcionam. Portanto construir vínculos de amizade fortes e saudáveis demanda uma grande dose de compreensão, exercício do perdão e habilidade para resolver os conflitos inerentes às relações humanas. Isso se aplica desde as desavenças na educação infantil até as discordâncias entre amigos adolescentes sobre pessoas e pontos de vista. Saber resolver os conflitos sem os levar para o lado pessoal e, consequentemente, sem se sentir ofendido, é o caminho para um desenvolvimento positivo.

A amizade é um pilar fundamental da EAI Social. Uma pesquisa realizada pela Universidade da Virgínia, nos EUA, oferece *insights* interessantes sobre esse vínculo. O estudo envolveu 22 pessoas que foram ameaçadas de receber pequenos choques elétricos ao mesmo tempo em que foram informadas de que um amigo próximo também seria submetido aos choques. Surpreendentemente, a tomografia cerebral dessas 22 pessoas revelou algo interessante: a atividade cerebral de alguém que está em perigo é quase idêntica à daquele que sabe que um amigo está em perigo. Isso sugere que as pessoas por quem nutrimos uma forte amizade se tornam uma parte de nós. Esse estudo científico nos mostra que, de uma forma não apenas literal, quando nossos amigos estão ameaçados, sentimos como se estivéssemos na mesma situação.

Com base nas descobertas da ciência há evidências de que estar com amigos desencadeia a liberação expressiva de ocitocina e dopamina, neurotransmissores que estão intimamente ligados à sensação de bem-estar físico e relaxamento. Além disso, ter amigos pode ser benéfico para a saúde do coração, pois estudos recentes sugerem que a liberação desses neurotransmissores pode proteger o sistema cardiovascular, reduzindo o estresse e a produção de cortisol. Portanto diversos aspectos científicos reforçam a importância da amizade como um dos pilares da felicidade humana e como facilitadora do desenvolvimento da EAI Social, promovendo uma inserção mais empática na vida em sociedade.

Ainda hoje, é comum encontrar pessoas que subestimam a importância da amizade, demonstrando certo descrédito em relação a esse vínculo afetivo. Infelizmente, as crianças absorvem essas mensagens e as internalizam. Frases como "Não existe amigo de verdade", "Mulheres não podem ser amigas" ou "Não confie em ninguém, nem mesmo nos amigos" são frequentes e geram insegurança nas crianças em relação às relações sociais, afetando o desenvolvimento dos valores que as acompanharão ao longo da vida. Portanto é fundamental contestar essas afirmações, uma vez que podem provocar emoções reativas e negativas nas crianças em relação à amizade.

FATORES DO SUCESSO PROFISSIONAL – EAI SOCIAL

Sabemos que o jovem que está prestes a escolher um caminho profissional concentra-se no que faz mais sucesso no momento, na profissão em alta, e não, necessariamente, no que realmente deseja praticar no futuro. Ele se esquece de olhar para si mesmo, perceber suas habilidades, capacidades e fraquezas. E, então, é necessária uma pergunta: "Será que eu tenho uma conexão com esse caminho profissional?". Pois bem, esse é o momento de alertá-lo para que consiga fazer uma autoleitura de suas habilidades, uma autoavaliação de como será sua vida com essa determinada opção. É o momento de enfatizar a necessidade de que ele pense não no que vai fazer, mas em "como vai fazer".

O profissional que exerce sua profissão com eficiência, sem enfado, é aquele que tem prazer no que faz, tem foco, é empático, relaciona-se bem, tem poder de superação, é resiliente. Talvez você se pergunte: "Mas tudo isso?". Não é muito, se pensarmos que tudo isso vem naturalmente com o fato de ele ter feito a escolha certa.

Parte significativa do insucesso profissional não se deve à incompetência técnica, mas ao mau relacionamento interpessoal do funcionário no dia a dia, que, muitas vezes, vem da insatisfação com o que faz. O jovem precisa saber que é necessária, além da disciplina e da dedicação, maleabilidade nas relações com os demais colegas. É importante saber ouvir, ponderar, voltar atrás quando percebe o próprio equívoco, calar-se quando nada tem a dizer e, principalmente, acreditar em seu potencial, de forma a ter tranquilidade interna para pensar em novas soluções e em inovações.

Dentro de cada profissão encontramos exemplos inspiradores de profissionais que alcançaram novos patamares, como é o caso de Valdir da Pipoca, em Curitiba. Jovem boia-fria, recém-chegado da roça, foi para a cidade em busca de melhores oportunidades para ajudar a família. Passou por diversas ocupações: foi manobrista, lavador de carros, atendente em bancas de jornal, até se tornar ambulante. Com persistência e disciplina, solicitou um ponto na prefeitura e aguardou por muitos anos até que finalmente conseguiu. Ao adquirir seu carrinho de pipoca, iniciou sua jornada rumo ao sucesso.

Motivado pelo interesse em compreender por que tantas pessoas passavam por seu carrinho sem parar, Valdir fez um curso sobre boas práticas em alimentos e logo percebeu que a higiene era uma preocupação das pessoas. Implementou uma série de medidas que mudaram sua vida: higienização diária do carrinho, uso de uniforme, programa de fidelidade para clientes, higienização das mãos com álcool gel após manipular dinheiro, entre outras. Além disso, utilizava milho da melhor qualidade.

Atualmente, Valdir tem funcionários em seu carrinho, pois dedica grande parte de seu tempo para fazer palestras pelo país, voltadas para empresários em geral. Ele também tem um site. As razões por trás desse sucesso são diversas: resiliência, disciplina, foco, vontade de vencer, busca constante por aprendizado, inovação, percepção positiva do ambiente de trabalho, bom relacionamento com os clientes e muitas outras.

Uma dinâmica alinhada ao espírito de nossas EAIs é sugerir que filhos adolescentes elaborem listas de suas atividades favoritas, interesses e habilidades, e reflitam sobre os caminhos profissionais que desejam seguir com base nessas análises. Essas listas devem ser revisadas periodicamente, pois na vida muitas coisas mudam, incluindo as inclinações e decisões dos jovens.

Leo Chaves

AMIZADE, RESPEITO E INCLUSÃO: FATORES PARA O DESENVOLVIMENTO DA EAI SOCIAL

Falar sobre amizade implica considerar o respeito e a inclusão. Dissociá-la desses comportamentos significa restringir a amizade a uma mera questão de afinidades pessoais. Amigos não são e nunca serão nosso reflexo ou uma cópia exata de nossas concepções, nossos desejos e nossa visão de mundo. Portanto construir relações de amizade envolve compreender o outro em sua totalidade e sempre priorizar o ato de respeitar. O respeito, como um dos valores fundamentais para o desenvolvimento da EAI Social, constitui um dos pilares mais importantes da amizade.

O grande desafio para cultivar relações respeitosas é promover, desde cedo, a percepção de enxergar o outro não como uma extensão de si mesmo, mas como um indivíduo único, com peculiaridades e características próprias. Ao considerar essas diferenças é possível agregar valores positivos e éticos nas relações entre amigos e na sociedade como um todo.

O respeito se evidencia principalmente por meio de ações educativas que promovem a compreensão das diferenças e reconhecem que a diversidade não diminui o valor ou a importância de alguém. É importante observar que as crianças, em geral, tendem a reproduzir em suas relações o que experienciam em seu ambiente familiar primário: a família.

A visão que uma criança tem sobre a amizade e os amigos é construída a partir desse contexto. Aqui reside, talvez, um dos primeiros equívocos no convívio familiar: a crença de que amigos verdadeiros, sinceros e acolhedores só existem dentro da família. É comum os pais afirmarem aos filhos: "Nós somos seus únicos amigos!" ou "Você não encontrará amigos verdadeiros em outro lugar!". Na adolescência, especialmente, se os pais compreendessem a distância que criam entre eles e seus filhos ao proferirem tais palavras, talvez não as utilizassem tão frequentemente.

Esses tipos de afirmações impõem crenças limitantes à criança e deixam uma marca emocional negativa: a ideia de que as pessoas não são confiáveis e de que ela própria é superior aos outros. Essa lógica é perigosa e pode resultar em sérios problemas de convivência, dificuldades em lidar com conflitos e pouca capacidade de lidar com a frustração quando um amigo, de alguma forma, decepcioná-la.

Contudo, se buscamos desenvolver pessoas emocionalmente inteligentes, com uma EAI Social mais apurada, é preciso promover um bom convívio social. A ciência já demonstrou, como mencionado anteriormente, que indivíduos com um círculo sólido de amigos tendem a ser mais felizes e realizados.

Destacando as afirmações egoístas e exclusivas frequentemente proferidas no ambiente familiar, nossa proposta é que tanto a família quanto os educadores se oponham a essa lógica. Eles devem demonstrar, por meio de inúmeros exemplos, projetos e causas, que existem pessoas altruístas, comprometidas com seus semelhantes. Algumas pessoas são capazes de assumir responsabilidades com o próximo ou desenvolver projetos que talvez não seríamos capazes. Ensinar pelo exemplo que todas as pessoas merecem ser validadas e são dotadas das mesmas possibilidades e limitações comuns a todos os seres humanos é um exercício que expande, fortalece e prepara para a vida. Essa afirmação vai além da retórica, pois as crianças agem com base no que escutam e observam. Por exemplo, pais racistas ou preconceituosos, que invalidam pessoas, ensinam aos filhos a reproduzir esses comportamentos mesmo sem dizer explicitamente.

Quando buscamos promover o desenvolvimento da EAI Social, com foco no pilar da amizade, devemos compreender que isso não ocorre dissociado do respeito e da inclusão efetiva de pessoas. A inclusão vai além de simplesmente integrar crianças e jovens com deficiência nos espaços escolares e na sociedade, embora seja um direito incontestável, essencial, garantido por lei e um fator fundamental para o desenvolvimento dessas pessoas. Aprendemos, sobretudo, por meio da interação, integração, associação e troca de experiências.

No entanto o termo inclusão, entendido aqui como uma das pontes para o desenvolvimento da EAI Social, pode ser interpretado como "a capacidade das pessoas de conviverem com qualquer indivíduo, independentemente de suas diferenças físicas, étnicas, de gênero, nível socioeconômico ou qualquer outra condição". Incluir implica acolher, promover abertura ao novo e respeitar. Portanto vai muito além de simplesmente "tolerar", o que pode adquirir um sentido não ideal, como se fosse uma concessão: "Eu tolero você, então permito que você exista". A proposta aqui é ampliar o conceito básico de tolerância para o "RESPEITO" e para a "inclusão plena", algo que deve ser modelado, principalmente, pelo exemplo dos adultos.

A maneira mais eficaz de deseducar crianças e jovens é expressar preconceitos e opiniões generalizadas na presença deles. Esse comportamento os ensina a excluir em vez de incluir, criando obstáculos para sua integração na sociedade. Por outro lado, quando a ênfase da família/escola é na visão inclusiva, respeitosa e acolhedora de todo ser humano, isso contribui significativamente para a sociedade e cria um ambiente propício para a verdadeira abertura ao outro. Portanto, independentemente de quem seja esse "outro" e de suas características físicas, é importante permitir que ele faça parte do grupo social.

Um fator importante para promover essa inclusão efetiva é compreender que é na diferença que aprendemos e crescemos. O confronto com o oposto nos tira da zona de conforto e pode neutralizar muitos dos problemas comuns no ambiente escolar, como o *bullying*, o *cyberbullying*, a cultura de cancelamento, o assédio moral e o constrangimento, especialmente on-line, uma verdadeira epidemia entre os jovens que preocupa educadores, famílias e a sociedade em geral.

As crianças e os jovens devem ser encorajados emocionalmente a cultivarem o sentimento essencial que todo ser humano merece: ser respeitado e incluído em todos os meios em que participam. Se esse aspecto for verdadeiramente trabalhado, os sérios problemas mencionados anteriormente, que serão abordados com mais detalhes no capítulo dedicado à EAI Existencial, tenderão a desaparecer. Essas ações surgem principalmente da não aceitação de qualquer elemento que cause estranheza ou que não se alinhe com as verdades absolutas defendidas por um determinado grupo, seja de crianças, jovens ou adultos, tanto no contexto social quanto na escola.

Reconhecer e valorizar as pessoas, identificando suas potencialidades, talvez seja um dos exercícios mais enriquecedores no processo educativo de filhos, alunos e de todos em geral. Esse olhar amistoso, que reconhece e valoriza, proporciona um sentido de confiança muito maior. Dessa forma, no futuro, esperamos que nossas crianças sejam ilhas de afeto, cercadas por amigos, e não indivíduos isolados e permanentemente desconfiados das reais intenções das pessoas.

QUANDO O AMIGO MUDA SEU OLHAR

Professores têm o costume de inspirar seus alunos, especialmente quando estes os admiram. Eu lecionava em uma faculdade, especificamente em um curso de MBA, quando conheci Rafael, um jovem que havia se mudado recentemente para a cidade. Ele estava passando por um período conflituoso em várias áreas da vida, que incluíam desde o trabalho até seus relacionamentos pessoais.

Nossa amizade iniciou-se a partir de uma profunda admiração e de um sentimento afetuoso. Sempre vi o professor, como expressou poeticamente Rubem Alves, como "o aprendiz há mais tempo", dotado de uma bagagem de experiência que abrange tanto os saberes quanto a própria vivência. Assim, comecei a orientar o jovem Rafael, ouvi-lo e compartilhar um pouco da minha própria vida com ele. Nessa relação peculiar, embora marcada por uma diferença de idade considerável, floresceu uma amizade que o ajudou a encurtar caminhos e a encarar sua existência de uma nova perspectiva – a perspectiva da experiência, algo que lhe era inacessível naquele momento. Afinal, como afirmou o escritor José Saramago de forma precisa em seu belíssimo romance *A caverna*: "Os jovens não sabem tudo que podem, e os velhos não podem tudo que sabem."

Hoje não compartilhamos mais a dinâmica de professor/aluno. No entanto, tornamo-nos amigos. Rafael, agora casado, pai e consideravelmente mais maduro em suas escolhas, enxerga em mim uma referência positiva em sua vida. Ele expressa com frequência seu respeito, seu amor sua gratidão pelo mestre do passado, que hoje se transformou em apenas um amigo. Isso evidencia para mim o poder da amizade e como ela pode impactar positivamente a vida de alguém.

Maurício Dias

Com base nesse depoimento, entendemos que Maurício foi uma fonte de inspiração. Nesse sentido, a amizade, nesse caso, teve um poder transformador positivo. Sabemos bem que as pessoas podem facilmente desmotivar umas às outras, mas, de maneira ainda mais poderosa, positiva e intensa — "pessoas inspiram pessoas". Quando compartilhamos um problema ou um ponto de vista diferente e improvável, a tendência é que a amizade desenvolva raízes sólidas, capazes de perdurar por toda uma vida.

Nos dias atuais, tanto crianças como jovens e adultos têm testemunhado o enfraquecimento de alguns laços e antigas práticas devido à prevalência de interações cada vez mais virtuais em comparação às pessoais. Isso significa que a missão de quem educa seja a de construir pontes e abrir possibilidades para o cultivo de amizades responsáveis que transcendem as relações superficiais.

É benéfico para o desenvolvimento emocional de crianças e jovens promover relações cordiais e amizades desde cedo, pois os padrões mentais e os comportamentos sociais estão profundamente enraizados nas experiências da infância. É interessante observar que, de acordo com os estudos do neurocientista António Damásio, durante os primeiros anos da infância, o cérebro é significativamente menos condicionado e, portanto, mais receptivo e aberto. O período de 0 a 6 anos representa um momento crucial, no qual a educação recebida da família, da escola, e as experiências vivenciadas irão moldar o conjunto de crenças que, de maneira inconsciente, influenciarão as escolhas ao longo da vida. Esse discurso simplifica o conceito fundamental desse renomado autor, o "marcador somático"[8]. O conceito ressalta a responsabilidade que nós, adultos, temos em relação ao que ensinamos às crianças, assim como as experiências que proporcionamos e os valores que transmitimos a elas.

---

8. O neurocientista António Damásio introduziu o conceito do marcador somático, que pode ser descrito como um mecanismo pelo qual os processos emocionais exercem influência nos comportamentos humanos, especialmente no processo de tomada de decisão.

Famílias com padrão acusatório, com críticas demais e que cultivam o hábito de falar das pessoas quando elas não estão presentes irão colaborar para que nas crianças, quando adultos, essas crenças limitantes (marcadores somáticos) se expressem em forma de desconfiança e dificuldade em criar vínculos sinceros de amizade e companheirismo, entre outras questões que se tornam elementos que interferem no bom convívio social.

Mediante essa constatação, é importante lembrar que o desenvolvimento dos vínculos de amizade fortalece a autoconfiança das crianças, bem como a autonomia e o sentimento de pertencimento a um grupo. De maneira muito adequada, as coloca frente a frente com o conflito, não em um sentido negativo, mas, sim, com aquele que as tira de uma zona de conforto, do aceite inconteste dos que a cercam. Quando são levadas a confrontar suas ideias e concepções com amigos que vêm de outro contexto familiar e formativo, esse contato colabora significativamente para o desenvolvimento de uma percepção saudável de que o mundo não se traduz apenas por meio de suas opiniões ou de suas vontades.

Para que uma amizade possa proporcionar sentimentos de bem-estar e prosperidade é essencial cultivar uma escuta atenta, reavaliar nossas próprias opiniões e, frequentemente, buscar um consenso e redesenhar pontos de vista. Isso ressalta sua relevância na vida humana, já que estamos constantemente imersos em um contexto social de interação com outros indivíduos, o que humaniza e fortalece os vínculos.

No âmbito da educação socioemocional, os responsáveis pela formação de crianças e jovens — especialmente as famílias — têm uma excelente oportunidade para incentivá-los a cultivar amizades, promovendo aproximação em vez de distanciamento. Quanto mais reativa for a postura dos pais, principalmente em relação aos amigos dos jovens, maior será a probabilidade de criar um afastamento entre eles. Isso não é saudável, uma vez que, desse modo, na adolescência, a influência e as opiniões do círculo de amizades têm um peso significativo para o desenvolvimento desse jovem.

No entanto, ao acolherem essa ideia, os pais e as famílias compreendem que os amigos são essenciais para uma vida mais significativa e podem se tornar parceiros de vida para seus filhos. Essa postura implica trazer os amigos de seus filhos para mais perto, pois isso faz toda a diferença no fortalecimento dos vínculos com os pais.

As escolas, por sua vez, podem se tornar espaços propícios para promover atitudes que fortaleçam os laços de amizade. Para isso, talvez o caminho mais eficaz seja o reforço de ações coletivas e em grupo, uma vez que a Educação para Ação e Interação Colaborativa, que abordaremos em capítulos subsequentes, é sem dúvida crucial para os jovens. No futuro, esses jovens irão conviver em uma sociedade que demanda habilidades para trabalhar em equipe, colaborar e trocar de maneira solidária e cordial.

PERCEPÇÃO – A PONTE QUE UNE EMPATIA, AMIZADE, RESPEITO E INCLUSÃO NO DESENVOLVIMENTO DA EAI SOCIAL

> "Toda companhia é uma ponte"
> (Leo Chaves)

Ao observar as pessoas em locais públicos, você perceberá facilmente que em vez de olhar para frente, a maioria está constantemente com os olhos voltados para baixo, fixos em seus *smartphones*. É uma cena comum ver amigos que, em vez de dialogarem animadamente, estão imersos em seus próprios dispositivos móveis. Esse fenômeno da pós-modernidade já se estabeleceu como uma realidade consolidada. No entanto é possível preparar as pessoas para uma convivência social mais integradora, mas isso requer uma reflexão sobre a nossa percepção da situação.

Sem uma habilidade perceptiva adequada, temos poucas chances de desenvolver Inteligência Emocional e Social (EAI). Indivíduos que não têm uma boa percepção das pessoas com quem convivem tendem a focar apenas em si mesmos, são desconexos e desatentos aos outros, demonstrando pouco ou nenhum interesse na vida daqueles que o cercam. Além disso, é ainda mais desafiador construir vínculos de amizade, pois a amizade pressupõe uma abertura mútua, troca e reciprocidade. Da mesma forma, para respeitar as pessoas e incluí-las, integrá-las e acolhê-las, é preciso ter desenvolvido a habilidade perceptiva. A ausência dessa habilidade cria obstáculos nos relacionamentos, uma vez que é difícil incluir alguém se não percebemos efetivamente sua realidade, seus desafios, sua vida e suas necessidades.

Desenvolver uma boa percepção exige a capacidade de olhar para dentro de si mesmo, o que implica desenvolver uma espécie de "espelho interno". Pessoas que não se percebem adequadamente, que não compreendem seus próprios sentimentos e sua maneira de se relacionar com o mundo, dificilmente conseguirão enxergar o outro. A ausência dessa autopercepção e, consequentemente, a falta de compreensão de suas próprias potencialidades e limitações, faz com que a abertura ao outro se torne apenas uma figura de linguagem.

Num mundo tão dinâmico e conectado instantaneamente, a percepção parece se tornar cada vez mais diluída. Você só construirá verdadeiras amizades se praticar uma percepção que vá além dos rótulos e das expectativas. Rotular e julgar as pessoas pode levar à deterioração dos laços de respeito, amizade e inclusão. Além disso, nem sempre as expectativas criadas em relação às pessoas em seu círculo social correspondem aos seus anseios.

Um exame mais detalhado pode revelar que a percepção formada sobre determinada pessoa ou contexto pode ter sido superficial e muito mais centrada em sua escala de prioridades, o que acaba criando um caminho tortuoso quando falamos em vínculos de amizade.

Ao desenvolvermos uma boa percepção do outro e compreendê-lo como alguém dotado de múltiplas vontades e ações, é possível entender que construir vínculos nos confere um *ticket* de exclusividade. Isso também nos afasta de relações marcadas por dependência emocional, que tendem a nos sufocar e cercear, muitas vezes dificultando a formação de laços saudáveis.

Priorizando o desenvolvimento da percepção, começamos a dedicar mais atenção tanto a nós mesmos quanto àqueles que nos rodeiam, aprendendo a ir além e redirecionar conceitos tidos como ideais ou corretos até então. Aqueles que conseguem olhar o outro com empatia, amizade, cordialidade, abertura, respeito e inclusão estarão melhor preparados para interações sociais mais significativas.

De que forma podemos colaborar para que nossas crianças e nossos jovens desenvolvam a EAI Social e a coloquem a favor de sua realização e felicidade? Para responder a essa questão, vamos considerar os pontos a seguir como definidores:

1. Procure proporcionar às crianças e aos jovens com quem convive a oportunidade de enxergarem o lado bom das pessoas e valorizarem a diversidade como um elemento enriquecedor. Faça-os conhecer projetos sociais, incentive-os a explorar e a apreciar outras culturas e motive-os a aprender novos idiomas. Quando possível, planeje atividades com seus filhos — mesmo que não seja viável realizar viagens para lugares distantes, as próprias cidades são bons laboratórios de diversidade: explore bairros diferentes em um passeio de ônibus, carro ou Uber. Leve-os a contemplar as diversas realidades, amplie o olhar deles.

2. Tente promover o desenvolvimento da empatia por meio do exemplo. Em vez de julgar, ensine seu filho a respeitar as pessoas, os animais, o planeta e o ambiente em que vive.

Ajude-o a compreender que a realidade dele não é a única forma de viver e que a maneira como a família, a escola e a comunidade dele se organizam pode ser diferente para outras pessoas. Envolver-se em ações comunitárias ou de doação, das quais a criança ou jovem possa participar ativamente e ter contato com realidades distintas.

3. Ser leal e gentil com seus amigos é uma lição valiosa que os pais podem ensinar aos filhos, servindo de exemplo para que eles aprendam a confiar e a amar seus próprios amigos. Se os pais são desleais, críticos ou falam mal dos amigos constantemente, é assim que a criança passa a enxergar seus próprios amigos, tanto no presente quanto no futuro, o que pode prejudicar suas interações sociais. Escolas que incentivam laços de amizade geralmente registram índices mais baixos de violência entre os alunos. Elas podem organizar eventos especiais, como o "Dia dos Amigos", facilitar a troca de mensagens e promover intercâmbios entre escolas, encorajando os alunos a perceberem que a felicidade humana muitas vezes está relacionada à convivência com os outros.

4. Busque ser uma voz que promova o bem-estar das pessoas. Olhe para o seu próximo com compaixão e evite fazer comentários que rotulem as pessoas. Desde cedo, incentive seu filho, aluno ou qualquer criança ou jovem com quem convive, a encarar as deficiências com naturalidade. Para isso, ofereça uma variedade de livros infantis, filmes e brinquedos que abordem a diversidade. Permita que sua filha ou filho, mesmo não tendo uma deficiência, tenha uma boneca ou boneco que represente uma deficiência ou per-

tença a outra etnia — isso ajuda a criança desde cedo a valorizar a diversidade.

Acolha...
Abrace...
Inclua...
Respeite...
E seja empático!

Os caminhos são muitos. Basta acreditar que a maior vocação do ser humano é a de "ser junto" e, ao ser junto de fato, conviver socialmente pautado por valores que ampliam as possibilidades, não o limite.

EDUCAÇÃO FAMILIAR

É, sem dúvida, fundamental que os pais se comprometam efetivamente com a educação dos filhos. A educação familiar e a educação formal são complementares. Algumas vezes, por conta da realidade vivida pelas famílias, a educação dos filhos acaba ficando em segundo plano.

A educação escolar é fundamental e garantida por lei, porém ela não isenta os pais de sua responsabilidade. Mesmo compreendendo o quanto é desafiador: educar demanda energia, atenção, presença ativa – corpo e alma –, compromisso! Muito embora, para a grande maioria das famílias, trabalho signifique sobrevivência, tão importante quanto se dedicar ao trabalho é encontrar meios muito mais ligados à qualidade do tempo para se dedicar à educação dos filhos, cientes de que isso fará toda a diferença no futuro.

Hoje, estou cada vez mais dedicado à educação dos meus filhos, pois compreendi que é um investimento de energia necessário, gratificante e fundamental para a formação do caráter deles. Essa conscientização me permite estar presente em suas vidas, orientando-os, ouvindo suas preocupações e, principalmente, destacando as consequências das escolhas que fazem.

Os pais devem estar atentos, pois a vida moderna muitas vezes os leva a deixar a educação dos filhos para as "sobras de tempo" ou para quando surge uma complicação. Ao chegarmos cansados do trabalho, após lidar com os desafios do dia a dia e com diversos problemas para resolver, é natural que o desejo principal seja jantar, assistir à TV e relaxar. Nessa rotina agitada, só nos "45 minutos do segundo tempo" é que paramos para conversar com nossos filhos, e esse momento geralmente não ultrapassa os 10 minutos.

As iniciativas da EAI deste projeto têm, entre vários objetivos, também o propósito de conscientizar os pais sobre essa questão. Estou cada vez mais cultivando o hábito de me dedicar à educação dos meus filhos, pois compreendi que é um investimento de energia essencial. Se eu não me conscientizar da necessidade de investir energia nisso acabarei sendo um educador ineficaz, ausente até.

Falo aqui da minha experiência pessoal, pois por muito tempo negligenciei a educação dos meus filhos. Não tinha consciência da importância do meu papel ativo junto a eles, agindo apenas quando os problemas surgiam. Apenas o fato de ter tomado consciência e prestado atenção a isso já alterou um pouco meu comportamento. A partir desse momento, comecei a investir mais energia na educação deles, aproveitando o pouco tempo que tinha para compartilhar meu dia a dia e ouvir sobre o deles.

Muitas vezes, os pais não conseguem diminuir sua carga horária de trabalho, mas se eles se esforçarem, certamente podem transformar um diálogo de 10 minutos em meia hora. Eles podem parar para refletir e concluir: mesmo que cheguem em casa cansados, estão conscientes de que a educação dos filhos é uma prioridade tão importante quanto o trabalho.

Se meu gestor chegasse hoje e dissesse que eu precisaria ficar mais 3 horas no trabalho eu ficaria, pois não quero perder meu emprego. Então por que não posso chegar em casa e passar 40 minutos ou 1 hora com meu filho? Não posso me limitar a ter conversas breves com ele, recebendo notícias principalmente da mãe ou durante reuniões com professores.

Um bom treino é, inicialmente, reservarmos em nosso dia um período de 1 a 2 horas para ouvir e conversar com os filhos, da mesma forma como fazemos com as reuniões de trabalho. Com o tempo, essa prática se torna automática e percebemos que, quando não conseguimos, sentimos falta dela.

Alguns exemplos que ajudam na conexão são: dar bom-dia e pedir um abraço logo pela manhã; perguntar sobre as tarefas básicas e o que a professora pediu ou falou durante o dia escolar.

O professor pode identificar a falta de diálogo em casa pela excessiva carência de atenção do aluno. Provavelmente, está faltando tempo em casa, e ele tenta compensar com o educador. Ao perceber o problema, o professor pode abordá-lo com os pais, ajudando a despertá-los para essa questão. A partir desse alerta, os pais passam a ficar mais atentos e percebem que essa questão está sendo tratada de forma automática.

Os pais podem fazer um teste simples, respondendo às questões e ajustando suas atitudes com base nos resultados:

1. A educação com seu filho é quantitativa ou qualitativa?
2. Em média, você passa quanto tempo com seu filho por dia?
3. Quanto tempo você despende brincando, conversando, fazendo alguma atividade com seu filho que já tenha uma conexão estabelecida? Não considere aqui estar na mesa almoçando ou próximos fisicamente, mas cada um no seu celular.

Refletir sobre as respostas permitirá aos pais examinarem essa área, identificando os pontos que estão no automático. O pai pode e deve envolver-se nas rotinas básicas dos filhos, como escovar os dentes, pois essas tarefas não são atribuições exclusivas da mãe. A educação é um processo compartilhado.

Se você, pai, tem pouco tempo devido à sua realidade, desafie-se a encontrar um tempo. A falta de envolvimento na educação familiar resulta em um grande déficit na criança, o qual não pode ser compensado no futuro. Os pais podem pensar: "Tudo o que eu não quero é perder tempo", mas mais adiante esse tempo perdido poderá ser exigido em dobro, e nem sempre de maneira agradável. Quando você não quiser "perder tempo" para explicar ao filho que uma interação positiva com os avós é importante e que eles são parte fundamental da família, isso pode se refletir no futuro, gerando atitudes desrespeitosas e agressivas com os idosos – e nenhum pai deseja testemunhar isso.

A falta de atenção em relação à educação dos filhos potencializa o sentimento de não terem sido amados. A criança sente e, portanto, isso a afeta. Ao longo de sua vida surgem as ausências, as chamadas lacunas emocionais, que muito provavelmente começaram na infância.

Leo Chaves

DESCUBRA SEU NÍVEL DE EMPATIA – COMENTÁRIOS SOBRE A REFLEXÃO A RESPEITO DO NÍVEL DE EMPATIA DA PÁGINA 62

1. Você acredita que crianças e jovens têm problemas?
( ) SIM   ( ) NÃO

Sim! Dentro de seu universo, de sua realidade, percepções e vivências sociais, todas as crianças e todos os jovens enfrentam problemas reais. Os dados são alarmantes, visto que o suicídio infantil aumentou 24% no mundo entre 2006 e 2015, de acordo com estudos da Organização Mundial da Saúde (OMS). Os números no Brasil continuam a crescer, conforme relatórios do Ministério da Saúde. Portanto esteja atento e não subestime os sinais e os problemas apresentados por seus filhos.

2. Quando seu filho ou aluno reclama muito de uma situação, você considera apenas um excesso de mimo?
( ) SIM ( ) NÃO

Não, necessariamente! As reclamações podem, de fato, ser motivadas pelo excesso de mimo e, nesse caso, os sinais são fáceis de identificar. No entanto uma reclamação frequente sobre um mesmo assunto merece e deve ser analisada. Portanto é importante manter um diálogo aberto com a criança ou jovem.

3. Ao se deparar com uma situação de violência na rua ou na televisão você simplesmente prefere evitar falar desse assunto desagradável com seu filho ou aluno?
( ) SIM ( ) NÃO

Não! O ideal é nunca ignorar os sentimentos e os conflitos alheios, abordando-os de forma adequada à idade da criança. À medida que ela amplia sua compreensão do mundo, pode começar a reconhecer outras realidades, mesmo que distintas das dela, o que lhe permite perceber a diversidade existente no mundo.

4. Existe um conflito na sala de aula ou em casa. Você interfere, isolando os que não estão no conflito, tira os envolvidos, sai de cena com todos e não trata mais dessa desagradável questão com seu filho/aluno?
( ) SIM ( ) NÃO

Não! Muitas vezes, o conflito precisa ser discutido apenas entre os envolvidos, preservando os demais. Mas evitar falar sobre o ocorrido faz com que a criança ou o jovem lide com isso sozinho, mesmo que tenha questionamentos, dúvidas e inseguranças. Permitir que o filho ou aluno se expresse possibilita uma resolução mais profunda da situação. Atue como mediador, sem tomar partido, mas aborde as posturas negativas e contribua para a resolução do problema. Em vez de acusar, ouça.

5. Quando certos grupos expressam queixas sobre discriminação, violência ou injustiça, você aborda esse assunto com seus filhos ou alunos, incentivando-os a se colocarem no lugar dessas pessoas?
( ) SIM ( ) NÃO

Sim! Se desejamos que nossos filhos sejam empáticos é preciso incentivá-los a considerarem outros grupos, pessoas e etnias, compreendendo suas dificuldades, desafios e preconceitos. Devemos deixar claro para eles que discriminar, desrespeitar, oprimir e segregar nunca é um bom caminho.

6. Costuma generalizar opiniões para seus filhos ou alunos dizendo frases como: "Toda mulher dirige mal", "Determinadas etnias não gostam de trabalhar", "O que determina o caráter das pessoas é a cor da pele dela"?
( ) SIM ( ) NÃO

Não! Se sua resposta foi sim, é importante rever seus conceitos. Evite fazer comentários que generalizem ou coloquem pessoas em uma vala comum, pois isso contribui para a formação de preconceitos. Lembre-se de que as crianças também aprendem por meio dos exemplos.

7. Se vir alguém ou um animal em sofrimento real, passando por uma necessidade, você:

    A) Tenta, de alguma forma, ajudar?
    ( ) SIM ( ) Não

    B) Afirma para a criança ou jovem: a vida é assim mesmo, cada um ocupa seu lugar, não vamos resolver os problemas do mundo.
    ( ) SIM ( ) NÃO

Sim para "a" e Não para "b"! Nada é pior do que se fechar em bolhas e não olhar para o entorno, para o mundo. É preciso estimular a empatia e a conscientização para praticar ações positivas.

8. Se ouvir piadas que possam ferir idosos, imigrantes, pessoas com deficiência, de outra orientação de gênero e sexual que não masculino e feminino, obesos etc., você de imediato chama atenção e é enfático ao conversar sobre a inadequação desse comportamento?
( ) SIM   ( ) NÃO

Sim! Nunca permita que preconceitos e crenças sejam reforçados, pois no futuro podem gerar indivíduos desrespeitosos, preconceituosos e mal-intencionados. Ao estarmos atentos e firmes em favor das escolhas humanas, não contribuímos para esse tipo de discurso e orientamos nossos filhos e alunos a respeitarem sempre as diferenças.

9. Você estimula jovens e crianças a realizarem tarefas que envolvam ajudar pessoas, desde tirar a mesa a dar a mão à bisavó velhinha que visita vocês? Comenta com eles sobre o envelhecimento humano como um processo que atingirá a todos que não morrerem jovens?
( ) SIM   ( ) NÃO

Sim! Quando incentivamos pequenas e cotidianas tarefas, crianças e jovens se tornam mais responsáveis e capazes para colocar e tirar a mesa, fazer suas camas, guardar suas roupas no cesto, entre outras atividades. Esses ensinamentos contribuem para moldar o caráter das crianças e jovens no futuro.

10. Você costuma invalidar para crianças e jovens todo e qualquer pensamento que seja divergente de suas convicções?
( ) SIM   ( ) NÃO

Não! Qualquer pensamento, por mais divergente que seja do seu, tem uma lógica. Ao incentivar crianças e jovens a escutar, dialogar e argumentar, você estará contribuindo para a formação de pessoas capazes de manter o diálogo, a civilidade e o respeito pelas opiniões alheias.

RECADO DO BEM

Faça uma autorreflexão sobre quais eixos da EAI Social devem ser lapidados em você para que, então, possa inspirar aqueles que você educa, sejam filhos, sejam alunos.

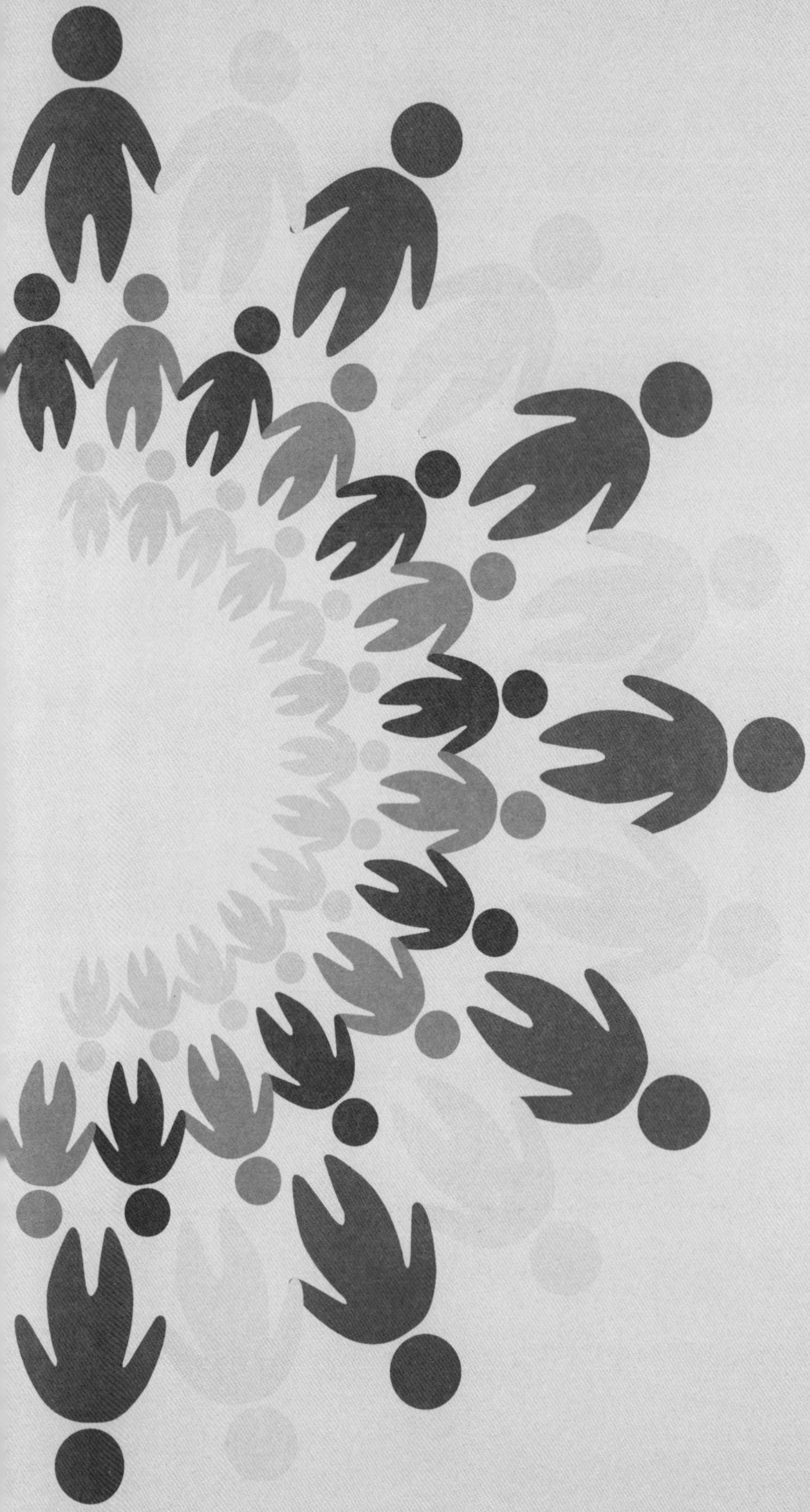

Capítulo 2

EAI CRIATIVA –
Autorrevolução

> "Todas as pessoas têm disposição para trabalhar criativamente. O que acontece é que a maioria jamais se dá conta disso."
> (Truman Capote, escritor, roteirista e dramaturgo norte-americano)

> "Nascer sabendo é uma limitação porque obriga a apenas repetir e, nunca, a criar, inovar, refazer, modificar. Quanto mais se nasce pronto, mais refém do que já se sabe e, portanto, do passado; aprender sempre é o que mais impede que nos tornemos prisioneiros de situações que, por serem inéditas, não saberíamos enfrentar."
> (Mario Sergio Cortella, filósofo, escritor, educador, palestrante e professor)

> "A infância é o tempo de maior criatividade na vida de um ser humano."
> (Jean Piaget, biólogo, psicólogo e epistemólogo suíço)

QUASE SEMPRE, QUANDO SE FALA em criatividade, o pensamento está conectado a uma série de estereótipos que envolvem o conceito do que ela é e como se expressa nas pessoas de maneira geral. E muito provavelmente o pensamento nos conduzirá a uma ideia formada ao longo do tempo de que a criatividade é algo inato, algo com que somos agraciados, presenteados.

Assim, atribui-se à criatividade o mesmo sentido que o polêmico conceito de "dom", tornando-a um atributo conferido apenas a alguns, visto quase como um presente divino, uma concessão que nasce com alguns poucos privilegiados. Portanto os rotulados como não criativos devem resignar-se a uma vida mais hermética e menos aberta às inovações, à criação, à ousadia, entre tantas incríveis possibilidades ligadas ao estímulo da criatividade. No entanto a criatividade é algo bastante racional, que pode ser treinado, desenvolvido e conectado a um processo pessoal de autorrevolução. O estímulo e o exercício para se tornar criativo fazem parte e são aplicados até em processos terapêuticos, como aqueles destinados a pessoas com depressão, crises de ansiedade ou pânico.

A concepção ultrapassada de que a criatividade é um traço inato muitas vezes a associa a áreas específicas do conhecimento, ignorando sua presença em diversos campos da vida. Felizmente, nas últimas duas décadas, a criatividade tem sido objeto de estudos sérios e consistentes, os quais nos levam a uma conclusão fundamental: todos os seres humanos têm potencial criativo e são plenamente capazes de desenvolvê-lo quando estimulados, desafiados e incentivados a inovar e criar. Celebramos, assim, que a criatividade não é privilégio de poucos, mas, sim, possibilidade de todo ser humano que, quando instigado, cria e inova; e quando inova se torna mais original e realizado.

Outro aspecto a ser considerado ao abordar a criatividade é a associação com algo que é inato aos seres humanos, algo que parece surgir facilmente, sem muito esforço, pois é considerado um atributo pessoal que permite acesso a ideias inovadoras com facilidade. Entretanto a famosa frase atribuída a Thomas Edison nos alerta de que a criatividade não deve ser encarada de maneira tão simplista: "Minhas invenções são fruto de 1% de inspiração e 99% de transpiração".

Isso mostra que, geralmente, as pessoas precisam ser expostas a desafios e estímulos aliados à motivação para que aconteça o *start* de uma nova ideia, uma criação ou, ainda, de uma invenção, podendo dar origem à uma inovação que, muitas vezes, pela natureza de sua relevância, mudará não somente sua vida, mas a vida de muitos, como no caso de Thomas Edison e suas descobertas sobre eletricidade, que impactaram diretamente a vida de milhões ao redor do mundo.

Um fator importante e determinante para o desenvolvimento da mente criativa são os estímulos, que surgem por meio das interações com pessoas, objetos, arte, música, cultura, literatura e novos conhecimentos. Uma pesquisa publicada na revista científica *Proceedings of the National Academy of Sciences* (PNAS) sugere que quando o cérebro está no "modo criativo", passa a apresentar a capacidade de ativar redes neurais que geralmente são trabalhadas separadamente, mas de forma simultânea. Essa constatação levou os cientistas à compreensão de que a mente pode ser treinada para ser mais criativa e estabelecer mais conexões. Por isso, ao término do capítulo, buscamos propor alguns caminhos baseados no que a Neurociência e a Neurolinguística têm a nos dizer sobre essas ações que impulsionam o cérebro a ser mais criativo.

Já é amplamente reconhecido que o ser humano aprende por meio das interações sociais com outros indivíduos e com o ambiente que o cerca. Todas as interações, memórias, emoções e vivências, tanto passadas quanto presentes, servem como referência para criar, recriar e reinventar. Esse reconhecimento, de forma mais centralizada e diversificada, levou a projetos e escolas comprometidas com o desenvolvimento da criatividade de maneira sistemática há vários anos.

No entanto, em 2017, o Ministério da Educação (MEC) deu maior ênfase às chamadas "competências socioemocionais" nas novas referências curriculares para todo o território nacional, na Base Nacional Comum Curricular (BNCC), reconhecendo a criatividade como uma competência socioemocional importante a ser desenvolvida nas escolas. O texto da BNCC enfatiza a necessidade de exercitar a curiosidade intelectual e aplicar abordagens científicas, incluindo investigação, reflexão, análise crítica, imaginação e criatividade, para explorar causas, elaborar e resolver problemas, e criar soluções.

Uma contribuição significativa para refletirmos sobre a importância da criatividade, não apenas no contexto educacional, mas em todas as áreas da vida, é apresentada no excelente documentário *Como o cérebro cria*. Nele, o neurocientista David Eagleman compartilha seus mais de vinte anos de estudos na área, oferecendo uma visão esclarecedora que desafia diversos conceitos preconcebidos sobre a criatividade. Uma das principais contribuições é a ampliação do conceito de criatividade, demonstrando que ela está presente não apenas nas artes, mas também nos campos da ciência, tecnologia e matemática, rompendo com a visão limitada que associa a criatividade exclusivamente à expressão artística.

Para estimular, desenvolver e trabalhar a criatividade, é essencial proporcionar um ambiente de liberdade que acolha e esteja aberto ao outro, permitindo, assim, o estímulo das potencialidades presentes em todos os aprendizes. Entretanto cada indivíduo é dotado de pluralidade e diversidade que se expressam de maneira única, influenciadas pelas experiências de vida, pelo contexto social e pelas concepções individuais que cada pessoa carrega consigo.

> Durante nossa escrita coletiva, abordei justamente essa questão, pois percebo que minha criatividade fica em alta nos momentos de maior interação: quando leio muito, convivo com pessoas diversas, faço palestras, converso com pessoas antes e após esses eventos e interajo nos shows que realizo. Quanto mais informação e comunicação, mais minha mente se abre à criatividade. As ideias e inspirações chegam com maior facilidade no meu consciente. Na mesma medida, quando diminuo as leituras, os estudos, as trocas e interajo pouco, por força de determinada demanda, percebo claramente um decréscimo em meu potencial criativo, baixa de inspiração e de novas ideias.

> Destaco que, a meu ver, criatividade e interação social estão conectadas. Além disso, ressalto a importância da meditação como meio que reforça e estimula a criatividade, pois nos coloca em um estado de diminuição da ansiedade, promovida, por exemplo, pelo superestímulo da tecnologia que nos cerca, abrindo o campo para a mente se expandir. A própria palavra "meditar", derivada do latim *meditatum*, que significa "ponderar", traduz a importância dessa atividade para a mente. Sempre me interessei pela meditação. Hoje, a ciência comprova que durante sua prática há o aumento de ondas cerebrais que favorecem a disposição e a expansão do pensamento.
>
> **Leo Chaves**

O relato do Leo reforça que um dos caminhos que abre espaço para a criatividade, sem dúvida, é a meditação. O senso comum geralmente a compreende como o ato de não pensar em nada ou esvaziar a mente, porém a meditação tem propósitos maiores: o exercício de foco e de concentração.

A meditação sempre foi associada principalmente ao sentido espiritual/religioso, mas o conceito abordado aqui é o chamado *Mindfulness* — que se desvincula de qualquer doutrina, integra-se à ciência e tem como foco central do processo «prestar atenção às sensações do corpo», especialmente à respiração, tentando afastar pensamentos desordenados e buscando estar atento ao que acontece na mente e no corpo, afastando divagações e tendo uma percepção da realidade mais próxima do que ela realmente é. Atualmente, os exercícios que visam acalmar a mente são utilizados em muitas escolas, pois favorecem a concentração e expandem a mente criativa, que, quando liberada da desordem de pensamentos, está mais apta a criar e inovar. Ao final do capítulo, serão propostos alguns caminhos para expandir a criatividade em crianças e jovens, incluindo exercícios possíveis de *Mindfulness*, que favorecem a ampliação da mente criativa.

Retomando as notáveis contribuições do documentário *Como o cérebro cria* — pois foram muito impactantes as conexões estabelecidas entre ele e este livro —, nele o autor desmente outra ideia preconcebida que permeia o pensamento sobre a criatividade: a de que ser criativo implica necessariamente criar algo sem referências, como se a ideia surgisse por milagre. Para David Eagleman, de forma contundente, os seres humanos estão sempre criando coisas novas a partir de algo que já existe, e ele evidencia esse conceito por meio de uma conversa com o premiado artista da indústria cinematográfica, Phil Tippett, que ganhou o Oscar pelo trabalho nos filmes *Star Wars* e *Jurassic Park*, com os incríveis "monstros" criados por ele, alguém que tem credibilidade e talento reconhecidos, a quem as pessoas muito provavelmente atribuem uma capacidade criativa incomum ou um dom que se manifesta e, de forma quase mágica, faz com que tenha ideias fantásticas, inovando ou construindo "do nada" todas aquelas criaturas. Será? Não é o que Tippet demonstra. O premiado criador dos memoráveis monstros revela-se um colecionador quase compulsivo de inúmeros e variados objetos. Mesmo sem que seja possível fazer uma correlação imediata entre eles — que vão de canecas a bonecos, de brinquedos a livros e ilustrações —, são, na verdade, uma referência criativa que o inspira, permitindo-lhe mesclar imagens e inovar na criação de figuras incomuns e, por serem assim, seu trabalho apresenta um grande diferencial.

Conclui-se, então, que o "ato de criar" demanda pesquisa, referências e envolvimento com a busca, o que revela a essência do espírito investigativo. Colocado em ação, esse espírito permite que nosso repertório seja ampliado, abrindo-nos à valiosa possibilidade de recriar e renovar conceitos ou objetos já conhecidos, situações e realidades para além do que estamos habituados. Assim, é no contato com o inusitado que a criatividade encontra terreno fértil para se manifestar! Tippett dá vida às suas criaturas com base na coleção mental que tem de formas, cores, estilos e objetos das mais variadas naturezas, e tudo serve de pretexto para que a criatividade se manifeste.

Impossível não pensar na escola, nos locais de aprendizado e nos projetos conectados à educação, ou mesmo na criação dos filhos, ao ouvirmos esse relato, pois ele abre um caminho, uma possibilidade profícua de interação e uma importante constatação: quanto mais amplo o leque de experiências proporcionado às crianças e aos jovens, tanto maiores serão os estímulos para que se tornem fontes de criatividade. Além disso, é importante considerar outro fator importante: cada ser humano vem de uma realidade específica, com um repertório único de vivências. Portanto essas diferenças gerarão uma riqueza de possibilidades e diversidade muito ampla. Não haverá duas construções, invenções, músicas ou objetos idênticos, pois o ser humano reagirá de maneira diversificada aos estímulos.

Existe uma iniciativa muito rica nesse sentido, que é a Rede Brasileira de Aprendizagem Criativa, criada pelo brasileiro Leo Burd, atualmente residente e trabalhando nos EUA, no Instituto de Tecnologia de Massachusetts (MIT). Burd lidera um programa focado no desenvolvimento da aprendizagem criativa. O objetivo da Rede é justamente reunir experiências na área educacional que anteriormente não eram reconhecidas, mas que estão ligadas ao desenvolvimento da criatividade.

No renomado MIT, uma referência em pesquisas, inclusive na área educacional, há uma compreensão do conceito de aprendizagem criativa, sistematizando sua metodologia por meio dos chamados 4 Ps da aprendizagem criativa. São eles:

Projeto — quando as pessoas participam de um projeto e da construção de algo que possa ser compartilhado, seja um livro, seja um brinquedo.

Paixão — relacionada ao projeto, a construção deve ter sentido e relação com o seu querer, produzindo emoção e envolvimento. Assim, a adesão se dá de fato.

Pares — é importante que seja criado um ambiente de liberdade, com base na colaboração efetiva entre os pares e no respeito das ideias que possam surgir.

Play — traduzido como "pensar brincando", de forma que a exploração dos materiais seja feita de forma livre, sem parâmetros fechados de certo e errado.

A EAI Criativa é focada em abordagens que incentivam a participação, a criatividade e a colaboração, envolvendo um trabalho de "mão na massa" e exploração livre. Ao introduzir as inovações e as possibilidades trazidas pelo conceito da EAI Criativa em diversos projetos existentes, não é possível eliminar completamente os enfrentamentos ou resistências. Geralmente, os sistemas têm estruturas rígidas — seja na família, escola, instituições ou trabalho — com conjuntos de regras, imposições e rotinas estabelecidas. No entanto é viável criar espaços ou oportunidades que incentivem as pessoas a adotar a abordagem da EAI Criativa.

Um passo importante é reconhecer que todos têm potencial criativo e que a criatividade, de forma inclusiva, faz parte de quem somos, podendo manifestar-se em todas as áreas de nossa vida. Mais do que um modelo predefinido, é uma maneira de enxergar e compreender o mundo, além de se conectar com o aprendizado e com o desenvolvimento humano. Isso colabora para que as pessoas expressem seus sentimentos, incentivando o pensamento crítico e a curiosidade, e as torna mais receptivas à troca, ao entendimento do outro e de suas próprias emoções.

Pais, educadores em geral e professores que trabalham em sala de aula são produtos de uma formação na qual, há alguns anos, a criatividade era frequentemente discutida. No entanto, na formação acadêmica em geral, há poucos estímulos para que o professor, por exemplo, possa promover interações permeadas pela aprendizagem criativa em todos os níveis do currículo. Se a criatividade não faz parte de quem somos, como podemos desenvolvê-la? Da mesma forma, os pais, ainda presos a alguns modelos que moldaram sua própria formação e experiências de vida, podem ter dificuldade em quebrar o padrão do brincar, das interações e dos brinquedos prontos, que são massivamente difundidos.

Nesse contexto, é importante destacar que o desenvolvimento da EAI Criativa permeia a infância, um momento privilegiado para estimular e desenvolver a criatividade, uma vez que as crianças são mais receptivas ao novo. Mas, em qualquer fase da vida, a criatividade e a inovação podem ser incentivadas, trabalhadas e aprimoradas, envolvendo professores, pais, educadores sociais, entre outros. Isso se deve ao fato de que o mundo do trabalho, com suas constantes transformações, demanda cada vez mais profissionais capazes de se reinventar e usar a criatividade para encontrar alternativas possíveis.

O fato de não termos mais pretextos para restringir a expansão da mente criativa nos permite enxergar as pontes que a criatividade pode construir em direção à educação socioemocional. Isso talvez nos inspire a considerar que essa capacidade pode ser desenvolvida em você, adulto, para que, então, possa incentivar as crianças — que são uma fonte inesgotável de possibilidades — a voarem cada vez mais alto nas asas da imaginação, promovendo um processo de aprendizagem mais criativo e gratificante.

A criatividade está vinculada à vontade, ao desejo e à capacidade de autorreinvenção, de inovação e, com isso, à superação de seus próprios limites. Existe um grande condicionamento social, especialmente na imposição contínua de modelos prontos e fechados, rótulos ou na massificação das tendências. Quando alguém reelabora e recria sua realidade e a percepção sobre ela, está articulando um processo de autorreinvenção. Dessa forma, ao buscar seus próprios parâmetros de expressão e estética, abrindo espaço para que o pensamento fique menos engessado e novos caminhos possam ser percorridos, sua inserção no mundo é repensada. Daí considerarmos que o estímulo à criatividade abre campo para o processo de autorreinvenção, que entendemos como a capacidade de ser e estar no mundo com autenticidade, originalidade e não necessariamente repetindo padrões preestabelecidos.

"Talvez eu não seja tão original assim". Será?

Outra crença limitante que nos impede de explorar nossa capacidade criativa é a ideia, felizmente já desmistificada, de que, para ser considerado original, é necessário criar algo completamente novo, como se fosse um ato de magia! Será isso viável em um mundo em que somos tanto influenciados quanto influenciamos, absorvendo informações de diversas fontes, como leituras, experiências visuais, interações sociais, educação, trabalho e espiritualidade? Na realidade, somos uma constante reconstrução das influências e experiências que acumulamos ao longo da vida.

A busca incessante pela originalidade frequentemente cria resistência para que uma nova ideia se misture com aquelas que já povoam nosso pensamento e, com isso, transforme-se em algo novo. Dificilmente, em uma sociedade e uma realidade altamente interativas como a que vivemos hoje, uma ideia será completamente original, especialmente no universo acadêmico, em que análise, troca e diálogo entre vários autores, cientistas e pensadores são constantes para alcançar um pensamento mais científico e refinado. Há uma sucessão de releituras e recriações de realidades já contempladas, de estudos já realizados, e assim por diante. Alguns estudos se contradizem, outros se complementam, mas a verdadeira originalidade em criar algo de fato novo geralmente emerge a partir de um conceito preexistente.

Crianças são verdadeiras fontes de criatividade e necessitam de estímulos e interações que as instiguem desde os primeiros momentos de vida até os anos escolares e além, na adolescência. O trabalho voltado para o desenvolvimento da EAI Criativa pode trazer benefícios significativos na maneira como as crianças expressam seus sentimentos. Para os adultos que orientam essas atividades, pode ser uma ferramenta para compreender melhor a vida, a realidade e os sentimentos da criança no ambiente familiar, escolar ou comunitário. Para os jovens, essa abordagem tem o poder de resgatar e estimular a expressão e o trabalho com as emoções, o que se torna visível durante esse processo.

UMA HISTÓRIA QUE TRADUZ A IMPORTÂNCIA DA CRIATIVIDADE NO DESENVOLVIMENTO HUMANO

Quando Luana ingressou na escola, a maioria de seus professores do sexto ano a via como a aluna ideal: muito disciplinada e quieta nas aulas, concluía todas as tarefas e, mesmo participando pouco, devido às suas boas notas, recebia elogios e, em certa medida, era esquecida.

Entretanto Luana passou a integrar o Projeto de Educação Socioemocional da escola, que teve início no segundo semestre. Como uma das primeiras ações estava programada uma visita das famílias, algo inédito, na presença da turma. Luana logo avisou que sua família não poderia participar. Quando informaram que o encontro seria em um sábado, ela reiterou que, mesmo assim, sua família não poderia comparecer. Um professor em especial, Marcos, percebeu que a resposta de Luana foi um tanto apressada.

Esse professor, da área de ciências, desde o princípio abraçou o projeto e se comprometeu a trabalhar com as invenções e criações dos alunos como forma de desafiá-los no módulo do projeto de educação socioemocional. Assim, criou o projeto "Criando e expandindo suas potencialidades".

Luana, desde o início, foi bastante reativa. Alegava não ter ideias e que, como sua família também não iria participar da reunião, ela não teria a quem mostrar seu trabalho. No entanto o professor Marcos era do tipo que não desiste, que enxerga cada aluno em sua individualidade. Estimulado pela parceria no programa, que lhe proporcionava ferramentas para acessar o potencial criativo e emocional dos alunos, ele passou a interagir diretamente com Luana, a incentivá-la e a fornecer muitas referências de projetos criados por alunos premiados. Foi assim que Luana, com essas referências, estímulos e afeto, começou a criar seu próprio projeto: o desenvolvimento de um boneco feito por ela em todas as etapas, mas com um alarme contra agressões. A ideia era que a criança pudesse dormir com o boneco e ao presenciar "alguém apanhando", pudesse acionar o alarme, que estaria conectado com a polícia.

O que impressionou foi a criatividade ao fabricar o objeto e a forma como resolveu onde esconder o botão de alarme: no nariz do boneco. Porém o que essa expressão criativa permitiu, de fato, foi perceber claramente que Luana vivenciava situações de violência familiar bem reprimidas. Mais tarde, confirmou-se que sua mãe era agredida todas as noites, o que a impedia de ir à escola para assistir à criação da filha ao vivo, pois estava sempre machucada. Luana, a única criança da família, vivenciava esse pesadelo todas as noites. A menina foi, então estimulada por meio do boneco, a encontrar uma forma de pedir ajuda!

Se o professor Marcos não tivesse promovido uma aproximação com Luana, se não tivesse criado estímulos, dando referências para que ela se abrisse durante o desenvolvimento do projeto de ciência, ele não teria acessado o que a aluna realmente queria e conseguiu expressar. Com isso, ela se envolveu, alegrou-se, inventou, criou, construiu e descobriu uma maneira pela qual pudesse manifestar seus sentimentos — e o que apareceu primeiro foram reações de angústia diante da violência familiar.

Felizmente, essa história teve um desfecho melhor do que poderia ter tido. A mãe de Luana aceitou o convite para visitar a escola durante o horário de trabalho do marido agressor. Com o apoio do projeto e o encaminhamento da mãe a um serviço social, ela encontrou forças para recomeçar sua vida em outro lugar, longe do marido abusivo. Luana partiu, mas estava mais confiante, criativa, feliz e, principalmente, empoderada em relação à sua capacidade criativa.

Vivian Dias

Nosso foco está voltado para a ideia de que as escolas, os ambientes escolares e, principalmente, o núcleo inicial com o qual a criança interage — a família — devem promover a criatividade e a inovação. É essencial que essa geração, que cresce, aprende e se relaciona em um mundo em constante transformação e impulsionado pelo rápido avanço da tecnologia, seja equipada de forma mais eficaz para reconstruir seu conhecimento e suas convicções de maneira criativa, autônoma e realizadora.

A ciência oferece um vasto campo para o desenvolvimento da criatividade. Entretanto, infelizmente, em nosso país, essa criatividade é pouco estimulada, como indicam os números. Se pudéssemos representar a produção científica em um mapa-múndi, conforme sugerido pela revista eletrônica *HypeScience*, veríamos o Hemisfério Norte com uma representação ampla e robusta, enquanto o Hemisfério Sul, onde se localiza o Brasil, seria praticamente negligenciado e desfavorecido. Essa falta de priorização e investimento, resultado de um longo processo histórico, restringe a enorme capacidade criativa dos jovens brasileiros e dos proeminentes cientistas, que muitas vezes precisam deixar o país para desenvolver seu potencial criativo, realizar pesquisas e estudos.

Apesar dos desafios enfrentados nas políticas de fomento à ciência, a exploração da experimentação e da inovação é bem recebida na infância. No entanto, em jovens e adultos, o convite para criar e inovar é, muitas vezes, acompanhado pelo receio de desagradar ou de se expor, um sentimento comum diante do desconhecido. Muitas das grandes mentes da humanidade — escritores, inventores e cientistas —, hoje reconhecidas por seu talento, enfrentaram momentos de medo ao abraçarem um novo projeto. No entanto, para o benefício da humanidade, eles avançaram apesar desses medos, deixando-os para trás e inundando o mundo com seu talento e criatividade.

Um exemplo notável disso é José Saramago, que se dedicou à escrita enquanto trabalhava como tradutor e desempenhava sua ocupação regular como funcionário público. Foi somente em 1982, aos 60 anos, que despontou, de verdade, no cenário literário, com o lançamento de uma série de livros. Em 1988, conquistou o Prêmio Nobel de Literatura, consolidando seu lugar no cenário mundial. Suas obras-primas foram adaptadas para peças teatrais e filmes, demonstrando que não existem limitações de idade para desenvolver a potência criativa que reside em todos os seres humanos.

É muito provável que o receio diante dos desafios esteja relacionado ao fato de muitos indivíduos, influenciados por crenças limitantes sobre si mesmos, acreditarem que a inovação é algo complexo ou inatingível, demandando ações extraordinárias, leituras de conteúdo acadêmico extremamente complexo ou até mesmo cursos especiais para capacitar as pessoas a desenvolverem a criatividade em si mesmas, em seus filhos, alunos ou colegas de trabalho. Porém, ao examinarmos mais de perto os estímulos necessários para potencializar a criatividade, descobrimos que algumas ações simples podem ser eficazes, como a prática da leitura, que muitas vezes é subestimada pelos jovens, mas que pode ser otimizada, incluindo a integração de *e-books* e audiolivros no ambiente educacional, ou os encorajando a escreverem e explorarem a escrita criativa. As feiras de ciências e artes organizadas nas escolas também representam uma excelente opção para estimular a criatividade. Além disso, as aulas de gastronomia podem ser uma alternativa interessante, formando grupos de alunos para criarem receitas (saladas, sucos, sopas frias etc.) com o uso de legumes e folhas, sem a necessidade de fogo.

Essas são ações que podem ser desenvolvidas, inicialmente por nós, adultos, e, posteriormente, com as pessoas que queremos estimular criativamente. É importante destacar que mediar esse processo, especialmente com crianças e jovens, não tem sido tarefa simples, considerando o tempo significativo que passam imersos em *smartphones* e *tablets*, o que pode, em parte, minar sua criatividade. No entanto é inaceitável que educadores, sejam pais, sejam professores, deixem uma geração à deriva diante dos excessos tecnológicos sem fazer nada. Devemos reconhecer também que a própria tecnologia oferece uma ampla gama de possibilidades criativas que, se utilizadas de maneira adequada, podem ser uma fonte de expansão e motivação para a criatividade. A solução para essa mediação está em negociar com a criança o tempo que ela pode passar nesses dispositivos, oferecendo alternativas de atividades e sugestões fora do mundo digital.

A CRIATIVIDADE E A INOVAÇÃO PODEM SER FOMENTADAS QUANDO:

- Você acredita em seu potencial para criar e inovar. Acredita também no potencial criativo das pessoas, sobretudo daquelas com as quais guarda uma relação de ensinar e aprender.

- Busca conhecer realidades diversas, pesquisar, ler além do que se está habituado, contemplar a diversidade humana, cultural e histórica, o que amplia as fronteiras do pensamento criativo.

- Pais e escola ampliam o repertório na relação com as crianças e jovens, expandindo a gama de materiais, subvertendo lógicas no uso de objetos, promovendo a construção e o desenho de criações coletivas. Propõem uma interlocução mais criativa e dinâmica com a tecnologia, contribuindo dessa forma para inundar a mente de influências diversas, as quais ajudam as pessoas a se moverem na direção da inovação.

- Há promoção de trocas de experiências, sentimentos e percepções sobre o mundo, questionando-as para reinterpretar a realidade por meio de olhares plurais. Um exemplo claro é a análise dos currículos formais e do ensino de arte nas escolas, onde as artes ocidental, sacra e europeia são frequentemente privilegiadas, enquanto outras, como as africanas, orientais, indígenas e asiáticas são pouco exploradas. Para construir um olhar mais criativo é essencial apresentar informações, cultura, arte, história e conhecimento de forma diversificada. Essa riqueza contribui para criar um vasto repertório de imagens, cores, sons, palavras e emoções, ampliando nossas perspectivas e humanizando nossas interações.

É viável subverter a lógica do brinquedo pronto, que oferece pouca ou nenhuma interação para as crianças, resultando rapidamente em tédio e desinteresse. As crianças encontram mais felicidade quando criam e recriam, enquanto os jovens se sentem mais realizados ao elaborarem projetos que envolvem criatividade. Como seres humanos, temos a capacidade inata de inovar e criar. Portanto a maneira como proporcionamos vivências, liberdade de criação e experimentação, especialmente em relação aos brinquedos na infância, é crucial para abrir novos horizontes.

Uma reportagem curiosa e interessante destaca as 10 invenções mais surpreendentes feitas por adolescentes:

1. Um menino de apenas 11 anos desenvolveu um dispositivo para evitar que adultos esqueçam crianças no carro.
2. Uma menina de 11 anos, enfrentando o câncer, inventou uma mochila para pacientes em quimioterapia não esquecerem itens importantes para o tratamento e para distração.
3. O neto de um senhor com Alzheimer criou um sensor para auxiliar pessoas com problemas de memória.
4. Um jovem cientista de 15 anos, inventou uma ferramenta para detecção de câncer no pâncreas.
5. Um pai jovem projetou uma chupeta com termômetro embutido.
6. Uma estudante do ensino médio criou um dispositivo capaz de carregar um celular em apenas 20 segundos.

7. Um adolescente inventou um dispositivo que converte dióxido de carbono (CO_2) em oxigênio (O_2), enquanto o motorista está dirigindo.

8. Um adolescente holandês desenvolveu um modelo de flutuador para remover lixo dos oceanos, atualmente sendo aprimorado por uma empresa.

9. Duas alunas do ensino médio na Indonésia criaram, utilizando esterco de vaca, um purificador de ar.

10. Uma adolescente americana de 13 anos criou um pirulito que cura soluços.

Os exemplos são reais e incríveis ao revelarem que os seres humanos, quando instigados a criar, seja por demandas de suas realidades, por desafios que enfrentam, por um desconforto diante do mundo que os cerca, ou ainda por sentimentos de compaixão ou necessidade, transformam-se em uma rica fonte de ações inovadoras e originais. Mais importante ainda, são capazes de melhorar significativamente uma determinada realidade ou situação de um grupo de pessoas. É evidente que a criatividade e a inovação têm o poder de mudar positivamente o mundo e de inspirar outras pessoas, estimulando um ciclo de troca contínua.

Além disso, a internet, que pode ser um obstáculo à criatividade quando seu uso se resume a longas horas de jogos ou navegação em redes sociais, também se revela como um dos maiores aliados no desenvolvimento da criatividade. Com apenas um toque, ela nos apresenta o mundo em toda a sua diversidade e infinitas possibilidades. Se buscamos entender melhor uma cultura específica, em meros quinze segundos podemos ter acesso a informações detalhadas, imagens variadas, exemplos concretos, além de realizar viagens virtuais por suas localidades, explorar fotos, mapas, e muito mais. Enquanto o conhecimento enciclopédico costumava ser reservado àqueles com acesso a bibliotecas ou livros, hoje a internet democratiza esse acesso e serve como um estímulo poderoso para o desenvolvimento da criatividade.

Um aspecto fundamental que não podemos ignorar ao analisar a realidade do nosso país em toda a sua complexidade é o acesso à internet, que ainda não é democratizado como nos países mais ricos. Grande parte das crianças e dos jovens brasileiros são excluídos do mundo digital, uma questão que se tornou ainda mais evidente durante a pandemia do coronavírus. Enquanto os jovens com amplo acesso à internet puderam se adaptar, participando de aulas on-line, realizando pesquisas, interagindo com professores e colegas, e até mesmo organizando festas de aniversário virtuais em grupo, outros enfrentaram dificuldades básicas de acesso e ficaram para trás.

Aqueles que valorizam a investigação como meio de compreender a realidade tendem a ser mais críticos e questionadores por natureza. Eles assumem uma postura marcada pela autoria de suas escolhas e opiniões, ao contrário daqueles cujo processo educativo, seja no âmbito familiar ou escolar, não os incentivou a buscar entender o porquê das coisas, dos acontecimentos, da ciência, da lógica, ou a analisar a realidade de forma mais pontual, desvinculada de outros universos.

O benefício de proporcionar experiências que estimulem o desenvolvimento da investigação é que, em uma época marcada por tantos extremismos e radicalismos, não estamos apenas contribuindo para formar uma geração com habilidades para criar e inovar, mas também para compreender o mundo. Isso envolve relativizar os fatos, estabelecer correlações entre eles e sempre fundamentar-se na ciência, no conhecimento genuíno e nas diversas perspectivas. Essa abordagem representa uma verdadeira contribuição para a formação de pensamentos e avaliações que escapam de determinismos ou de baseados apenas no senso comum, em teorias falsas ou incorretas.

E QUANDO A OUSADIA SE FAZ NECESSÁRIA?

A ousadia move o mundo. Ela fez com que os homens não temessem os oceanos e seus supostos monstros gigantescos, e os desafiassem mesmo sentindo medo. Essa atitude não surgiu apenas com as grandes navegações; ela remonta à Antiguidade e até mesmo antes. Diversos povos, como os vikings, os fenícios, o Império Hitita, os egípcios e os gregos, exploraram os mares e os oceanos.

A audácia também levou os seres humanos a explorarem os céus, viajarem pelo espaço, encurtarem distâncias, controlarem doenças e desenvolverem formas de comunicação que antes pareciam impossíveis. A coragem está intrinsecamente ligada à criatividade e se manifesta em várias dimensões da vida, desde a infância até a velhice. Ao estimularmos o pensamento crítico e questionador em crianças e jovens, também estamos abrindo espaço para que a ousadia de questionar o estabelecido como o único caminho possível esteja presente. O que constitui os seres humanos é muito mais sua capacidade de ousar do que de se conformar.

Os deuses que compunham o panteão da mitologia grega eram uma clara demonstração da projeção dos homens que, ao criarem essas divindades, não apenas demonstraram uma criatividade excepcional, mas também personificaram de forma completa a ousadia, expressando o desejo de se conectarem a elas com suas paixões, vivendo uma vida repleta de aventuras, pois, para eles, o Monte Olimpo nunca foi o limite. O mundo era pequeno para os deuses. O grandioso e poderoso Zeus não se contentava em permanecer no Olimpo ao lado de Hera, sua furiosa e temperamental esposa. Ele descia do monte sagrado porque ansiava viver com ousadia entre a humanidade. Segundo as lendas, teve filhos com mortais, o que, mesmo sendo parte da mitologia, refletia o anseio humano de escapar da rotina, do que é comezinho[9], e, de alguma forma, ousar.

Quem ousa, de maneira usual, desenvolve a criatividade, já que o ato de se lançar ao novo nos coloca diante de realidades diversas que inspiram, ampliando, assim, as possibilidades de novas invenções e de novas formas de ver o mundo. Mas ousar não é simples, pois as regras, convenções, rotinas e a tendência de fazer as coisas sempre da mesma maneira, frequentemente, fazem com que pessoas mais ousadas sejam percebidas como aquelas que não se adequam às normas ou que não "se encaixam" no que é esperado.

Romper com essa padronização, especialmente no campo da educação socioemocional, é crucial, uma vez que a forma mais incrível de estimular os potenciais das pessoas é permitindo que elas saiam de suas zonas de conforto e de acomodação. Grandes e significativas mudanças ocorreram no mundo quando indivíduos ousaram pensar de maneira diferente e inovadora, encontrando saídas para realidades que antes pareciam imutáveis ou apresentavam soluções muito mais traumáticas, demoradas e complicadas. Mahatma Gandhi é um exemplo extraordinário disso, ao desafiar corajosamente o poderoso Império Britânico, reivindicando a independência da Índia.

Contrariando o curso da história, ele adotou a "não violência" e convocou os trabalhadores a interromperem suas atividades, a produção e a tecelagem de tecidos, e a buscar o sal para os ingleses. Por meio da não colaboração e da não violência, Gandhi conseguiu alcançar seu objetivo e sua nação conquistou a liberdade, revelando uma mistura única de ousadia e criatividade, impregnada pela ausência de desejo por conflito, guerra ou incitação ao ódio. Foi uma

---

9. "Comezinho" é um adjetivo da língua portuguesa que se refere a algo comum, ordinário, trivial ou habitual. Pode ser usado para descrever algo que é rotineiro, simples ou que não tem características extraordinárias. Por exemplo, "uma tarefa comezinha" se refere a uma tarefa simples ou básica, enquanto "um conhecimento comezinho" indica um conhecimento comum ou não muito elaborado.

busca pela liberdade sem a necessidade de guerras ou agressões, apenas resistindo de forma pacífica — uma abordagem até então inédita no mundo. Gandhi foi pioneiro na concepção de sua luta, que, até aquele momento, sempre esteve associada a revoluções violentas, a atos de protesto agressivos e a aniquilação do outro.

Os exemplos que demonstram que a ousadia pode ser positiva se bem direcionada e enraizada em valores que buscam um propósito são abundantes ao longo da história. A juventude, por sua vez, é um período em que os indivíduos frequentemente recorrem à ousadia, lançando-se em novas experiências de maneira corajosa e, muitas vezes, sem considerar as consequências imediatas de suas ações. Este seria o aspecto preocupante da ousadia: quando ela não é acompanhada pelo valor do respeito ou pela prudência em relação à própria vida e à segurança dos outros. Afinal, quem, em sã consciência, poderia afirmar que é positivo agir com ousadia ao dirigir sem habilitação ou em alta velocidade considerando que isso sempre resultará em danos para si e para os outros?

QUANDO A HABILIDADE CRIATIVA CONSTRÓI A AUTORREVOLUÇÃO

Um importante resultado da pesquisa científica nos revela que o cérebro criativo tende a ser mais feliz, realizado e apto a estabelecer conexões e possibilidades incríveis. Mesmo diante das adversidades, ele encontra soluções geniais, criativas, inovadoras e construtivas, capazes de gerar alegria, emoção e realização.

Longe de encarar a EAI Criativa como um passaporte mágico para a felicidade, acreditamos que, como todo processo que estimula os potenciais humanos de forma positiva, a criatividade se torna um terreno fértil para uma existência mais realizadora. Ela ajuda as pessoas a construírem sua marca no mundo, criando uma identidade própria na forma como reinterpretam e dão significado à realidade. Quanto mais a criatividade influencia suas ações, maior será o sentimento de realização e as possibilidades de transformar, mudar e revolucionar o que já está estabelecido. Apenas oferecer ou impor situações prontas às pessoas não as fazem sentir-se realizadas. É necessário que elas tragam sua interpretação e sua marca, seja na elaboração do conhecimento, nas atividades de lazer, na escrita ou nos relacionamentos. Assim, suas interações se tornam mais ricas.

Quando alguém utiliza seu potencial criativo, deixa uma marca única e inimitável no mundo, uma assinatura que se manifesta ao longo do percurso da vida.

A revolução deixada por Gandhi deve-se, primordialmente, à alternativa criativa que ele adotou para lutar pela liberdade de seu país. Por meio da ousadia e da reinvenção, ele deixou um legado, marcado pelo respeito ao próximo e pela valorização da liberdade — um modelo que perdura até hoje em todo o mundo. Assim, em uma escala menor, somos nós, quando acreditamos que qualquer ser humano é uma potência criativa, capaz de ousar, voar, reinventar e cultivar o espírito investigativo. Ao agirmos nesse sentido, abrimos um vasto e diversificado leque de possibilidades em todas as áreas do conhecimento humano e em relação às nossas próprias emoções. Quando cultivamos relações enriquecidas pela criatividade, tornamo-nos uma fonte de inspiração positiva para aqueles que nos rodeiam, sejam educadores, pais ou até mesmo como avós, que nos apresentam um mundo plural e diversificado. Abrimos portas para experimentação e encorajamos a audácia na exploração de nossas potencialidades, sempre acreditando que todas as formas de criar e recriar o mundo estão ao nosso alcance.

Esse estímulo deixará uma marca positiva na vida, pois uma vez despertado ele nunca mais será suprimido. O apreço pela inovação, impulsionado pelo profundo sentimento de realização que o acompanha, é um caminho sem volta.

Costumamos afirmar que a criatividade, quando cultivada, torna-se uma chave essencial na vida de nossas crianças e jovens, capacitando-os a serem agentes multiplicadores e impulsionadores do pensamento expansivo. É um aprendizado que, uma vez adquirido, acompanhará ao longo da vida, com seus altos e baixos, pois a existência humana jamais pode ser reduzida a um roteiro pronto e acabado. A vida está repleta de mudanças que inevitavelmente impactam nossas atitudes e ações. No entanto, ao reconhecer que a potência criativa é uma parte fundamental do ser humano e que há diversas maneiras de acessá-la, mesmo em contextos novos ou por meio de abordagens diferentes, o crescimento é inevitável.

CAMINHOS POSSÍVEIS PARA LIBERAR A CRIATIVIDADE NOS APRENDIZES

Alguns caminhos viáveis, conforme investigações da neurociência sobre o cérebro criativo, que atuam como treinamento eficaz para estimular a criatividade, incluem:

Meditação — ao liberar o cérebro e praticar a atenção plena (*Mindfulness*) por meio de exercícios simples, que variam desde:

- Focar a atenção no processo de respiração e sintonizar-se com ele.

- Estimular a criança e o jovem com um som específico, orientando-os a manter o foco nesse som e não nos pensamentos que surgem. Isso ajuda a mente a sair do estado de desorganização, muitas vezes influenciada por vários estímulos, como a superexposição comum hoje em dia a informações e imagens através de telas de *tablets*, computadores e *smartphones*, abrindo espaço para a ativação do modo criativo.

- Praticar diariamente os três minutos. Durante três minutos, concentre sua atenção mental em algo específico. Pode ser na sua própria respiração, observando o ritmo e como ela se manifesta em seu corpo. Ou até mesmo ouvir uma música, um som, e direcionar sua atenção plenamente para isso — se tiver letra, preste atenção em cada palavra, em seu significado. Outra possibilidade é selecionar uma paisagem, por meio de uma foto, por exemplo, e prestar plena atenção na imagem, buscando todos os seus detalhes; o mesmo pode ser feito com uma cena ou, ainda, a fotografia de um país. O conceito é um só: prestar atenção efetivamente durante três minutos em algo selecionado. Trata-se de um treino mental importante.

- Treinar a escuta atenta — saber ouvir e depois recontar os detalhes de um relato estimula e treina a mente a não divagar e a permanecer efetivamente focada.

Neuróbica — é possível estimular o cérebro para fazer velhas coisas de formas diferentes. Algumas abordagens incluem a prática por meio de atividades lúdicas:

- A família e a escola podem incentivar os aprendizes a realizar desenhos e escritas, alternando entre o lado predominante, seja destro, seja canhoto.

- Sugerir representações diversas para uma mesma coisa, como a criação de novas representações de objetos ou a alteração das características de objetos.

- Realize movimentos corporais não comuns. Esse processo leva a mente a sair da função reativa — que se acomoda ao que já conhece — e a entrar na função proativa, sendo estimulada a reorganizar o que antes era feito sem dificuldade. Na prática da metodologia EAI (que envolve a materialização do trabalho direto das oito EAIs com os aprendizes), essas atividades podem ser realizadas em sala de aula ou em casa, e sempre levam as crianças ao que chamamos de "treinos de desconstrução mental."

Exercícios para o corpo — ao exercitar o corpo, você promove uma reação mental mais rápida. O exercício físico tem uma função em relação ao cérebro cada vez mais comprovada pelas pesquisas científicas. De acordo com Barbara Oakley, PhD e professora de Engenharia na *Oakland University*:

> O exercício físico pode desencadear uma cascata de neurotransmissores, com uma série de outras alterações neurais que têm o potencial de transformar nossa mente quando tentamos aprender coisas novas ou pensar de forma diferente. O exercício prepara o terreno para amplificar outras mudanças na maneira como a nossa mente opera.

Segundo o professor de Neurofisiologia e Fisiologia do Exercício da Unifesp, Ricardo Arida, o exercício físico promove a geração de novos neurônios e aumenta a atividade cerebral. "O cérebro passa a funcionar de maneira mais eficiente e fica mais apto para armazenar informações."

Tirar nossas crianças e nossos jovens do sedentarismo é mais do que urgente; é uma necessidade que oferece a oportunidade de estimular intensamente o cérebro para aprender e construir o novo. Nunca foi tão crucial integrar corpo e mente na educação das crianças e dos jovens. Participar ativamente com nossos aprendizes é um dos meios mais eficazes para estimular o cérebro a criar!

Desconstrução de conceitos e o desafio à construção do novo — o incentivo é sempre bem recebido quando convidamos crianças e jovens a construir algo novo. No entanto, tanto na educação familiar quanto na escolar, frequentemente somos tragados pela falta de tempo, pelo excesso de compromissos dos pais ou pelas exigências curriculares que, muitas vezes, criam obstáculos para uma educação mais focada no estímulo da criatividade. Os exercícios a seguir são simples e verdadeiros fertilizantes para o cérebro, podendo ser aplicados em todas as áreas do conhecimento:

- Partindo de um filme ou de livro escolhido, solicite que seja recriado com um novo desfecho. Os jovens, em especial, são muito receptivos a atividades de intervenção nas quais podem recriar com base em suas interpretações.

- Desconstrua algo, como um objeto ou uma invenção, e crie algo novo a partir dele, podendo até partir de um conceito preexistente. Releituras são possíveis e bem-vindas! As aulas de ciências proporcionam momentos privilegiados para atividades dessa natureza.

- Pense fora da caixa: crie uma campanha publicitária para promover algo familiar; reconstrua uma peça teatral, desde o cenário até o roteiro. O resultado certamente será surpreendente.

UM CONVITE PARA PENSAR A EAI CRIATIVA E O APRENDIZADO FECUNDO COMO UMA POSSIBILIDADE REAL

Se você pretende educar pessoas, seja na esfera familiar, escolar ou em instituições educativas, considere-se uma fonte de potência criativa. Resgate interesses esquecidos, por vezes sufocados pelas exigências do mundo adulto. Volte a colecionar imagens, figuras e referências, e registre suas ideias, concepções e planos.

Ao traçar novos e possíveis caminhos e ao construir opções mais criativas em nossas vidas, devemos nos questionar: "Desejo aprender algo novo? Ensinar de uma perspectiva diferente?". Lembre-se também da capacidade de "aprender a aprender", a *Mindshift* — uma mudança de padrão mental que pode ser desenvolvida ao longo da vida, conforme comprovado pela ciência. O conceito de que adultos não podem ampliar sua capacidade cognitiva caiu por terra, pois a plasticidade cerebral é duradoura e acompanha as pessoas ao longo de toda a vida. Se o corpo for estimulado a se mover, automaticamente o cérebro criativo também será estimulado. Portanto mova-se!

Convidamos você a adotar o "modo de pensamento criativo". Quer encontrar maneiras de criar um filho mais criativo, com um espírito investigativo? Comece por si mesmo. Envolva-se em um novo projeto, arrisque-se em alguma experiência, alimente seu espírito inovador e investigativo, seja autêntico e ouse explorar o que é possível para você.

Encerramos este capítulo com um convite para que você pratique uma ação que contenha os 4 Ps do processo criativo!

RECADO DO BEM

Mergulhe em um projeto com paixão, faça-o em pares e, por fim, aperte o play! Convide seu filho(a) ou aluno(a) para explorar um tema e desenvolver um projeto – você sentirá um profundo envolvimento e entusiasmo.

A criatividade está dentro de você. Acesse-a, amplie-a, faça sua própria revolução e seja um agente de propagação da criatividade, uma possibilidade livre e aberta a todas as pessoas!

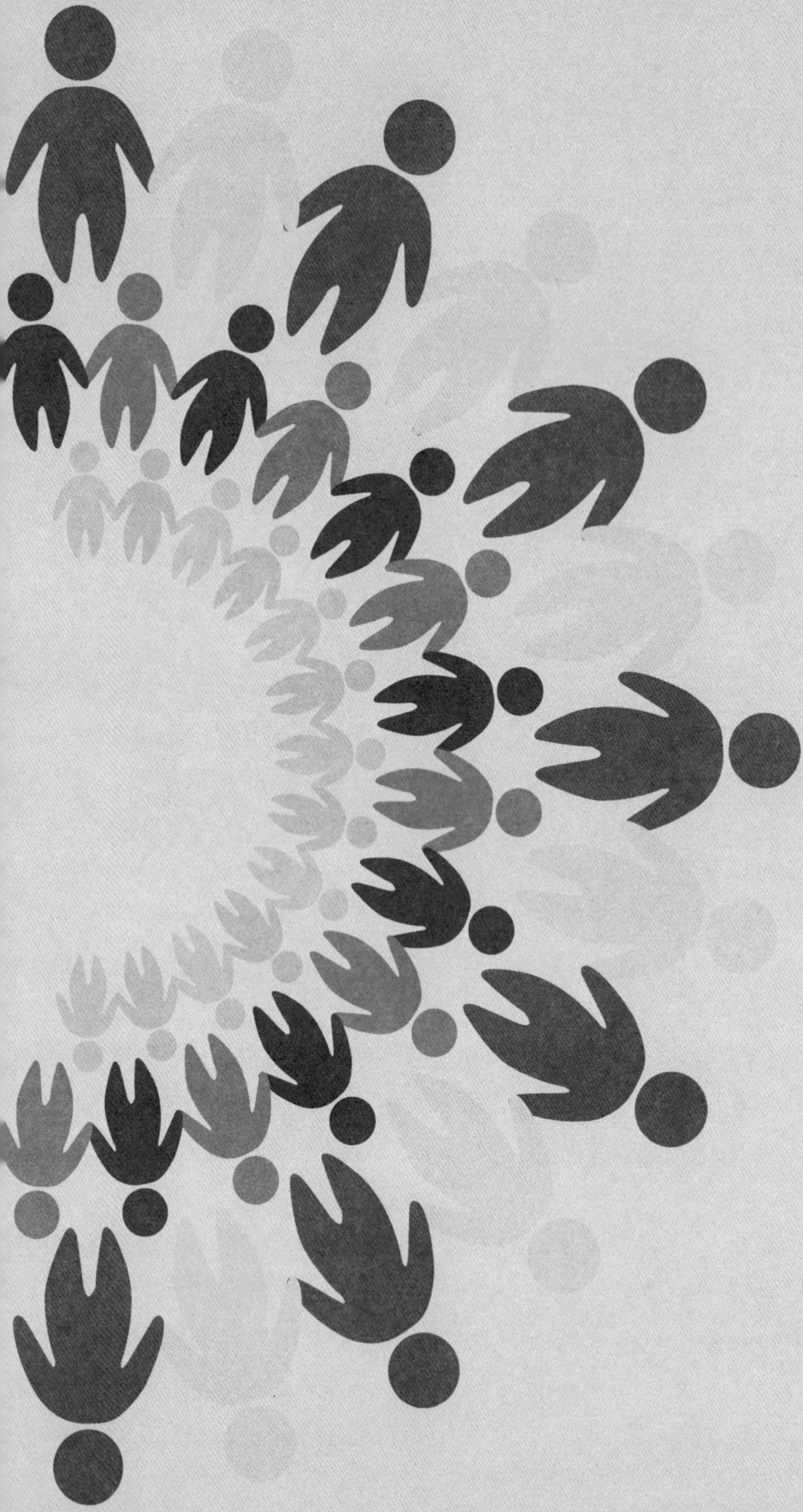

Capítulo 3

EAI COLABORATIVA –
Direção

> "Um pouco de perfume sempre fica nas mãos de quem oferece flores."
>
> (provérbio chinês)

> "A atenção é a forma mais rara e pura de generosidade."
>
> (Simone Weil, escritora, mística e filósofa francesa)

> "Está se sentindo vazio? Preencha esse espaço com solidariedade. Saia desse buraco. Há muita gente precisando de você."
>
> (Gabriel Chalita, advogado, palestrante, professor, escritor e político brasileiro)

> "O céu e a terra coexistem em mim, eu sou Um com tudo que há."
>
> (Zhuangzi, filósofo chinês que viveu por volta do século IV a.C.)

A CENA É COMOVENTE E A REPORTAGEM registra: em um dia frio na grande metrópole de São Paulo, um morador de rua, enfrentando uma das condições mais precárias e adversas, tenta se abrigar sob uma marquise. À medida que a noite avança e o frio se intensifica, o homem usa seu escasso cobertor para proteger seu fiel companheiro: seu cachorro, que passa os dias ao seu lado nas ruas, compartilhando suas lutas e ajudando-o a pedir comida aos transeuntes. O primeiro pensamento que nos ocorre é não compreender como alguém que tem tão pouco possa realizar um gesto tão nobre: proteger seu leal amigo para que ele não sinta frio sem esperar nada em troca. Essa nobre atitude tem um nome: generosidade.

A generosidade está ligada à nossa percepção do outro, à compreensão de seu papel no mundo, ou seja, ao conjunto de valores chamado moralidade. Essa conduta se manifesta sempre por meio de ações, como a exemplificada anteriormente. O morador de rua ofereceu seu único cobertor ao seu cão, mesmo que isso significasse sentir frio, desconforto ou até mesmo frustração por não ter nenhum conforto físico naquela gélida noite. Ele compartilhou o cobertor com sentimentos de compaixão e apreço pelo animal, reconhecendo-o como um amigo leal, como, de fato, era.

Começamos com esse exemplo porque a generosidade está frequentemente ligada a um atributo espiritual que eleva as pessoas a um outro patamar. Atos generosos têm o poder de fazer diferença e promover o bem-estar, facilitando uma convivência harmoniosa. No entanto, muitas vezes, essas ações são isoladas.

A generosidade envolve realizar algo bom por alguém, seja uma pessoa, uma causa ou um animal, por meio de uma ação intencional. As pessoas generosas geralmente também se engajam em ações de solidariedade (que não são sinônimos de generosidade), demonstram mais empatia e, por conseguinte, são capazes de se relacionarem de maneira mais gentil e colaborativa na sociedade. A EAI Colaborativa é compreendida por nós como:

> Um conjunto de atitudes que expressam generosidade, gentileza, solidariedade e cooperação, buscando promover melhorias em uma realidade, contexto ou causa. Trata-se da união das boas intenções humanas em prol de um objetivo, seja ele a melhoria da comunidade, do ambiente, da cidade, do país ou do mundo. Essas ações geralmente exigem uma visão mais ampla e altruísta, voltada não apenas para o indivíduo, mas para o bem coletivo. É a expansão da vontade em forma de ação.

Normalmente, os adultos tendem a criticar as novas gerações, frequentemente destacando suas fragilidades e referindo-se erroneamente ao "meu tempo", um conceito que consideramos inadequado, uma vez que vivemos todos no mesmo período e as mudanças são naturais. Seria algo muito estranho se duas ou três gerações, considerando todas as inúmeras transformações ocorridas no mundo, pensassem e agissem da mesma forma.

Assim, mesmo que sejamos mais críticos, a cultura da colaboração, em detrimento da competição, tem se manifestado entre as gerações mais jovens. Eles estão se adaptando a espaços colaborativos, formas de trabalho e viagens coletivas que pressupõem articulação, cooperação e relações mais flexíveis. No entanto também estamos vivenciando uma era de extremos. Enquanto, por um lado, há uma inclinação à cultura colaborativa, com a diminuição do uso de automóveis em prol de transportes coletivos e aplicativos de compartilhamento, por outro observamos um aumento marcante do individualismo perverso. Esse individualismo se reflete nas desigualdades sociais, na economia que exclui muitos e na superficialidade das redes sociais, em que os jovens são particularmente suscetíveis, visto que o "eu" se torna o centro de tudo.

Seus desejos, sua rotina, sua vida, seu corpo e as atividades devem ser realizadas em um volume enorme, mesmo que de forma rápida e superficial, pois o que importa são as "curtidas". Em seguida, uma nova postagem para atrair novos seguidores, em um ciclo de frustração, pois sempre há alguém com milhares de seguidores para ser superado.

QUANDO A SOLIDARIEDADE APROXIMA AS PESSOAS DE FORMA MAIS ATIVA

Se a generosidade é uma ação do indivíduo que supostamente nada espera de volta, a solidariedade contém uma possibilidade de transformação maior, pois ocorre quase sempre dentro do campo da luta por uma causa, por similaridade e por empatia. Fato é que, quase sempre, os envolvidos em um ato de solidariedade também se beneficiam de alguma forma. Um exemplo esclarece essa reflexão: ao perceber um movimento na escola a favor de determinado grupo, alunos se engajam e, subjacente a esse engajamento, há uma expectativa de que a posição deles na escola também melhore. Foram solidários, porém sempre há uma perspectiva de que sua própria realidade progrida.

Essas duas reflexões sobre generosidade e a distinção em relação à solidariedade não invalidam esses atributos, que são quase sempre uma forma de agir diante da realidade. Evidentemente que não! O mundo fica melhor quando encontramos pessoas generosas e solidárias, visto que seu senso de empatia é mais aguçado. Essas pessoas conseguem lidar com os conflitos inerentes às relações humanas de forma mais eficaz. Além disso, proporcionam, mesmo que momentaneamente, a melhoria da vida do outro, de um determinado grupo ou de alguma causa.

Crianças e jovens podem demonstrar generosidade, mas isso depende da fase de desenvolvimento em que se encontram, bem como dos ensinamentos e exemplos dos adultos ao seu redor. Crianças muito pequenas enfrentam dificuldades em perceber verdadeiramente o outro, e quando compartilham e colaboram, frequentemente expressam um sentimento espontâneo. Por exemplo, quando estão felizes por ter alguém com quem brincar podem oferecer um brinquedo a um amigo de 4 ou 5 anos. Isso pode ser considerado uma "suposta" forma de generosidade, pois se o amigo contrariá-lo em uma disputa pelo objeto, é provável que a criança reivindique o brinquedo de volta. Se estiver com raiva e ainda não tiver desenvolvido habilidades de controle emocional é possível que reaja com violência, empurrando ou batendo no amigo para recuperar o objeto.

Dessa maneira, a generosidade está muito mais relacionada à maturidade do ser, sendo um ato consciente e uma escolha, em vez de ocorrer apenas porque uma criança é considerada "boazinha".

Por princípio, crianças e jovens que estão inseridos em uma família que participa de ações de solidariedade, programas sociais, movimentos em prol de uma causa ou reuniões para decisões coletivas, certamente serão mais solidários, fraternos e, no futuro, quando finalmente tiverem maturidade emocional, terão um senso colaborativo muito mais aguçado.

Se percebem o bem sendo feito somente em função do próprio bem, convivendo com pais generosos e altruístas, claramente o padrão de promover ações em favor de pessoas tornar-se-á um valor importante. Novamente, está em cena a presença do "bom exemplo" vindo de pais, professores e adultos com quem crianças e jovens convivem, e que influenciam positivamente essa construção.

GENEROSIDADE E SOLIDARIEDADE PODEM SER ENSINADAS?

Diríamos que elas não podem ser meramente ensinadas como um conteúdo conceitual, mas se pode criar condições para que sejam vivenciadas na prática, sobretudo por meio de projetos — de preferência em que crianças e jovens sejam os protagonistas — que os levem ao contato, à proximidade, à troca e ao olhar para realidades diversas. Dessa forma, propiciamos que eles passem a desenvolver uma percepção mais generosa e solidária sobre as pessoas. Não apenas as mais próximas nem as mais parecidas com eles, mas com uma amplitude de olhar para a dimensão da diversidade de pessoas e realidades que os cercam.

Desenvolver a EAI Colaborativa pressupõe aprimorar a compreensão de que, juntos, conectados e articulados, produzimos mais, aprendemos mais, divertimo-nos mais e somos mais fortes. Isso, em oposição ao individualismo, que divide, exclui, segrega e afasta.

A cultura colaborativa, aqui distante do sentido empresarial — pois estamos nos referindo à educação de pessoas no contexto escolar, familiar ou em instituições não formais de educação —, estabelece vínculos, otimiza o uso positivo da internet, por exemplo, e conecta pessoas, promovendo as outras duas EAIs já discutidas anteriormente — a social e a criativa.

O desenvolvimento de um projeto em conjunto estimula a colaboração, assim como a solidariedade é capaz de construir ações que visam melhorar uma determinada realidade. A EAI Colaborativa, portanto, integra-se às outras já mencionadas, além de se relacionar com outras que surgirão, pois sempre que há um movimento para unir e combinar potenciais em prol da transformação, o campo se torna fértil para a apresentação de uma série de valores. Alguns desses valores serão internalizados, enquanto outros não, dependendo da faixa etária, mas um espaço de ação interessante e provocador é estabelecido.

Existe um dado que revela que o hábito de se engajar em prol de uma causa, de ser generoso, solidário e colaborativo, também é uma construção cultural e socioeconômica, pois países mais desenvolvidos tendem a doar mais. De modo geral, o Brasil não tem uma cultura sólida de doação. Entre os países mais generosos estão: Austrália, EUA, Nova Zelândia, Mianmar, entre outros. No entanto, além das questões culturais, há também a profunda desigualdade social que caracteriza o país e que faz com que muitas pessoas, antes de poderem doar, precisem receber doações. Outro aspecto educativo dessa questão é que, quando os brasileiros doam, geralmente não o fazem com regularidade, ou seja, começam a apoiar uma causa ou projeto específico e depois interrompem o processo.

A cultura da participação social ou da colaboração, quando não fomentada, cria concepções que só serão revistas e rompidas com o processo educativo. No entanto, como todo processo que envolve formar, educar, motivar, inspirar e levar à reflexão outros seres humanos, nada acontece de uma hora para outra ou dentro de um contexto superficial. A origem dessa falta de participação remonta à própria construção histórica do país e à não prática plena da cidadania. Assim, entendemos que a maneira de reverter esse contexto complexo é fomentar, no âmbito do núcleo familiar, na escola e em projetos de educação socioemocional, a cultura colaborativa, o engajamento e a cooperação, em oposição à competição, alterando questões arraigadas ainda na mentalidade de muitos que educam crianças e jovens.

NÃO TENHO QUE SER GENTIL, TENHO É QUE CUIDAR DE MIM. SERÁ?

Nunca vimos, em nosso país, tantos episódios recentes de ausência de gentileza. Cabe ressaltar que esses episódios sempre existiram, e o que temos agora é uma visibilidade imensa devido ao acesso rápido ao celular, que grava e filma em segundos. No entanto é um fato que são muitas, e cada vez mais frequentes, as atitudes divulgadas na internet contendo total falta de gentileza nas interações sociais.

Em transporte público é comum vermos pessoas empurrando outras, estejam elas grávidas ou sejam mais velhas. Também ficou comum pessoas jovens e sozinhas sentadas em local destinado preferencialmente a idosos e mulheres com crianças de colo. Outra prática que claramente demonstra a falta de gentileza e de cidadania e que merece nossa atenção é quando motoristas que não possuem necessidades especiais estacionam seus carros de forma desrespeitosa em vagas reservadas para pessoas com deficiência. Neste mundo acelerado, em que cada pessoa está com a cabeça baixa, concentrada apenas em seu celular, a capacidade de olhar para o outro, de ser gentil e generoso, muitas vezes parece estar mais associada à falta de percepção do outro do que à ausência de vontade genuína de ajudar de alguma forma.

Ser gentil implica enxergar verdadeiramente quem está diante de nós. Claramente, "gentileza gera gentileza", como diz a famosa expressão. Na mesma medida, sua ausência pode gerar animosidade e raiva quando não há autorregulação moral, já que a raiva é uma emoção primária que afeta todos os seres humanos. Todos nós experimentamos raiva, mas existem diferentes níveis de expressão dela. É assustador quando alguém, por exemplo, expressa sua fúria e sua frustração simplesmente atirando em outra pessoa devido a uma discussão fútil no trânsito, que poderia ser resolvida com diálogo e terminar com um simples cumprimento cordial.

A ausência de diálogo, a prevalência da grosseria e a violência representam, como tão sabiamente nos disse Saramago, "a falência da palavra". Que sociedade estaremos construindo para as novas gerações se continuarmos a ser agentes da falta de diálogo, em vez de sermos os promotores da interlocução e da gentileza, exemplos orientadores das relações com crianças e jovens?

QUANDO O NÃO ACOLHIMENTO SE TRANSFORMA EM CANCELAMENTO

Um ser humano começa gradualmente a desenvolver atitudes de gentileza quando é tratado com gentileza pelo seu primeiro núcleo social — a família — e, posteriormente, pela escola e pela sociedade como um todo. O processo educativo, quando permeado por atitudes de gentileza, promove interações que reconhecem o outro como uma pessoa dotada de sentimentos e uma história própria. Nesse sentido, o indivíduo não é visto apenas como alguém para ser servido ou executar tarefas, mas como um igual, merecedor de cumprimentos, contato visual e tratamento respeitoso, independente de sua posição socioeconômica, gênero, etnia ou condição física.

Ainda é possível perceber atitudes de superioridade que permeiam as relações sociais. Quando determinadas pessoas, por exemplo, por terem um emprego melhor, ou pelo fato de fazerem parte de classes sociais mais altas, sentem-se acima dos outros e apelam com frequência para esse sentimento, estão reproduzindo, na frente de quem for, uma suposta e equivocada supremacia. Isso se manifesta ora no tratamento das pessoas como invisíveis, ora como seres menores, com atitudes opostas à gentileza: grosseria, autoritarismo, opressão, entre tantas outras atitudes indesejáveis que deseducam emocionalmente as crianças e os jovens do seu convívio, convertendo-se em exemplos negativos.

A criança e o jovem não são imunes ao seu tempo, à sua criação, ao que veem na mídia ou às pessoas que seguem nas redes sociais. São influenciados pelo meio e também influenciam seus pares. Quando essas questões aqui tratadas ocorrem no contexto da convivência social, não há como evitar que elas testemunhem cenas protagonizadas por pessoas sem gentileza ou cordialidade, pois estão inevitavelmente inseridas nesse ambiente. No entanto cada ação carente de gentileza, solidariedade, generosidade e cooperação pode se tornar um excelente ponto de partida para que o adulto que educa inicie um diálogo aberto sobre a inadequação da atitude presenciada.

Escutar como a criança ou o jovem se sente diante dessas ações e, sobretudo, analisar cuidadosamente até que ponto essas questões são minimizadas ou normalizadas, especialmente durante a adolescência, é fundamental para que pais ou professores possam se envolver mais e dialogar com as pessoas que mais fortemente influenciam seus filhos ou alunos. Entender as percepções da criança ou do jovem sobre o outro ou sobre o acontecimento é necessário e fundamental. Da mesma forma, observar e compreender quais são os valores, impressões e direcionamentos dos chamados influenciadores digitais, que impactam no comportamento deles é uma ação que oferece um panorama verdadeiro sobre como eles pensam a realidade.

Pais, sobretudo de adolescentes, muitas vezes não percebem a verdadeira revolução que ocorre no pensamento de seu filho ou filha nessa etapa da vida e acabam distanciando-se deles quando, por exemplo, passam muitas horas isolados em seus quartos, submetidos apenas à influência da internet. Os pais podem inadvertidamente causar um desserviço ao sobrevalorizarem conteúdos voláteis, superficiais ou padrões distantes da realidade vivida pelos filhos. Isso ocorre especialmente quando as crianças e os jovens consomem essas informações sem a mediação necessária dos educadores, sejam eles os próprios pais, professores ou educadores sociais.

Existe uma preocupante relação entre o suicídio de adolescentes e crianças e o conteúdo ao qual são expostos na internet, especialmente quando não há mediação por parte dos adultos que os cercam. Isso pode levá-los a um cenário desolador de descontentamento e depressão em relação às suas vidas e à aparência. O excesso de exposição, muitas vezes, resulta em uma depreciação contínua e sistemática da autoestima.

Diante da impossibilidade de se adequar aos padrões exigidos, a ideia da morte passa, em casos de adoecimento emocional, a ser vista como uma alternativa que pode aliviar a dor da não aceitação. Assim, é urgente que as escolas se engajem de forma coletiva e colaborativa em campanhas de prevenção ao suicídio de crianças e jovens, buscando envolvê-los em trabalhos cooperativos e projetos que os estimulem a olhar além. Nossa metodologia propõe a todos os nossos parceiros ações de prevenção para esse mal, uma vez que é uma realidade da sociedade atual que não pode ser ignorada nem esquecida. Entendemos que o engajamento nessa causa é um compromisso humano e social para todos aqueles que educam!

Ressaltamos aqui que não desejamos generalizar nem colocar os chamados influenciadores em uma zona de ataque, e muito menos invalidar pessoas que realizam trabalhos sérios, são bons profissionais, bem-intencionados e informados em todos os contextos; profissionais que produzem ótimos trabalhos que fomentam a criatividade, a inteligência e o comprometimento social.

No processo de reinvenção exigido dos professores durante a pandemia, muitos tiveram que começar a gravar vídeos e utilizar plataformas digitais, algo que até então não fazia parte da rotina da grande maioria deles. Portanto muitos tinham pouca ou nenhuma familiaridade com as câmeras e menos ainda com filtros e produções, além de não terem experiência com a colocação da voz no ambiente digital, cenários, entre outros aspectos. Diante desse cenário inesperado de novas exigências, causa espanto o relato de que um pai e seu filho estavam fazendo memes dos professores! Sim, você leu corretamente: um pai, com seu filho de apenas 11 anos — ou seja, uma criança — produziam memes a partir de capturas de tela das aulas dos professores. Quase sempre, o conteúdo era cruel, diminuindo os profissionais e os ridicularizando, o que invalidava todo o enorme esforço empreendido por esses educadores em fazer o seu melhor.

Quantas lições esse pai ensinou ao seu filho... Uma breve reflexão possibilita afirmar que ele ensinou a ausência de empatia, o desrespeito e a total falta de gentileza, generosidade e solidariedade. O pai, que poderia se converter em um parceiro e colaborador dos professores, acabou se tornando um oponente

Contudo cabe uma pergunta: quem perdeu mais nesse processo? Os professores ou o pai, responsável pela criança? Certamente, os professores saíram ainda mais desprestigiados, feridos em sua autoestima e chateados por terem sido vítimas de desrespeito e humilhação causados por quem deveria estar ao lado deles, cuidando do complexo processo de educar crianças e jovens. Mas os prejuízos maiores no processo educativo são desse pai, que, a princípio amigo e brincalhão, desrespeitoso e divertido aos olhos de uma criança, tem um filho que aprende, registra e guarda todos os exemplos dados por ele e, em um futuro muito mais próximo do que o imaginado, irá voltar-se contra esse genitor.

O pai, no caso, dificilmente conseguirá estabelecer uma relação de limite, respeitosa e fundamentada em valores sólidos, quando confrontado com o primeiro conflito com o filho. Ao ser desrespeitado e exigir respeito, é muito provável que ouça: "E você, que fazia memes dos meus professores? O que está falando? Que respeito?". Portanto essa conta virá e será bastante cara, sem possibilidade de negociação, pois ex-pais não existem e filhos são para a vida toda. Por fim, o maior prejuízo recai sobre a criança, que, deseducada emocionalmente, enfrentará dificuldades ao longo da vida, refletindo em sua convivência social futura.

A formação do caráter ocorre durante a infância e, de forma resumida, pode-se afirmar que uma pessoa desenvolve um bom caráter quando, ao longo de seu processo de crescimento, não encontra bloqueios emocionais, mas limites e estímulos que a ajudam a equilibrar o ego, muitas vezes insaciável na busca pelo prazer. No entanto, quando não são estabelecidos limites ao longo da vida, exemplos assertivos e regras claras, é provável que ocorra um comprometimento do comportamento, resultando no que denominamos de desvio de caráter. Permitir que essa complexa construção fique exclusivamente sob a influência de terceiros, no mínimo poderá comprometer o desenvolvimento do caráter e dos valores de um ser humano em processo de formação.

FATORES DO SUCESSO PROFISSIONAL

O momento de escolha da profissão é sempre um dilema para os jovens. Muitas vezes, eles são levados a escolher as profissões consideradas em alta ou que possibilitam maior retorno financeiro. Nem sempre suas habilidades, capacidades e até mesmo fragilidades são levadas em conta.

Com a mediação de adultos atentos e presentes, esses jovens, quando bem orientados, podem ser levados a um processo de autorreflexão a fim de que busquem também a autorrealização e realizem uma escolha conectada às suas habilidades e ao que gostam de fato.

Más escolhas profissionais, geralmente, produzem pouco envolvimento e dificuldade nos relacionamentos interpessoais. Portanto fomentar a educação socioemocional no processo formativo dos jovens faz com que desenvolvam importantes habilidades – saber ouvir, rever conceitos, aguardar seu momento de fala e, sobretudo, desenvolver autoconfiança e, com isso, realizar escolhas mais conscientes e criativas.

Outro fator importante é possibilitar que esses jovens tenham acesso a histórias de vida de profissionais que, por meio do bom gerenciamento das emoções, encontraram um lugar.

As realidades não são únicas, não há receitas prontas, porém a boa orientação, o diálogo e a mediação feita por adultos podem instrumentalizar os jovens, levando-os a mapearem suas habilidades e as profissões e desenvolverem um projeto de vida mais consciente e embasado, para além da superficialidade.

Leo Chaves

FORMAS PRÁTICAS DE FOMENTAR A SOLIDARIEDADE: CRIAR ESPAÇOS PARA A GENEROSIDADE E A GENTILEZA

No capítulo anterior, que tratava da EAI Criativa, vimos que projetos são conexões para envolver e motivar crianças e jovens, fomentar a criatividade e, ainda, criar sólidas pontes com o desenvolvimento de atitudes cooperativas e não meramente competitivas.

O modelo que delineou durante muitas décadas a educação (levando-se em conta que o campo educacional sempre repercute o que de bom e ruim existe na sociedade) foi o da competição predatória, a qual, diga-se de passagem, não contém elementos positivos. Na escola, ouvíamos: "Que vençam os melhores!", porque a sociedade, apresentava essa demanda altamente competitiva.

Com as profundas transformações em relação ao conhecimento, à sua construção e ao seu compartilhamento, surge um espaço de cooperação no mundo extremamente receptivo. Dificilmente uma empresa no século XXI, de olho no futuro, ou um projeto social, ou ainda práticas no mundo do trabalho como um todo, irá desejar alguém que não consiga trabalhar na perspectiva da colaboração em grupos. Cada vez mais, os sistemas e o conhecimento estão interligados.

É essencial construir formas de aprendizado sempre conectadas e interligadas, em vez de apenas individualizadas e isoladas. No mundo do trabalho há uma interdependência real que desafia cada vez mais as visões excessivamente verticais de chefia, hierarquia e papéis claramente definidos na vida em geral. Se, por anos, as mulheres ocupavam papéis de submissão hierárquica dentro da família em relação aos maridos, esse paradigma está atualmente em processo de desconstrução. Nas famílias cresce o senso de cooperação, e aqueles que desejam verdadeiramente estimular o desenvolvimento da EAI Colaborativa devem propor oportunidades para que crianças e jovens contribuam, começando em casa e estendendo-se para a escola. Uma instituição educacional com um projeto claro e ancorado na realidade plural de hoje cria espaços e interações pedagógicas que promovem essa atitude.

Se você é pai, mãe ou educador de outro ser, a construção dessa habilidade ocorre de forma bastante prática nas experiências do dia a dia. Aqui estão algumas situações e suas consequências:

1. A análise do discurso dos pais ou de quem cria a criança ou jovem — quando os adultos que cercam essas pessoas em desenvolvimento constantemente exaltam sua própria superioridade, exigem que os filhos sejam sempre os melhores em relação aos outros e demonstram uma clara postura competitiva, os filhos provavelmente desenvolverão uma mentalidade competitiva ou terão dificuldades em lidar com derrotas ou desempenhos menos satisfatórios, como em atividades esportivas ou artísticas. É importante lembrar que tudo o que os pais falam e fazem influencia seus filhos.

2. Brincadeiras que estimulem mais a criatividade do que a competição — embora os jogos competitivos sejam ótimos e as crianças sejam naturalmente atraídas por eles, é crucial enfatizar os aspectos positivos das pessoas. Reforçar frases como "Nem sempre se vence", "É natural perder", "Sempre haverá pessoas mais habilidosas na vida" e "Suas conquistas merecem ser celebradas, assim como as dos outros" é fundamental. Portanto é válido proporcionar oportunidades para jogos competitivos, já que são frequentemente escolhidos por crianças e jovens. No entanto, se a competição for continuamente enfatizada como o único aspecto da atividade, com a ideia distorcida de que só é possível encontrar alegria na vitória, os ensinamentos sobre o processo e a superação são perdidos. É importante reconhecer que a competição faz parte da vida, mas também é necessário aprender a lidar com a derrota e a valorizar o processo de tentativa e aprendizado.

3. Ajudar seu filho a construir uma percepção do outro — auxiliar seu filho a construir uma percepção do outro é fundamental. Mostrar que existem outras famílias, outras pessoas e outras realidades além das suas, e que cooperar com essas pessoas pode trazer um sentimento de realização. Um exemplo ilustra bem essa ideia: quando uma família tem como vizinhos um casal já em idade bastante avançada e é gentil e atenciosa com eles, os filhos, independentemente da idade, observam e registram essas ações. Quando os pais os envolvem em pequenos gestos de gentileza, como levar um pedaço de bolo ao casal de idosos, estão contribuindo para a construção de um histórico de memória positivo em relação aos idosos. Essas experiências ajudam a formar adultos empáticos e receptivos em relação a qualquer idoso, incluindo seus próprios pais no futuro, avós e familiares.

Entretanto se jovens e crianças ouvem adultos ridicularizando as dificuldades dos vizinhos idosos[10] em caminhar, levantar da cadeira, ou apontando constantemente aspectos negativos da velhice, associando-a a um período de improdutividade, tanto a gentileza quanto atitudes e sentimentos de generosidade e solidariedade serão desconstruídos. Como consequência, é possível que, ao saírem para a escola ou fazerem um passeio de bicicleta, os filhos passem pelo casal de idosos sem cumprimentá-los, mesmo que os pais tenham solicitado que sempre os cumprimentassem. Se as instruções em casa não estão alinhadas com as atitudes e os sentimentos, a gentileza torna-se mais uma palavra vazia na formação dessa criança ou jovem.

4. Pratique a participação, o engajamento e a solidariedade — não há outra forma de estimular o desenvolvimento da solidariedade, generosidade, gentileza e colaboração senão pelo engajamento real, que começa pela família. Isso pode envolver a participação ativa em causas positivas, como contribuir para a melhoria da vida escolar em geral, participar de ações que buscam um propósito comum ou algo que vá além da mera busca por bens materiais efêmeros e superficiais.

---

10. O preconceito ou a intolerância em relação às pessoas com idade superior àquela de quem julga, a discriminar com base na idade, é chamada de etarismo. Na próxima década, o Brasil, assim como outros países ao redor do mundo, terá mais idosos do que crianças e jovens. Portanto é imperativo romper com o etarismo, que está tão presente em nossa sociedade.

Essas atitudes são um caminho eficaz para evitar um fenômeno social significativo: a depressão na infância e na adolescência, resultante da falta de um sentido real na vida, já que a busca pela felicidade apenas pela posse material é transitória. O excesso de bens materiais cria um ciclo vicioso e os pais muitas vezes não percebem que limitar o acesso pode ser educativo, enquanto o acesso ilimitado, atendendo a cada mínimo desejo da criança ou do jovem, acaba por deseducar, gerando indivíduos desinteressados e com dificuldade em buscar conquistas por seus próprios esforços.

5. Respeite as pessoas em sua diversidade — uma criança e um jovem criados por pessoas que não rotulam pessoas, que não encerram seres humanos em um único padrão de similitude a si mesmos e que fomentam o respeito indistinto a todos, está criando um repertório emocional tão positivo para esse indivíduo que ele será um elemento facilitador em todos os níveis do seu convívio e realização. Mais: estará colaborando para que esse ser humano não tenha a vida perdida ou cancelada em redes sociais por expressar atitudes desrespeitosas com os que não considera iguais a si. Esse indivíduo tornar-se-á um facilitador nos relacionamentos e na busca por realizações em todos os aspectos da vida. Além disso, estará contribuindo para que esse ser humano não se veja envolvido em situações de cancelamento nas redes sociais por demonstrar falta de respeito em relação àqueles que não se assemelham a ele.
Recentemente, um episódio amplamente divulgado na mídia ilustrou essa questão. Um jovem famoso, ao visitar outro país, teve uma atitude condenável ao filmar e ridicularizar alguém por sua aparência. O cancelamento nas redes sociais foi imediato e incisivo. No entanto, como defensores da educação so-

cioemocional, surge a questão: em qual momento de sua formação a diversidade de pessoas, corpos, sentimentos e formas de existir no mundo não foi enfatizada? Ou será que, como muitos jovens, ele foi influenciado pelo grupo e pelo desejo de aparecer?

O evento, de fato, destaca os danos que podem surgir da falta de uma formação que genuinamente abrace a diversidade do mundo, seja de gênero, etnia, corpo, crenças, culturas, classe social, entre outras características. Quando alguém só está habituado ao seu próprio reflexo e se depara com a diversidade ao seu redor é comum reagir com desrespeito e escárnio. Se aspiramos a criar filhos emocionalmente inteligentes é importante cultivar esse entendimento desde os primeiros anos de vida, diversificando experiências por meio de leituras, filmes, brinquedos, visitas a diferentes lugares e interações com pessoas diversas, permitindo-lhes enxergar o mundo como ele é realmente, e não apenas de maneira limitada e idealizada.

QUANDO AS ESCOLAS ESTIMULAM A EAI COLABORATIVA E SEUS GANHOS

> "Eu aprendi que nunca somos pequenos demais para fazer a diferença."
> (Greta Thunberg, ativista ambiental sueca e eleita uma das cem mulheres mais poderosas do mundo, em 2019, pela revista *Forbes*)

Vivi uma experiência muito rica em relação à colaboração das crianças e jovens nos espaços escolares. Na época, eu era diretora de uma escola estadual paulista e tive a oportunidade de participar de um projeto cujo objetivo era formar diretores líderes e tecnicamente mais instrumentalizados, visando à melhoria do aprendizado nas escolas. Isso foi realizado por meio do intercâmbio entre escolas brasileiras e escolas do Reino Unido – em ação promovida por uma parceria do Conselho Britânico, MEC e os governos estaduais das cinco regiões do Brasil. Em São Paulo, eram cinco escolas participantes no estado. À época, eram mais de 5,5 mil escolas na Rede Estadual Paulista. A escola que eu dirigia foi, felizmente, uma das selecionadas. Assim, essa bela experiência me fez conhecer, de forma muito próxima, escolas em Londres em que, em um rico ciclo de visitas, pude observar de perto os benefícios de instituições que se organizam no sentido de que todos cooperem de fato e buscam em seu cotidiano ter a gentileza e a cordialidade como norte, sendo, por força do próprio estímulo cultural, solidários.

Notei que essa cooperação era uma construção que começava pela própria participação dos pais, da família e da comunidade como um todo nas escolas, que eram fontes de grande diversidade cultural e social – mais de 90% da população estava nas escolas públicas, que eram inclusivas e abrangiam a grande diversidade cultural existente em Londres. Portanto o convívio entre muçulmanos, africanos, hindus, ingleses, portugueses, chineses era intenso e permitia que os alunos e famílias ampliassem suas referências culturais. Fomos informadas de que o sistema educacional da Inglaterra passou a ver a diversidade não como fragilidade, mas como oportunidade para formar pessoas mais respeitosas, capazes de serem empáticas, solidárias e inclusivas.

Dessa forma, a cooperação se dava no cotidiano. Quando nós, diretoras brasileiras, visitamos as escolas, foram as próprias crianças que nos conduziram, e nos chamou a atenção que elas também fossem formadas para tal ação. Esse fato já me fez pensar, uma vez que, quando fomos conhecer as escolas em Londres, já havíamos recebido duas vezes o grupo de diretores ingleses, mas sempre fomos nós, as equipes escolares, a receber as comitivas. Quando os alunos participavam, geralmente era na forma de apresentação de trabalhos ou atividades semelhantes. Essa experiência foi reveladora para mim, pois me fez perceber o quanto, nas escolas brasileiras, construímos uma cultura mais autoritária e menos participativa. Primeira lição aprendida!

Por conta dos alunos se sentirem parte responsável pela escola, cooperavam em várias dimensões com sua organização, com as rotinas e com os pares nos ciclos de aprendizagem colaborativa. Quando uma criança ou jovem tinha dificuldade com os conteúdos em sala de aula, geralmente era um amigo quem cooperava para que as dificuldades fossem superadas.

Vivian Dias

É importante ressaltar que, embora a educação seja prioritária na Inglaterra e haja um forte empenho social para que as escolas se organizem da melhor maneira possível, isso inclui investimentos financeiros substanciais em cada uma delas. Essa construção também é moldada pela mentalidade dos envolvidos, pela maneira como as pessoas percebem seu papel no mundo e sua responsabilidade em relação ao ensino.

Quando retornei, ouvi, de forma muito usual, que coisas da Inglaterra não podiam ser aplicadas aqui. Entretanto as iniciativas que mais chamaram minha atenção foram aquelas relacionadas às aprendizagens socioemocionais das crianças, que dialogavam com maior frequência e conseguiam se sentir mais integradas à escola. A razão desse sentimento devia-se ao fato de elas terem uma "participação ativa". A cooperação não era apenas uma alternativa ou um projeto isolado; ela fazia parte do conjunto de valores desenvolvidos pelas pessoas que, por acreditarem que juntos somos mais fortes, responsabilizavam-se individualmente pelo seu meio social. Essa perspectiva conferia às crianças e aos jovens uma autoria e uma amplitude de visão que os levava a participarem de projetos centrados na solidariedade e a se engajarem em questões não apenas relacionadas à sua escola ou seu entorno, mas também a questões mundiais.

Em um dos encontros, por exemplo, fui questionada pelos alunos sobre como me sentia por viver em um país com um tão alto índice de desigualdade social e violência, evidenciando o alto nível de envolvimento desses jovens com questões globais. Outro aspecto marcante foi perceber a criticidade deles em relação ao seu próprio país, que, em determinado momento histórico, exerceu forte domínio econômico na América Latina e no mundo como um todo, fato apontado e reconhecido por eles.

Esse exemplo ilustra a ideia de que estimular a participação e a cooperação está vinculado a uma forma de perceber a organização dos espaços educativos. Quando eles se abrem e convocam as crianças e os jovens a contribuírem e se envolverem, são surpreendidos pela alta receptividade.

É comum encontrarmos em textos pedagógicos um convite para que os jovens sejam, no futuro, cidadãos críticos e conscientes. No entanto o convite que lançamos aqui é para rompermos com a visão da criança e do jovem como meramente um «vir a ser», mas como alguém dotado de potencial e capaz de se engajar de forma colaborativa na vida e nos espaços escolares, seja em escolas particulares, públicas ou em projetos de educação sociocomunitária. Eles podem atuar e se envolver em ações que promovam um olhar mais solidário.

Costumamos, em nossas discussões, sempre lembrar que há famílias que optam por criar seus filhos em grupos fechados, isolados das realidades que sejam diferentes das deles, o que pode impedir o exercício da solidariedade, da gentileza e da generosidade em relação aos que são diferentes deles. No entanto, no mundo, todos estamos inseridos juntos e essa separação não existe. Assim, quanto mais ferramentas as crianças e os jovens adquirirem para conviver na diversidade, entender as pessoas em suas singularidades e forem estimulados a se envolverem e serem gentis mesmo com aqueles que pensam e são diferentes deles, mais as relações serão harmoniosas e menos marcadas pelo medo e pela incerteza. E maiores serão as chances de termos um mundo menos marcado pela intolerância, pela violência, pelo desrespeito contínuo e pela negação do outro, fatores que colocam nosso país em *rankings* insatisfatórios de violência e desrespeito por vários grupos, denominados como minorias. Para nós, seres humanos, é essencial reconhecermos que todos somos merecedores de respeito e empatia.

Construir novas pontes é possível e depende muito mais da qualidade das interações e do que acreditamos e estabelecemos como norte em nossas famílias, escolas, projetos pedagógicos, espaços de educação sociocomunitária, projetos de educação socioemocional e no comprometimento com o desenvolvimento da EAI Colaborativa como um dos caminhos de possibilidade para o desenvolvimento de pessoas mais preparadas para conviver e dialogar. Esse deve ser o principal objetivo de todos aqueles que, de alguma forma e em algum nível, educam outros seres humanos.

Um dos focos mais fortes de nossa metodologia é propor que escolas e espaços sociocomunitários se transformem em locais privilegiados de protagonismo, tomada de decisões e elaboração de projetos colaborativos permeados pela cooperação em grupo.

A pandemia evidenciou a enorme lacuna de solidariedade existente nas pessoas que, sendo parte de uma sociedade, precisam se responsabilizar por ela e solidarizar-se com aqueles que estão mais vulneráveis. Em que pese pessoas e organizações que se mobilizaram em prol da doação, e isso foi louvável e significativo, o que vimos na segunda e mais trágica fase da pandemia foi a ausência do senso de colaboração, de consciência e de adesão, sobretudo dos mais jovens. Eles seguiram se aglomerando, participando de festas clandestinas, frequentando bares, ruas e praças, sem se preocuparem com aqueles dentro de seu próprio núcleo familiar que poderiam ser contaminados e correrem alto risco de morte.

O alerta que fica para aqueles que educam é: se o jovem não tem essa percepção construída em si, primeiro na família e depois nos espaços educativos, é uma clara e evidente indicação de que falhamos – e muito. Precisamos, mais do que nunca, começar a educar nossos jovens na perspectiva da educação socioemocional, para que percebam a si mesmos como seres autônomos, capazes de existir em comunhão com o outro. Essa convivência deve ser permeada pela generosidade, pela gentileza, pela solidariedade e pela cooperação.

Essa é, talvez, a mais desafiadora missão para as escolas e famílias na próxima década. Construir uma consciência sistêmica é algo que agrega enorme valor à vida em sociedade. De acordo com Leo Chaves:

> O tempo todo somos parte de um sistema: no ambiente familiar, assim como no de trabalho ou de estudo, e ocupamos determinada posição dentro dele, sendo capazes de influenciar os outros de maneira passiva ou ativa. Uma revolução social começa a partir da revolução interna de cada indivíduo que se coloca como agente transformador.

É preciso entender que somos parte do todo, estamos interligados e conectados. Quando os jovens adquirem essa consciência, tornam-se fonte de grandes transformações. Todos conhecemos Greta Thunberg, que, na época com apenas 16 anos e motivada por uma consciência sistêmica ímpar, mobilizou a todos em torno de sua luta para conscientizar o mundo sobre as questões climáticas que estão impactando negativamente os ecossistemas.

A EAI Colaborativa acredita que podemos desenvolver a consciência sistêmica nas novas gerações e pressupõe ação, engajamento e movimento. Por isso, propomos que você, amigo, pai, mãe, professor, educador, reúna seus filhos ou alunos e inicie agora um processo que vise impactar positivamente a vida de outras pessoas. A inspiração está expressa na frase de Gandhi: "Seja você a mudança que deseja ver no mundo."

RECADO DO BEM

Convite para olhar além. Conheça os projetos indicados abaixo, que são inspiradores, e envolva seu filho, seu aluno ou qualquer criança com quem conviva para participar ativamente de sua educação. Convide-os a explorarem mais a fundo, questionarem conceitos antigos e permitirem enxergar o presente com uma nova perspectiva. É possível!

PROJETOS QUE INSPIRAM

amigosdobem.org
consuladodamulher.org.br
criola.org.br
anjosdanoite.org.br
projetoolhe.com.br
acaodacidadania.com.br
savethechildren.org
adus.org.br
aacd.org.br
projetoeuacredito.org.br
velhoamigo.org.br
anai.org.br
conservation.org
uipa.org.br

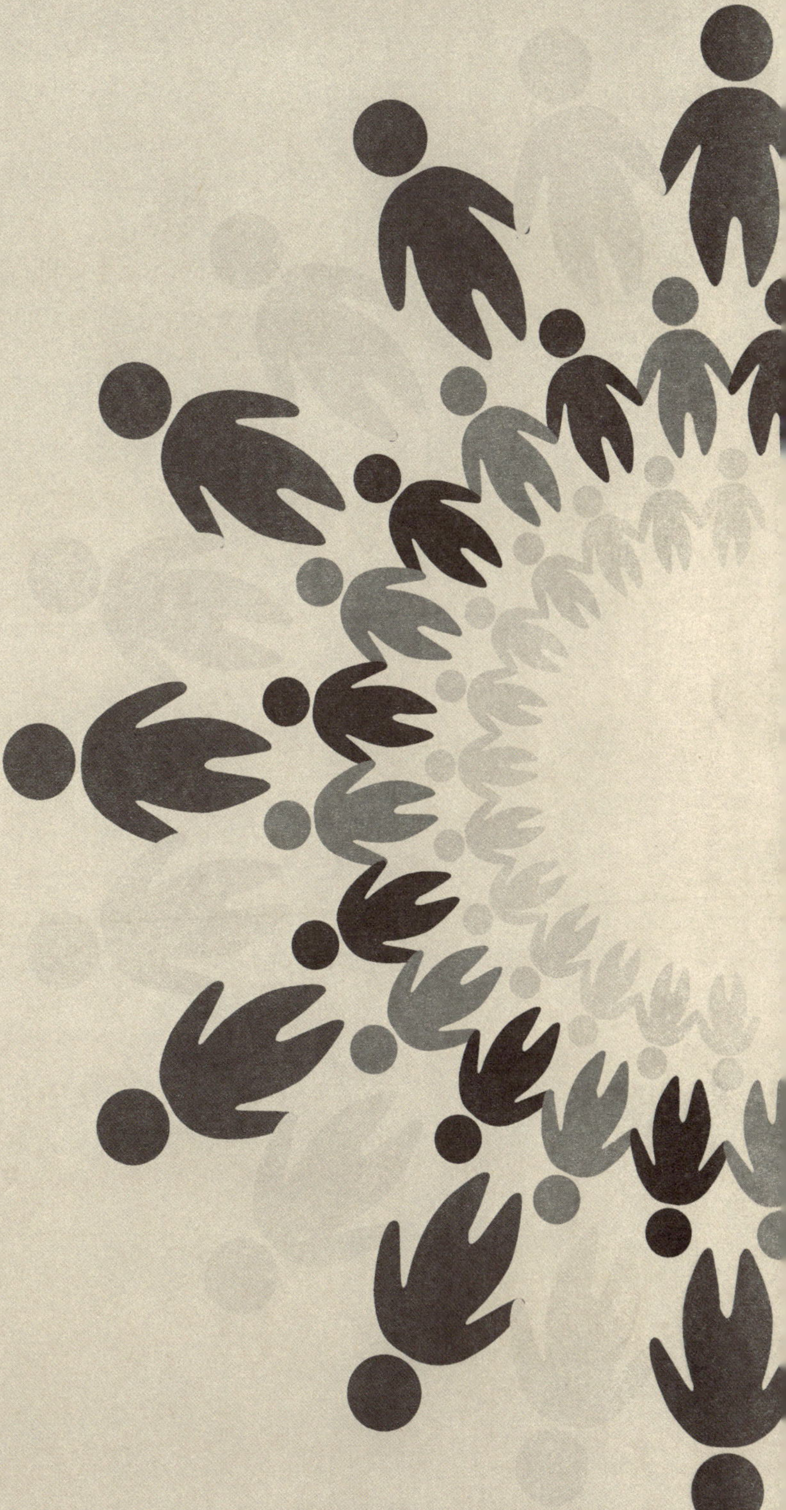

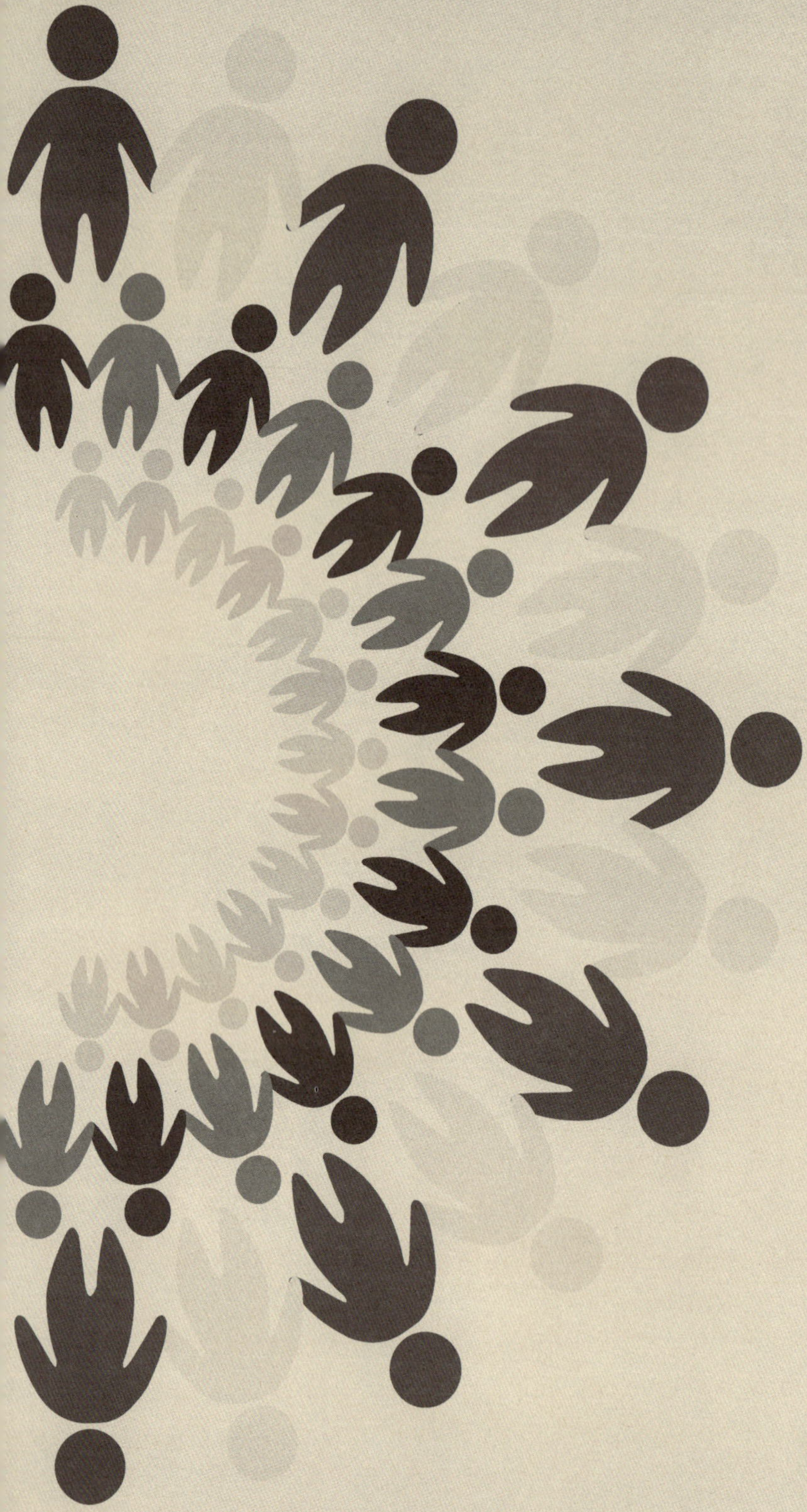

Capítulo 4

EAI DE COMUNICAÇÃO – Conexão

"Sem objetividade não há conexão."
(Leo Chaves, músico, autor de livros e apaixonado por Educação)

"Comunicação é troca de emoção."
(Milton Santos, advogado, autor, professor e doutor em Geografia, doutor *honoris causa* nas universidades de Toulouse, Buenos Aires, Madri e Barcelona)

"Se você falar com um homem numa linguagem que ele compreende, isso entra na cabeça dele. Se você falar com ele em sua própria linguagem, você atinge seu coração."
(Nelson Mandela, líder sul-africano, lutou contra o regime racista e segregacionista do *apartheid* em seu país e é referência mundial no empenho por uma sociedade democrática e igualitária)

NESTE CAPÍTULO, NOSSO OBJETIVO é produzir com nossos leitores uma cordial conexão que os inspire a pensar especificamente na importância da comunicação em suas vidas e nas várias dimensões e papéis que ela ocupa. Consideramos também o quanto é necessário, dentro da perspectiva da educação socioemocional, entendê-la como uma poderosa ferramenta que, se utilizada de forma competente e responsável, colabora significativamente para estabelecer vínculos com as pessoas com as quais nos relacionamos — seja na família, no trabalho, na escola ou na sociedade em geral.

A comunicação como aprendizagem é desenvolvida nos seres humanos desde o nascimento. No primeiro contato com o mundo, um bebê, mesmo sem fazer uso da linguagem, desenvolve formas eficientes de se comunicar: a fome é anunciada pelo choro potente; as cólicas, por um choro estridente. Logo começam as risadas e as reações e expressões faciais se tornam mais diferenciadas e criativas.

Somos seres que aprendemos a nos comunicar desde cedo. Contudo a comunicação não é algo estático, pois a cada fase da vida e a cada etapa do desenvolvimento cognitivo e emocional, as formas de comunicação passam por transformações e se reconstroem. Logo vem o domínio da linguagem. O vocabulário e a comunicação se ampliam à medida que a criança cresce e interage com o meio e com outros seres humanos, e assim vão sendo lapidados.

Comunicar-se com o mundo exterior é parte intrínseca de nós e está intimamente ligado aos padrões culturais nos quais estamos inseridos. Assim, os gestos, as expressões, a linguagem e a forma de interlocução sempre ocorrem dentro de uma determinada realidade, cultura e percepção de mundo.

Quase sempre associamos comunicação com a palavra. No entanto ela também se realiza por meio de outros dois elementos importantes: o tom de voz e a linguagem corporal. Sabemos que a forma como nos expressamos corporalmente também compõe a comunicação. Existem gestos e formas de expressão universais; no entanto grande parte do que consideramos como expressão corporal é também influenciada pelo viés cultural. Embora nosso estudo aqui não tenha natureza antropológica, é importante ressaltar que, assim como a palavra, a maneira como nos expressamos fisicamente dentro de um contexto é um elemento que compõe a comunicação e transmite uma mensagem clara, muitas vezes até contraditória. Por exemplo, quando alguém afirma algo, mas o conjunto de sua expressão corporal revela intenções diferentes.

Esses três elementos juntos podem, na mesma medida, auxiliar para estabelecer uma comunicação que agrega, acolhe e estimula. Por outro lado, também podem afastar, distanciar, desagregar e desconectar pessoas.

Eu recordo aqui um dos momentos mais desafiadores da minha vida: resolvi me lançar a uma nova e inusitada inspiração em minha carreira, realizando palestras, quase sempre não para um único tipo de público, mas para pessoas diversas, com expectativas igualmente diversas, já ciente de que, tratando-se de comunicação, expectativa e realidade nem sempre se encontram. Nesse caminhar, vivi um episódio que me marcou profundamente quando realizei uma palestra para adolescentes. Os muitos anos de experiência no palco aguçaram minha percepção em relação ao público, portanto logo constatei que, embora estivessem todos potencialmente motivados a participar da minha exposição, estavam dispersos. A situação me fez refletir: preciso estabelecer uma conexão rápida e assertiva. Assim, comecei me aproximando fisicamente deles, estabelecendo contato visual próximo, convidando-os o tempo todo a refletirem sobre questões relacionadas à vida e à realidade deles, motivando-os a compartilharem suas próprias experiências. Ficou evidente que a plateia passou a se sentir mais importante e validada, o que a tornou mais empática e receptiva à escuta. Para mim foi uma espécie de "prova de fogo" ter conseguido estabelecer uma conexão genuína com um público com múltiplos interesses, disperso e com maior dificuldade de concentração – especialmente pela presença dos *smartphones* nas mãos de todos, os quais frequentemente oferecem chamados mais interessantes para os jovens.

É importante ressaltar que esse exercício requer a capacidade de retroalimentar o pensamento para encontrar uma saída, inovar e promover o que chamo de "realinhamento das intenções", sem, contudo, perder o propósito que me levou a estar naquele exato lugar. Adquiri essa habilidade por meio dos estudos sobre o funcionamento da mente humana e compreendendo que o treino nos permite sair rapidamente da frequência reativa, da intimidação ou do medo de não ser aceito. Hoje, meu exercício mais recorrente antes de um show, uma palestra, um evento ou uma reunião é o de retroalimentar meu pensamento. É quando afirmo para mim mesmo que aquele momento é único, portanto tenho uma hora e meia para fazer o meu melhor.

Leo Chaves

Esse processo está fundamentado no senso de finitude, um conceito que exploramos mais profundamente na EAI Existencial. Isso me faz sempre lembrar que em qualquer situação, seja pessoal ou profissional, que envolva o "ser e estar com o outro", é uma oportunidade preciosa que deve ser vivenciada de maneira significativa. Pode ser a última chance de fazer a diferença na vida das pessoas. Esse exercício me instiga a entregar o melhor e, com isso, imbuído do sentido de servir e inspirar pessoas, entrego o máximo, da melhor forma possível, naquele que é o melhor e mais privilegiado momento sempre: o presente, o agora!

Quantas pessoas na vida, devido a uma comunicação truncada ou a uma palavra mal expressa e mal colocada, não acabam nos desestabilizando e, frequentemente, dificultando ou até mesmo impedindo que alcancemos nossos objetivos?

> Relembrei, quando discutíamos essa questão para formalizá-la no livro, o quanto uma determinada turma na faculdade foi desafiadora para mim. Eram inúmeros, dispersos e, definitivamente, a linha de comunicação que tentei estabelecer com eles não estava obtendo êxito. Tive que, rapidamente, perceber que precisava repensar minhas estratégias pedagógicas com essa turma e encontrar uma forma criativa de enfrentar meu maior rival – os *smartphones*. Foi, então, que passei a inserir o celular em minhas aulas como um aliado, que facilitava pesquisas rápidas de imagens e vídeos que as enriqueciam, pois percebi que, sem o interesse para a escuta e, por outro lado, sem a minha possibilidade como professor para chegar aos alunos usando, além da palavra, som e imagem, seria difícil estabelecer a real conexão em sala de aula.

À medida que esses alunos viram suas necessidades pelo uso do celular sendo atendidas em sala e começaram a compreender que era possível utilizá-lo a favor da construção do conhecimento, percebi que se tornaram mais receptivos à minha mensagem, pois a busca por informações adicionais os motivou a conhecer um pouco mais. Fica aqui uma reflexão para os nossos professores: a rejeição a algo que veio para ficar e tem mudado a estrutura cognitiva dessa geração, que pensa rápido e por meio de *links*, em vez de ser negada, pode e deve, em momentos planejados, pontuais e bem coordenados, compor o trabalho pedagógico em sala de aula. Conectar-se com a geração dos chamados nativos digitais, ultraconectada e articulada à tecnologia, é emergencial, ou os distanciamentos serão cada vez maiores.

Maurício Dias

POR QUE FALAMOS TANTO EM CONEXÃO?

Abordamos, desde o início deste capítulo, a conexão, pois, da forma como a compreendemos e nos propomos a trabalhar a EAI de Comunicação, a assertiva para nós é praticamente incontestável: "Sem conexão não há comunicação".

A origem das dificuldades entre escutar e receber uma mensagem que está sendo passada e de se comunicar está fortemente ligada à falta de conexão com a "ação principal". Quando estamos genuinamente comprometidos com o presente, nossa atenção e energia em relação ao momento vivido aumentam consideravelmente. Quanto mais atentos e receptivos à escuta do outro, sem interrupções, desculpas, dispersão com celulares e conversas paralelas, mais evidente se torna a importância desse comprometimento.

O primeiro passo para se conectar verdadeiramente é deixar de lado nossos próprios anseios para falar exclusivamente sobre nós mesmos e buscar um genuíno interesse pelo outro, querendo descobrir: "Quem é você?" e "O que faz?". Existe uma história pitoresca sobre um presidente norte-americano que não foi o mais brilhante da história do país, mas foi um comunicador excepcional. A chave do seu sucesso residia no fato de que, sempre antes de receber uma visita, ele dedicava algumas horas para saber mais sobre a profissão e o ramo de atividade do seu convidado, o que o tornava um anfitrião articulado, interessado e carismático.

Reconhecer o outro demanda se importar e realizar uma escuta atenta — isso gera uma conexão imediata. No mundo ultrarrápido da cibercultura, dos *links* e das mídias sociais, embora seja gerado um grande número de pessoas entre os contatos, na prática traz muita superficialidade nas interações. Isso produz uma desconexão natural, potencializada pela tecnologia utilizada de forma indiscriminada e pelas redes sociais, que atuam como verdadeiras barreiras que separam pais e filhos.

O exemplo clássico e, infelizmente, mais comum do que imaginamos, é da criança ou jovem chegando da escola, ansioso por contar algo e compartilhar com seus pais, e estes, por sua vez, ficarem com os olhos fixos nas telas de *smartphones* e computadores, sem demonstrar interesse, entrega ou atenção plena. O resultado é que não se estabelece um diálogo verdadeiro, que pressupõe o interesse genuíno pelo que o outro tem a dizer. Temos relatos muito significativos de crianças que já expressaram esse distanciamento entre elas e os pais, causado pela utilização excessiva da tecnologia. Muitas crianças desenharam um celular como símbolo de separação com seus pais ou, ainda, afirmaram que desejariam ser o próprio celular, pois assim estariam mais próximas deles.

Pais e educadores, quando capazes de se conectar, educam melhor seus filhos ou alunos no sentido literal da palavra educar, que tem origem no latim e significa "fazer crescer". Esses pais e educadores mantêm aberto o canal de comunicação com suas crianças e jovens e são capazes de se conectar de forma produtiva com eles, colaborando para que cresçam mais seguros e desenvolvam uma habilidade essencial: estabelecer, no futuro, uma boa comunicação com as pessoas com as quais conviverão. E, aqui, mais do que a quantidade de tempo empenhado nessa comunicação, falamos da entrega — a necessidade urgente de que seja um tempo dedicado em sua totalidade, exclusivo, sem desviar os olhos para as redes ou outras conversas ou apelos. É crucial que esse tempo seja dedicado exclusivamente à escuta e à fala, com total concentração no assunto e no interlocutor, demonstrando abertura e genuíno interesse. Vale ressaltar que o tom de voz, por vezes cansado ou entediado, e a linguagem corporal, como caretas ou postura desleixada, podem transmitir muito aos pequenos, revelando se os adultos estão verdadeiramente presentes na situação de conversa e troca.

> Algumas ações facilitam a comunicação. Recordo aqui algumas questões que trabalhei com meus filhos e que tiveram resultados muito positivos. São situações simples, mas que fazem toda a diferença para estabelecer uma comunicação assertiva e positiva com eles. Compartilho com vocês:
>
> **Conversar com nossos filhos sobre os problemas** – dividir angústias e se expressar de forma honesta durante as conversas promove o desenvolvimento de um diálogo íntimo baseado em maior confiança.
>
> **Colocar-se na mesma esfera da criança em alguns momentos** – se, por exemplo, seu filho ou aluno for ansioso, oriente-o, mas também brinque sobre o fato, demonstrando empatia ao compartilhar suas próprias ansiedades ou episódios sem zombaria ou imitações que possam ofendê-lo. Muitas vezes, é necessário compartilhar nossas limitações e nos enxergar através do olhar do outro.

A comunicação que realmente aproxima e estabelece conexões está intrinsecamente ligada ao magnetismo pessoal e ao reconhecimento de que nós, seres humanos, somos fontes de energia, emitindo e atraindo vibrações. De maneira simplificada, podemos afirmar que, de acordo com a física quântica:

- Seres humanos têm um campo energético que emana e atrai.
- Por meio dos nossos pensamentos, sentimentos e ações, exercemos atração sobre os outros.

Isso talvez explique por que pessoas mais conscientes do poder de seus pensamentos e da necessidade de expressar seus sentimentos de forma coerente são tão carismáticas e capazes de envolver outras pessoas, estabelecendo uma comunicação bem-sucedida, seja com filhos, alunos, amigos ou família. Na mesma medida, como já afirmamos, o nosso inconsciente pode tentar nos boicotar, afastando-nos de pessoas e criando obstáculos ancorados em crenças limitantes. Esse fator, quando se trata de comunicação, costuma criar verdadeiras amarras. Se você permite que seus pensamentos permaneçam nas crenças limitantes, sempre se sentirá incapaz, menos competente ou inábil. Grandes comunicadores hoje conseguiram ter sucesso em seu percurso ao alimentar seus pensamentos de forma positiva e otimista, transformando a insegurança em desafio a ser vencido.

Leo Chaves

Certa vez, quando eu era coordenadora de uma escola cujos pais tinham excelente condição socioeconômica, perguntei a uma mãe, que enfrentava inúmeros problemas com seu filho adolescente: "Você conversa com seu filho? Afirma seu amor por ele?". Ao que ela respondeu: "Eu não me comunico bem com ninguém, e muito menos com ele. Minha mãe me criou falando que sou 'bicho do mato'. Eu me criei em fazenda e não gosto de conversa não ". Nem é preciso dizer que os problemas entre mãe e filho eram imensos. A mãe, de maneira evidentemente limitada pelo modelo no qual foi criada – e educamos nossos filhos baseados nos modelos que tivemos –, não conseguia se abrir ao diálogo, tampouco expressar sentimentos e ter atitudes de aproximação com o filho. Não vi isso acontecer apenas uma única vez; foram inúmeras as situações em que os canais de comunicação entre pais e filhos foram absolutamente fechados. Os efeitos? Sempre nefastos. Aqui cabe um alerta: fique atento à forma como você se comunica com os filhos e alunos, pois a comunicação não violenta é o caminho certo, sem ofensas, gritos ou acusações.

Vivian Dias

A comunicação só pode ser promovida em sua plenitude quando é compreendida como uma via de mão dupla, como uma troca e uma conexão. Existem estudos sérios sobre comunicação e revisões importantes que foram realizadas. É inegável que as expressões corporais e faciais também compõem o conjunto que sustenta a comunicação, garantindo que a linguagem verbal isolada não traduz todo o processo comunicativo.

Há um estudo realizado por um professor norte-americano, especialista em comunicações verbal e não verbal, da UCLA, nos EUA, que conferiu uma grande importância à comunicação não verbal. No entanto, hoje em dia, sua pesquisa é questionada como verdade absoluta, especialmente a sua regra que estimava que apenas 7% da eficácia da comunicação é verbal. Longe de invalidar a importância de seus estudos, que foram fundamentais para compreender a comunicação não verbal e como todo o nosso gestual impacta na comunicação, o fato é que vivemos em uma sociedade letrada que se estrutura pelas linguagens escrita e falada, em que o impacto da palavra é significativo. Portanto preparar as crianças e os jovens para se expressarem verbalmente com clareza e correção é, sem dúvida, uma grande contribuição.

> Fui professora de um colégio particular durante todo o período de formação no ensino fundamental do meu filho. Em determinado momento cansamos do formato da feira de ciências, que era muito repetitivo para a escola, mesmo após tentativas de realizar variações no formato. Decidimos que uma de nossas missões seria transformar os alunos em pesquisadores de temas e bons comunicadores. Assim, introduzimos seminários nos quais cada grupo, sempre orientado por um professor, pesquisava e preparava um tema, e toda a turma participava ativamente das apresentações para os pais. Esse modelo foi tão bem-sucedido que mais de quinze anos depois ainda faz parte das atividades do colégio. O resultado desse formato é que contribuímos para que nossos alunos se tornassem "falantes competentes". Meu filho, hoje médico, afirma que os seminários realizados ao longo de sua formação no ensino fundamental foram de grande valia na universidade – ele nunca enfrentou dificuldades para falar em público, algo que observava em muitos colegas.
>
> O grande aprendizado dessa experiência foi que as escolas podem e devem treinar, estimular e criar espaços para que as crianças e os jovens desenvolvam a habilidade de falar em público, de expressar ideias e compartilhar conhecimento. Uma grande preocupação na Metodologia EAI é desenvolver esses falantes competentes e seguros, que transformem o medo de falar em público em oportunidade para superar suas dificuldades.
>
> **Vivian Dias**

Se a expressão verbal correta, objetiva, assertiva e fundamentada é importante, o peso das ações, das atitudes e o comportamento que adotamos diante daqueles com quem desejamos nos comunicar é essencial. De nada adianta usar palavras complexas e construir frases bem elaboradas se nossas atitudes mostram o oposto. Aliás, o tempo é propício para um exemplo bem atual: programas de TV nos quais os participantes são observados por telespectadores através de centenas de câmeras frequentemente causam mal-estar devido à discrepância entre o discurso antes do ingresso na atração e as atitudes ao longo do processo. Fica uma questão: "Qual comunicação é mais impactante? A das coisas ditas ou vividas?". Claramente, a resposta se conecta com a frase de domínio público: "Se desejar conhecer alguém, observe as atitudes e não apenas o que ele fala".

E aqui não estamos, de forma alguma, afirmando que os seres humanos conseguem ter 100% de coerência entre o que falam e suas atitudes, pois esse é, sem dúvida, um dos maiores desafios humanos. No entanto entendemos que não há mal nenhum em estar 100% comprometido em vencer as incoerências entre o que afirmo ser e o que sou de fato.

Outro problema, infelizmente, presente nas relações, especialmente em um período marcado por intensas frustrações decorrentes, por exemplo, da pandemia e suas consequências, manifesta-se quando os pais e educadores em geral estabelecem uma comunicação truncada, depreciativa e violenta com seus filhos e educandos. Esse tipo de comunicação é caracterizado pela falta de interesse, pelo uso de palavras duras que segregam e rotulam e que são ofensivas.

O conceito da Comunicação Não Violenta (CNV), anteriormente conhecida como Comunicação Empática, foi desenvolvido pelo psicólogo norte-americano Marshall Rosenberg na década de 1960. Essa teoria oferece uma contribuição significativa ao destacar os quatro caminhos que facilitam a conexão entre as pessoas, permitindo uma comunicação mais empática. Esses caminhos são:

1. Observação: resume-se em procurar conhecer e entender uma determinada fala, contexto ou situação, colaborando para agregar em vez de apenas atacar ou criticar sem oferecer soluções.

2. Sentimento: é essencial compreender que tipo de sentimento uma comunicação, fala ou ação desperta, abrindo espaço para que os envolvidos expressem suas reações.

3. Necessidade: qual demanda ou necessidade alguém tem diante de uma determinada realidade, situação ou ação promovida, discutida ou compreendida? Compreender as necessidades além dos sentimentos é fundamental para avançar na realização de uma comunicação empática.

4. Pedido: é importante sempre deixar claro, por meio de uma linguagem positiva, objetiva e assertiva, o que se espera de alguém e o que essa pessoa espera diante de uma situação. Dessa forma, cria-se um campo de ação no qual as pessoas se sentem mais seguras.

Existem programas sociais hoje que envolvem a reabilitação de jovens infratores e visam melhorar a disciplina nas escolas. São utilizadas as quatro dimensões descritas acima, as quais, quando bem articuladas, constroem uma comunicação não violenta e extremamente produtiva para todos os envolvidos.

Durante os 10 anos em que eu, Vivian, fui diretora de uma escola de ensino fundamental e médio da rede estadual, pude constatar que a maioria dos problemas disciplinares apresentados pelos alunos tinha origem em uma comunicação extremamente ríspida na família e em seu meio social. Isso faz com que os jovens sejam, muitas vezes, incapazes de confiar em quem deseja estabelecer uma comunicação mais empática.

SIM, A COMUNICAÇÃO PODE SER EMPÁTICA!

Se desejamos desenvolver pessoas seguras, empáticas e solidárias, a maneira como falamos, agimos e nos sentimos diante de crianças e jovens em formação pode proporcionar a elas as chaves para se sentirem mais seguras emocionalmente e capazes de romper com o ciclo de agressões e desrespeito que, muitas vezes, constituem-nas, pois é a forma de comunicação que conhecem desde a infância. Costumamos pensar que essa realidade só se manifesta em comunidades mais carentes, mas a comunicação violenta, baseada em julgamentos, rispidez e ausência de empatia, ocorre em todas as camadas sociais e em todas as esferas da sociedade.

Um dos pilares CNV é promover a construção da cultura da paz, na qual o diálogo é a primeira via para resolver conflitos, em vez de recorrer à mão implacável que cobra, acusa e estigmatiza. Uma ação que facilita o estabelecimento de uma comunicação empática é quando o adulto educador acredita e pratica o diálogo como expressão do relacionamento, sem recorrer à agressão física, castigos que ferem ou sanções incompatíveis com o ato praticado. Limites são necessários na formação das crianças e dos jovens, desde que fundamentados em uma comunicação coerente, visando à construção de valores permeados pelo exemplo de que tudo pode ser dito desde que seja de maneira adequada. Lembrar-se e demonstrar sempre que há espaço para a comunicação e a expressão colaborará significativamente para a consolidação da cultura da paz e do diálogo, em oposição à hostilidade.

CNV demanda diálogo, escuta atenta, abertura, interesse, acolhimento, conhecimento e empatia. Se conseguíssemos criar nossas crianças nessa perspectiva e interagíssemos com nossos alunos por essa via, certamente as relações estariam menos tensas e a comunicação muito mais harmônica.

SEGUIMOS FALANDO DE COMUNICAÇÃO E CONEXÃO

Uma comunicação eficaz e inspiradora para o diálogo resulta da integração do pensamento e da emoção, ganhando significado por meio da ação. Existem maneiras de promover essa conexão, que não se limita à dimensão verbal, mas a um conjunto composto pelos aspectos visual, intelectual, emocional e verbal.

É comum participarmos de uma aula ou palestra ministrada por alguém com conhecimento notável em determinada área. No entanto, com o tempo, algumas ou muitas das informações abordadas podem se dissipar da nossa memória. Mas a forma, o tom, a apresentação, a cordialidade, a empatia e a proximidade estabelecidas ou não sempre serão lembradas e referenciadas, seja pelo aspecto positivo ou negativo que deixaram. São nesses momentos que podemos deixar uma impressão positiva nas pessoas ou simplesmente passar despercebidos, sem fazer quase nenhuma diferença.

Não consideramos uma tarefa fácil estabelecer uma comunicação efetiva, engajada, que produza envolvimento e encantamento, especialmente nestes tempos de grande imersão na chamada cibercultura, em que estamos mais conectados virtualmente do que presencialmente com as pessoas.

Um dos efeitos colaterais da pós-modernidade nessa sociedade, acostumada a clicar em *links* e ter a informação em mãos em questão de segundos, é produzir em nós um falso sentido de autossuficiência. Cada vez mais pessoas se manifestam da seguinte forma: "Não preciso ficar escutando essa aula" ou "Esse curso é maçante. Depois eu acho tudo na internet!"

Mas será que podemos, especialmente no processo educativo, seja ele formal ou não formal, renunciar a uma comunicação efetivamente comprometida de ambas as partes? Será viável reduzir toda a riqueza da troca contida entre pessoas? Além disso, ao nos apresentarmos diante dos outros, com toda a nossa complexidade como seres humanos em constante construção e reconstrução, abertos à escuta e à recepção, não sairemos mais enriquecidos desse processo? Claramente, a riqueza dar-se-á proporcionalmente ao domínio e ao desenvolvimento da EAI de Comunicação.

QUANDO NOS COMUNICAMOS MELHOR?

Acreditamos que nunca na história as pessoas foram tão visuais, pois vivemos na chamada "Era Visual", em que tudo é imagem e movimento! Assim, se buscamos transmitir um conteúdo, defender um projeto, dar uma boa aula ou estabelecer boas conversas com nossos filhos, alunos, amigos e parceiros de trabalho, é preciso ter consciência de algo que, a princípio, pode assustar: "Se quiser se comunicar de fato, mostre suas ideias".

Quando nos deparamos com esses dados, quase imediatamente os relacionamos com o crescente insucesso das crianças e jovens na escola. Afinal, a escola ainda se comunica, em mais de 90% do tempo, por meio da palavra — que deve ser ouvida, muito mais do que vista e vivida. Desse descompasso decorre também o fato de que cada vez mais jovens se mostram desmotivados em relação à escola, às aulas e à construção do conhecimento. Essa experiência também depende da forma como quem deseja comunicar algo se apresenta — seguro, confortável, sincero e feliz em estar em determinado local transmitindo alguma coisa, ou não.

Esse conjunto pode ser "visto e sentido" por quem irá ouvir você, enquanto as palavras serão meramente ouvidas. Quanto mais carismático for quem divulga algo, maior será a conexão com seus interlocutores. Nesse instante, o carisma se torna evidente quando o comunicador volta sua atenção para os outros, utiliza como referência a história e a realidade dos outros, e não foca apenas em si, em seus conhecimentos e suas experiências. Quem tem carisma — e ele pode ser estimulado e desenvolvido — abre portas, amplia e cativa!

Pessoas carismáticas quase sempre têm um excelente domínio da palavra. Eduardo Shinyashiki, em seu livro *O poder do carisma*, traduz de maneira notável a influência das palavras nos relacionamentos:

> [...] reconhecemos o grau de consciência do ser humano pelas palavras que ele utiliza na sua comunicação. Por meio da palavra expressamos quem somos, na nossa realidade e na nossa vontade. Com uma palavra amiga acolhemos uma dor; com uma palavra firme evitamos um problema; com uma palavra de amor acalentamos o coração dos nossos filhos. As palavras mudam a realidade e a energia das pessoas e do contexto [...].

Refletindo sobre os comunicadores excepcionais que cruzaram nosso caminho ao longo da vida, seja na contemporaneidade, seja em épocas passadas, lembramos de indivíduos dotados de uma habilidade extraordinária para se expressar. Eles têm um magnetismo envolvente que se conecta com as pessoas não apenas por meio das palavras, mas pela harmoniosa fusão de pensamento, emoção e ação. Esse conjunto, enriquecido pela linguagem corporal, permanece constantemente presente — como um sorriso generoso e acolhedor que envolve. Em suma, esses comunicadores exercitam com maestria o seu encanto pessoal, cativando e estabelecendo uma proximidade verdadeiramente significativa.

Uma maneira eficaz de estabelecer uma comunicação positiva com as pessoas é por meio do sorriso, de uma interlocução assertiva e objetiva, sempre permeada pela expressão explícita da alegria de estar presente naquele momento com aquelas pessoas. Essa autenticidade e entrega total criam oportunidades significativas, muitas vezes apenas com um sinal de cumprimento afetuoso, que se torna um diferencial cativante e inspirador.

O contato visual, o olho no olho durante a troca de ideias, é um aspecto importante a ser considerado, pois desviar o olhar ao falar frequentemente indica insegurança ou falta de sinceridade. Palestrantes e líderes excepcionais são habilidosos em cativar o público e estabelecer conexões globais por meio da expressão leve que apresentam ao chegarem. Por outro lado, pessoas com expressões carrancudas, constantemente sérias ou na defensiva, tendem a afastar os outros em vez de atraí-los. Isso resulta em uma comunicação truncada, pouco produtiva e menos interessante.

Quando observamos pessoas capazes de atrair multidões para ouvi-las, percebemos que comumente são carismáticas, evidenciando isso cada vez que se expressam em público. Esses indivíduos alcançam tanto sucesso que realizam palestras ao redor do mundo. Uma análise detalhada das falas dos comunicadores mais bem-sucedidos revela que todos compartilham histórias relacionadas ao local onde estão e ao público presente, demonstram conhecimento sobre personalidades locais ou eventos históricos, fazem brincadeiras e incluem elementos que os conectam com as pessoas do país. Ao agirem assim, transmitem a mensagem: "Estou aqui com vocês neste momento, juntos. Sei quem vocês são e como vivem." Essa sintonia cria diversas possibilidades, e esses comunicadores sabem como explorar e contagiar as pessoas para envolvê-las, estabelecendo uma proximidade imediata.

Em grandes comunicadores, encontramos características comuns. Vejamos:

OBJETIVIDADE — é a habilidade de ir diretamente ao ponto desejado, estabelecendo conexões inteligentes, dinâmicas e precisas com o tema ou assunto em questão. Isso possibilita uma conexão clara com os ouvintes, permitindo a transmissão efetiva da mensagem. Aqui, compreendemos a objetividade como a capacidade de manter a fala alinhada com o objetivo proposto no enunciado do encontro, conversa, reunião, imersão, congresso, aula, ou até mesmo na orientação familiar, promovendo diálogos entre os membros.

A falta de objetividade atua como um obstáculo natural para uma boa comunicação. Embora o enriquecimento e o detalhamento frequentemente enriqueçam uma narrativa, conferindo graça, cor e poesia a uma história, conversa ou palestra, o exagero na descrição de temas pode resultar em desconexão imediata, afastando-se do conteúdo central.

Mesmo que raramente paremos para refletir sobre o assunto, a objetividade está diretamente relacionada à empatia, influenciando a maneira como uma pessoa que opta por uma fala direta e precisa entretém e motiva seu ouvinte, colocando-se no lugar do outro. Essa abordagem se baseia no princípio de que ela mesma valorizaria uma comunicação mais objetiva. Por que não adotar essa postura ao assumir o papel de palestrante, professor ou interlocutor? Analisar nossas participações revela a importância de evitar rodeios, permanecer focado no tema e não dispersar a atenção dos demais. É essencial compreender o que verdadeiramente é fundamental para as pessoas, promovendo um envolvimento efetivo.

O aprofundamento excessivo em descrições e detalhes pode ter relevância para você, enquanto comunicador, no entanto é crucial avaliar se essa abordagem também é benéfica para o seu ouvinte. Existe o risco de que ele se canse, sinta tédio, enfado, impaciência, e acabe se desconectando da conversa, aula ou palestra.

Além disso, uma mensagem tem muito mais chances de ser compreendida e respeitada quando é fundamentada na transparência. Essa abordagem mantém o interesse do ouvinte e assegura que os aspectos essenciais sejam assimilados de maneira adequada. A irritabilidade, a impaciência e a diminuição da concentração são desafios deste século que afetam a todos, sendo especialmente impactantes nas crianças, que são mais suscetíveis. Diante dessa constatação, é de extrema importância manter a objetividade. No entanto vale ressaltar que isso não implica empobrecer a mensagem que se pretende transmitir ou reduzir a profundidade de um conteúdo, seja ao conversar com os filhos, ministrar aulas, apresentar um trabalho ou em diversas outras situações.

CLAREZA — aqueles que se comunicam de maneira eficaz mantêm a clareza, que consiste em utilizar um vocabulário e expressões que sejam facilmente compreendidos pelo público-alvo. Muitas pessoas perdem valiosas oportunidades ao falarem para um grupo, pois não conseguem adaptar os jargões ou as expressões específicas de sua área à realidade do público, ou, ainda, utilizam-nos em excesso, causando desconexão e, consequentemente, desinteresse por parte dos ouvintes. Em muitos casos é necessário abordar vocabulários específicos de uma determinada área utilizando sinônimos para facilitar a compreensão da mensagem. Um recurso eficaz é fornecer exemplos próximos à vivência do público-alvo. Por exemplo, ao se dirigir a professores, é sempre proveitoso exemplificar a partir do universo escolar, pois isso estabelece uma conexão mais próxima e mantém o interesse.

Clareza reúne. A ausência dela cria distância. Essa é uma característica notável de bons comunicadores, a ponto de ser comum, por exemplo, ao ouvir uma palestra de alguém objetivo e claro, elogiarmos e pensarmos: "Como o tempo passou rápido!" ou, ainda: "Que forma envolvente de ampliar meus conhecimentos!".

ACOLHIMENTO, INCLUSÃO E ENGAJAMENTO — a boa comunicação se manifesta quando há o compromisso de acolher, incluir a todos e criar um ambiente propício para agregar pessoas, permitindo que elas abracem a mensagem. Existem maneiras de auxiliar as pessoas a se sentirem valorizadas quando a comunicação ocorre com esse propósito.

Um professor habilidoso não se limita a se comunicar apenas com os 10 melhores alunos da turma, aqueles que se sentam na frente e demonstram maior interesse. Excluir o restante da classe sugere a necessidade de aprimorar a comunicação, pois ao não incluir a todos, não desempenha o papel desafiador de ser mediador do conhecimento, visando a que todos, sem exceção, aprendam. Se apenas uma minoria compreender suas mensagens nas aulas, o professor não alcançou o objetivo fundamental: incluir todos os alunos na aprendizagem. Fica registrado aqui o princípio que norteia a concepção de ensino: "Se não houve aprendizado não houve ensino". O ensinar e o aprender estão intrinsecamente ligados, sendo um inseparável do outro.

Exemplos de boas práticas de comunicação incluem sorrir, tratar as pessoas pelo nome, demonstrar bom humor, criar um clima de receptividade, perguntar sinceramente se as pessoas estão bem e desejar um bom-dia. Todas essas ações contribuem para um terreno fértil, permitindo que as pessoas se abram à escuta, à troca e ao diálogo.

ASSERTIVIDADE — ela anda de mãos dadas com a objetividade, pois ser assertivo, longe de ser alguém impositivo, é ter a "capacidade de manter a direção com firmeza". Essa postura requer a consciência de que ser assertivo não implica ser inflexível ou manipulador, mas ser capaz de estabelecer uma rota, uma direção, permanecendo firme em suas convicções em relação a um determinado contexto. Ao aplicarmos esse princípio à comunicação, percebemos que a assertividade facilita a interlocução, pois ser direto e firme faz com que a objetividade ocorra quase como uma consequência natural.

Entretanto é importante observar que quando levada ao extremo, a assertividade pode resultar em irredutibilidade, o que é indesejável, especialmente no contexto da comunicação. Pessoas inflexíveis e fechadas em suas verdades absolutas geralmente têm dificuldades na comunicação, pois afastam os outros. Uma postura rígida do comunicador transmite imediatamente ao interlocutor a ideia de que a experiência será difícil e que ele espera não repetir. A flexibilidade na comunicação é frequentemente utilizada por pessoas carismáticas, que se apresentam de maneira a praticar o que chamamos de modéstia genuína.

MODÉSTIA REAL — em nossos encontros, frequentemente discutimos a modéstia genuína como um elemento essencial para evitar cair na armadilha da vaidade, que afasta e restringe as incríveis oportunidades que temos de aprender continuamente por meio de trocas, escuta e reconhecimento de que outras pessoas sempre têm muito a contribuir.

Esse é o exercício da modéstia real — admitir que todos somos aprendizes, abandonando a crença de que sabemos tudo ou que possuímos a verdade absoluta. Comunicar-se com aqueles que se consideram detentores da verdade inquestionável torna-se desafiador. Muitas vezes, ao afirmarem: "Estou aqui para conversar", demonstram estar na defensiva ao menor sinal de discordância, criando distanciamentos prejudiciais à comunicação e aos relacionamentos como um todo.

QUANDO A INTENÇÃO MOVE A COMUNICAÇÃO

Antes de iniciar qualquer processo que envolva a comunicação, palavra originada do latim *communicare*, que significa tornar comum, trocar opiniões e compartilhar, é necessário refletir uma questão que sempre surge em nossos pensamentos: "Qual é a minha real intenção?". Essa pergunta baseia-se na necessidade de alinhar seu propósito ao bem, ao positivo, criando um campo energético que favoreça uma comunicação mais eficiente e menos truncada.

Imagine se tivéssemos praticado o exercício mental de alinhar constantemente nossos propósitos ao elemento positivo em todos os momentos que vivemos, marcados por enormes falhas na comunicação — seja no âmbito pessoal, profissional ou social. Certamente, teríamos refletido mais cuidadosamente sobre nossos argumentos, preocupando-nos em justificar nossos discursos, e seríamos mais cautelosos com as expressões não verbais, como gestos, ao externar nossos sentimentos e opiniões.

Ao nos conectar à intenção, retornamos ao nosso foco e propósitos, os quais, muitas vezes, perdem-se quando permitimos que a forma como nos comunicamos seja influenciada pela necessidade de impor nosso ponto de vista como verdades absolutas.

Quando as pessoas percebem que nossa intenção é sempre positiva, visando agregar e construir pontes, criamos um terreno fértil para uma comunicação mais empática e amigável.

Recentemente, professores têm expressado preocupações sobre os distanciamentos na relação professor-aluno, especialmente quando adolescentes e jovens parecem relutantes em se abrir para uma escuta real. Por outro lado, os professores também podem carecer de motivação para promover essas aproximações. Um fator que aumenta as chances de um professor estabelecer uma boa interlocução e uma troca efetiva com seus alunos é revelar, desde o início da aula, suas intenções, colocando-se como uma ponte para o crescimento e se dispondo a estar completamente presente para contribuir.

> Ao entrar na sala de aula eu me dirigiria aos meus alunos, dizendo: "Sabem por que estou aqui? Para sermos felizes aprendendo a disciplina mais incrível do currículo: História". Essa intenção explícita de me aproximar e criar expectativas nos alunos sempre foi benéfica, pois os motivava a compreender por que essa disciplina é tão significativa. Dessa forma, abríamos canais, estabelecíamos um campo comum para trocar e compartilhar conhecimento construído em conjunto!
>
> **Vivian Dias**

Sempre faço questão de refletir antes de cada show, alinhando minhas intenções ao que desejo de mais positivo para meu público. Com humildade, coloco-me para servir e contribuir para uma experiência feliz na vida de todos que foram me ouvir cantar. Essa intenção mobiliza minha energia, meus pensamentos e sentimentos, colocando-me em uma frequência claramente captada pelo meu público. Por isso, desfruto de trocas tão incríveis antes, durante e depois dos meus shows. Antes de subir ao palco, conecto-me às minhas intenções, concentrando-me em proporcionar o que as pessoas realmente merecem por terem saído de suas casas para me prestigiar. Acredito que isso cria um campo que se expande e aproxima.

Se começarmos a compreender que antes de qualquer conversa com um filho é fundamental alinhar nossas intenções, conseguiremos demonstrar todo nosso afeto e desejo de colaborar positivamente para a formação deste que deve ser visto como nosso maior patrimônio: a criação dos nossos filhos e a maneira como ele se posicionará no mundo e com o mundo.

Leo Chaves

UMA REFLEXÃO IMPORTANTE

Dissociação — compreendemos a palavra "dissociação" não no sentido comumente utilizado, referindo-se a um profundo distúrbio e conflito psicológico que provoca a descompensação mental. Nesse contexto, a pessoa busca ocultar seus pensamentos, já que eles não são socialmente aceitáveis. Não é esse o sentido que atribuímos à palavra "dissociação" aqui, mas, sim, como uma ação relacionada à capacidade de separar determinados pensamentos e refiná-los. Dessa maneira, evitamos que esses pensamentos e emoções criem barreiras ou obstáculos que nos impeçam de vivenciar emoções, realizar algo, expressar nossas reações ou enfrentar novos e inusitados desafios profissionais.

Quanto mais nos dissociamos do desejo sempre presente de desejar, agir e ser no mundo em função do outro e de suas opiniões, mais nos tornamos escravos e mais prejudicamos nossa comunicação. A frase de Fernando Pessoa traduz isso: "Não há espelhos que nos tirem de nós mesmos". Se estivermos imbuídos de uma boa intenção, do desejo positivo, o que vem do externo perde a capacidade de nos atingir, ferir ou impedir nossa voz. Quando nos dissociamos daquilo que nos autoimpomos e conseguimos elevar nossa mente a um outro patamar, tornamo-nos mais conscientes de nossos propósitos e seguimos adiante. Vivemos sob a contínua e impactante pressão da ansiedade, que nos leva constantemente a ocupar nossa mente com o chamado "vir a ser". Isso colabora significativamente com um engessamento que impede a mudança, a ação, a atitude assertiva, a transformação, o empoderamento, e nos impede de trilhar novos percursos, saindo do estabelecido e considerado natural, para viver novas possibilidades.

> Eu precisei treinar bastante minha mente no sentido de exercitar a dissociação. Foi um processo complexo para que eu pudesse "virar a chave" do meu próprio pensamento, pois, em certo momento, para além do cantor que sempre me constituirá, descobri um enorme apreço pelo aprendizado contínuo. Desenvolvi, por meio da Educação, o desejo de me tornar um palestrante reconhecido pela qualidade do meu trabalho. Contudo foi necessária a dissociação, da forma como a entendemos aqui, para superar os obstáculos que eu mesmo criava e que poderiam ter impedido a realização dessa minha aspiração. Efetivamente, optei por superar esses obstáculos com disciplina, consumindo horas lapidando minha comunicação diante do espelho, além de ler, fazer cursos, refletir e escrever.
>
> Sem a capacidade de dissociar, de selecionar – este pensamento não me cabe neste momento – e reconhecer a necessidade da dissociação, nós nos tornamos nossos mais tiranos tortu-

radores. É possível que a mente "minta" para você, em um ato de resistência, devido à nossa tendência a desejar conservar as coisas e permanecer na zona de conforto em vez de enfrentar mudanças. A psicologia, ao tratar da natureza do instinto humano, coloca-nos diante dessa questão, e a mente precisa ser vigilante e consciente, pois a tendência primária é sempre tentarmos nos afastar do risco e permanecer no mesmo lugar.

Por outro lado, se ficarmos inertes e não dissociarmos o pensamento do que nos amarra e nos prende, não atingimos nossos objetivos e sonhos, promovendo uma comunicação truncada, repleta de travas e sentimentos que serão facilmente percebidos pelo público. Quem convive comigo, principalmente meu público, tem dificuldade em crer que medos, inseguranças e até mesmo dúvidas permeavam meu pensamento. Entretanto a capacidade de limitar, afastar e separar pensamentos destrutivos dos reais propósitos me fez ter sucesso em minha nova empreitada, provando que a reinvenção em que tanto acreditei dependeu de uma decisão pessoal e intransferível, pois ninguém muda pelo outro.

Todos nós, em algum momento de nossas vidas, seremos bloqueados pelos nossos pensamentos e emoções, que, se não forem compreendidos, trabalhados e lapidados, irão fechar portas e criar distanciamentos. Essas barreiras, que tanto limitam a comunicação, ocorrem quando não conseguimos realizar a gestão de nossos pensamentos e somos levados pelo medo, pela insegurança de sermos reprovados ou de não agradarmos as pessoas. Ao nos sentirmos incapazes de agradar, somos, quase sempre, levados para o campo do "achismo", um local que produz incertezas e inverdades. Quando nos perdemos, buscando dar conta do que os outros pensam, ou se estamos de fato agradando em uma situação de comunicação, limitamos as possibilidades contidas em uma determinada ocasião e, muitas vezes, perdemos oportunidades preciosas em nossas vidas.

Por isso, quando os pensamentos reativos, que impedem que acreditemos em nosso potencial, chegarem até nós, é essencial saber administrá-los, lançando o pensamento para um campo de segurança, de autoestima positiva, de confiabilidade e de propósito e conexão aos objetivos desejados. Se a intenção é positiva, o que é emitido é mais importante no momento do que o que é recebido.

É interessante notar que muitas vezes o que cria essas travas na comunicação não está ligado somente ao presente e, sim, ao nosso histórico memorial, a fatos que compõem o inconsciente. Precisamos ficar atentos e com o pensamento vigilante para não sermos jogados para zonas onde criamos obstáculos sérios, travamos a comunicação e nos distanciamos.

Durante alguns shows, eu encontrava públicos com características distintas: alguns não dançavam tanto, não vibravam e eram mais contidos. Quando ainda não tinha realizado meus estudos sobre a mente humana e não exercitava o gerenciamento dos meus pensamentos, eu era rapidamente lançado para o campo dos achismos, que acabava me influenciando negativamente durante o show. Na verdade, era apenas uma construção mental minha, pois, ao término do show, recebia elogios de pessoas falando que tinham gostado, provando que, nesse caso, eu mesmo havia me jogado em um campo desnecessário de infelicidade, não só pela observação hipotética do presente, mas por gatilhos limitantes que estavam ancorados no passado, e não no momento presente.

Leo Chaves

A precariedade social é um campo complexo quando se trata de dissociar o pensamento. Como podemos, por exemplo, desejar que uma criança com fome se concentre e se envolva completamente no aprendizado ou, ainda, que um professor repleto de dificuldades financeiras eduque deixando tudo para trás? Não temos um olhar ingênuo no sentido de invalidar as muitas lutas que permeiam a vida humana, tampouco em acreditar que as pessoas têm condições o tempo todo de praticar a dissociação, selecionar seus pensamentos, separar e focar em seus propósitos. Contudo acreditamos que é uma interessante capacidade humana, aliás, exercitada o tempo todo pelo nosso povo que, apesar das adversidades, acorda cedo, trabalha, sonha e almeja, como quase a totalidade daqueles que visam recriar sua própria história.

Quando dissociamos o pensamento dos inúmeros enfrentamentos emocionais cotidianos e sentimentos diversos e adversos, conseguimos produzir uma aproximação dos nossos objetivos, tornamo-nos mais leves e capazes de discernir, e por meio de um diálogo interno reagir: "Não, agora não. Estou aqui e quero, desejo e preciso estar inteiro! Ter uma entrega de 100% do que me propus a fazer, interessar-me, de fato, pelas pessoas e, com isso, conectar-me."

Preciso e posso ser como na belíssima frase tantas vezes repetida por Nelson Mandela, inspirada no poema *Invictus*, de 1875, escrito pelo britânico William Ernest Henley: "Sou dono do meu destino. Eu sou o capitão da minha alma."

Bons e competentes comunicadores são capazes de dissociar o pensamento de elementos de sua vida em determinados contextos e, com isso, atingir seus propósitos, pois são capazes de cativar, encantar e se aproximar. Não podemos nos esquecer do depoimento de um incrível palestrante que nos transmitiu uma boa dose de alegria durante uma aula inaugural memorável e, ao final, conseguiu compartilhar conosco que estava imerso em um processo de luto, pois perdera um filho havia menos de uma semana! Esse talvez tenha sido o exemplo mais pungente da capacidade humana de dissociar e minimizar seu sofrimento, importar-se realmente com o outro e, assim, criar vínculos e proximidades a despeito de sua dor. Foi, para nós, uma experiência marcante.

DESENVOLVENDO BONS COMUNICADORES

A primeira conclusão a que chegamos ao reler a EAI de Comunicação, é que o real interesse pelo outro é a mola propulsora mais poderosa de uma comunicação, atingindo seu maior objetivo: fazer-se compreendido, transmitir a mensagem, alcançar objetivos, emocionar, inspirar e conectar pessoas. Pessoas conectadas se abrem umas às outras, escutam, participam, demonstram genuínos interesse e empatia em ampliar o olhar por meio de uma troca agradável e democrática, permitindo que ambos os lados se expressem. Todos têm algo a dizer, mesmo que muitos acreditem que não!

No entanto esse olhar em direção ao outro não ocorre sem um real interesse e busca por conhecer quem é o seu interlocutor — seja o público, o grupo ou a pessoa; seja ou não de seu meio, seja amigo, profissional ou até mesmo seus filhos. Comunicar-se e conectar-se verdadeiramente com os filhos não é tão fácil assim, nem mesmo para os pais que, na essência, são pessoas que conhecem esse ser humano desde seu primeiro instante de vida. Essa dificuldade surge quando perdemos a capacidade de nos aproximar, de fato, das crianças ou jovens. Quando parece que já nascemos prontos, maduros, adultos e acabados, claramente jogamos para baixo do tapete nossos próprios equívocos, erros e escolhas infelizes.

Assim, embora todo adulto tenha nascido bebê, vivido a infância e, posteriormente, as conturbadas adolescência e juventude, na hora de estabelecer uma comunicação efetiva, assertiva e objetiva, ao se dissociar dos problemas e dos desafios cotidianos, comete o mais precário dos erros: esquece como era naquele momento da vida, dos seus sonhos, medos e emoções. Esquecemos que escondíamos notas dos pais, matávamos aula, íamos mal em algumas disciplinas, namorávamos escondidos e, quando um namoro terminava, nosso mundo desabava. Esse "esquecimento seletivo" produz uma trava na comunicação entre pais e filhos e entre educadores e educandos.

Se a maior condição para uma boa comunicação, como já vimos, é aproximar-se, interessar-se, saber mais sobre seu interlocutor, por que, então, os pais e educadores se aproximam das crianças e jovens como se nunca tivessem vivido a infância e a juventude, assim como os medos e anseios dessas fases? Faz toda a diferença chegar para uma conversa com um jovem e dizer: "Olha, com a sua idade, eu também tive uma experiência parecida. Seus avós ficaram contrariados comigo à época, mas eu quero te entender. Vamos conversar sobre isso."

Já vivenciamos muitas histórias de pessoas que cobram atitudes de filhos e alunos, muitas vezes crianças ainda, não os percebendo como pessoas em processo de construção. Tendo essa consciência, a comunicação muda! Seja com filhos adolescentes, alunos, educandos ou parceiros de trabalho! E quando criamos essa proximidade, mostrando compreensão na comunicação — "Eu também já passei por isso", contando uma história, compartilhando um momento de fragilidade, aproximando e fazendo com que o outro lado pense: "Puxa, ele(a) sabe do que estou falando"— o canal de comunicação se abre e, assim, há um campo para que ideias sejam trocadas e o clima de confiança se estabeleça.

Ninguém será um bom comunicador fazendo discursos intermináveis, colocando suas verdades como absolutas, usando a palavra "eu" inúmeras vezes — tomando suas referências e experiências como se fossem as únicas que podem ser validadas de fato. Somos mais felizes e nos comunicamos melhor quando há a troca. Para que haja a permuta, precisamos olhar o outro de verdade. Para olhar o outro verdadeiramente é preciso estar aberto à ideia de que crescemos como os outros, que somos aprendizes, que nossas ações falam mais alto do que as palavras e que estabelecer uma comunicação com o mundo que nos cerca, será melhor quando tivermos coerência entre o que somos e aquilo que apresentamos. Veja que interessantes estas assertivas feitas por John Calvin Maxwell[11]:

- Algo que sei, mas não sinto, minha comunicação não tem paixão.
- Algo que sei, mas não faço, minha comunicação é teórica.
- Algo que sinto, mas não sei, minha conexão é sem fundamento.
- Algo que sinto, mas não faço, minha conexão é hipócrita.
- Algo que faço, mas não sei, minha conexão é presunçosa.
- Algo que faço, mas não sinto, minha conexão é mecânica.

Talvez, essas frases expressem mais sobre comunicação do que muitas palavras juntas. Comunicação pressupõe coerência e conexão; por isso encerramos este capítulo com uma história que aborda a temática da conexão.

OS 17 MINUTOS

Participei de um evento no interior paulista em que seria palestrante para um grupo de investidores do agronegócio. Antes de minha palestra, o professor Maurício Dias fez sua apresentação, que foi notavelmente breve, com apenas 17 minutos. No entanto sua comunicação eficiente e carismática capturou minha atenção.

A partir dessa breve fala, estabeleceu-se uma conexão entre nós. Durante minha palestra, fiz referência às palavras do professor Maurício, que expressou contentamento e satisfação com a menção. Os 17 minutos iniciais proporcionaram mais do que um valioso momento. Desencadearam trocas, resultando em uma mentoria entre mim e ele. Dessa interação surgiram novas possibilidades, discussões sobre educação, o livro e

---
11. John Calvin Maxwell é um autor norte-americano e conferencista, que escreveu mais de 60 livros, centrado principalmente em liderança.

meu projeto consolidado desde 2016 – o Instituto Hortense. Por meio dos contatos, inclusive presenciais, marcados desde o início pela sinergia e pelas muitas afinidades compartilhadas, nasceu o projeto desta obra e, o que é mais celebrado, uma amizade sincera que nos proporciona ricas e incríveis trocas.

Quantas portas podemos abrir para nós mesmos ao compreendermos que cada oportunidade de comunicação é uma chance única de conexão com outras pessoas, capaz de alterar percursos, proporcionar circunstâncias favoráveis para que algo aconteça e construir novas situações de crescimento e aprendizado?

Toda pessoa é uma ponte! Quantas possibilidades você deixou de criar ou permitiu que oportunidades fossem perdidas esquecendo-se, muitas vezes, de que todo momento vivido é único e especial?

Leo Chaves

RECADO DO BEM

Vamos nos conectar com outras pessoas?

Reúna um grupo, podendo ser composto por membros da família, filhos, amigos ou colegas de trabalho. Escolham um dos temas abordados neste capítulo para discutir. Planejem formas de se comunicar, transmitir conteúdo, mensagens e realizar trocas.

Gravem todo o processo e, posteriormente, assistam e analisem juntos. Observem a presença ou ausência de alguns elementos-chave, como esforço na comunicação, abertura, conexão emocional, gestos, compartilhamento de experiências e sinergia. Discutam, troquem ideias, compartilhem percepções e estendam esse exercício também às crianças. Prepará-las para uma comunicação que integre pensamento, emoção e ação é de suma importância.

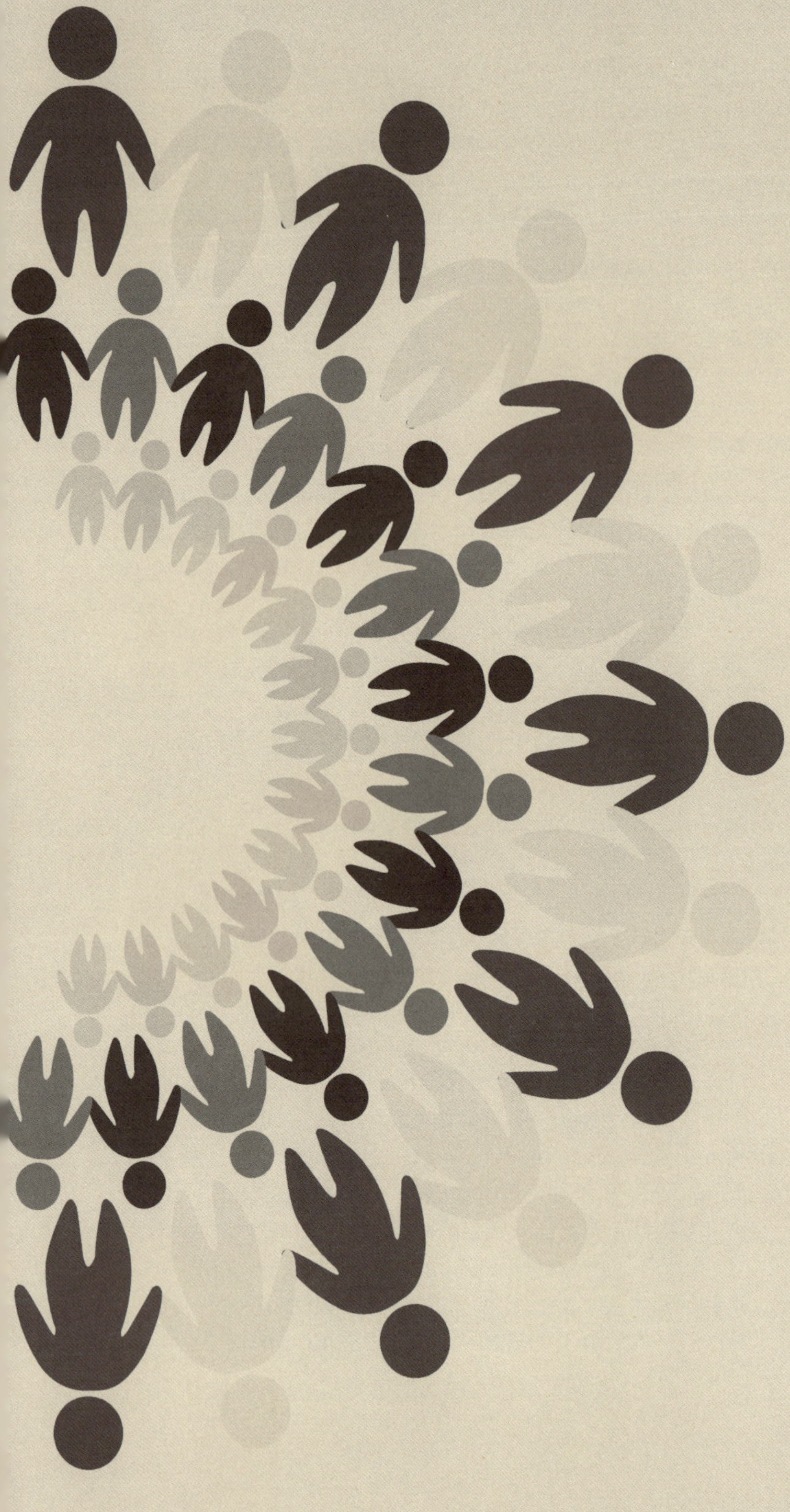

Capítulo 5

EAI FOCAL – Perseverança

> "Quando nos fixamos numa meta, o que quer que seja relevante a esse ponto focal ganha prioridade. Focar não é apenas selecionar a coisa certa, mas também dizer não às coisas erradas."
> (Daniel Goleman, escritor, psicólogo, estudioso do cérebro e das ciências comportamentais)

> "A disciplina é a organização da liberdade."
> (Mario Sergio Cortella)

BASEADOS EM NOSSAS LEITURAS e percepções, conforme consideramos na introdução deste livro, existe uma evidente associação entre o cérebro racional e o cérebro emocional. Quando essa associação acontece de forma equilibrada, mesclando sentimentos e autocontrole, temos mais chances de obter êxito diante da complexidade que é conseguir gerenciar emoções, tanto as nossas como as de pessoas das nossas relações, do nosso ciclo de convivência. E quem melhor equilibra essa balança mais chances terá de sair vitorioso na desafiadora tarefa de conviver — viver junto!

Criar filhos, orientar pessoas, alunos, seja em qual nível for, demanda uma dose bastante grande de autocontrole emocional. Porém, não podemos banalizar as questões que impactam cada dia mais no autocontrole, principalmente por parte de quem educa, sobretudo diante do fato específico de estarmos diante de uma geração altamente dispersa, imediatista e impaciente, em virtude dos já contemplados por nós, atrativos da tecnologia. Professores, em especial, vivem este drama: têm diante de si um grupo, principalmente na adolescência, altamente distraído pelos muitos chamados, que são para eles bem mais atrativos.

No âmbito das redes sociais, tudo se organiza para abduzir a atenção do jovem. Em verdade, não só deles, mas de todos os usuários das redes. Porém os jovens são o público-alvo por excelência, dado o fato de serem muito mais suscetíveis a esse chamado. Baseados na ideia de que há uma lógica que busca capturar a atenção dos jovens, educadores e pais, quando diante desse fato, costumam analisar essa questão de forma simplista, alegando ou percebendo falta de vontade, de disciplina, de foco, de organização, colocando nas pessoas e nos indivíduos uma culpabilização que é muito mais complexa do que um primeiro exame revela.

Um dos materiais que compartilhamos em nossos encontros, imersões e estudos é o filme *O dilema das redes* (*The social dilemma*, 2020, Netflix), que nos permitiu ampliar o olhar sobre os motivos que levam os usuários da internet, com toda a sua enorme gama de produtos, a ter sua atenção subtraída. Esse verdadeiro sequestro se dá principalmente pelo fato de que, quando não pagamos por um produto, nós nos convertemos nesse produto, ou seja, o produto somos nós.

O filme, que de um lado estarrece pela forma como evidencia que somos literalmente manipulados e sequestrados de nossas vontades próprias, levou-nos a fazer uma imediata conexão com os sentimentos e as atitudes que crianças e jovens têm em relação ao tempo diante das telas, a importância que conferem ou não a um determinado assunto, e o quanto estão, e estamos também, nós, adultos, imersos em padrões construídos para serem sequencialmente repetidos. E a ponta mais vulnerável são eles, os aprendizes.

Em qual momento, diante do apelo pensado e produzido para sequestrar a atenção de todos, podemos agir? Para nós, a ação, mesmo que tímida, pois estamos diante de uma engrenagem pensada e articulada e pela qual também nós, adultos, somos influenciados, só vai acontecer diante de nossa tomada de consciência e análise crítica sobre o comportamento das crianças e dos jovens e a constatação de que eles não se dão por vontade própria, mas sim são impostos dentro da realidade na qual estão imersos. Essa é a consciência que nos impulsiona a agir, com menos rancor e mais abertura.

Um exemplo interessante que as avançadas pesquisas revelam é sobre o impacto dos jogos, dos *videogames,* nas crianças e nos adolescentes – tão apreciados por eles. A neurocientista da Universidade de Genebra, Daphne Bavelier, descobriu que os jogos de ação, ao contrário do que se pensa, não causam distração ou falta de concentração; pelo contrário, as áreas de concentração do cérebro se tornam mais eficientes. Os jogadores conseguem mudar rapidamente o foco com quase nenhum esforço mental e, com efeito, os estudos comprovam que se concentram melhor. Bavelier relata que:

> O jogo também faz você se envolver com uma música de fundo e várias reviravoltas inesperadas e movimentos ameaçadores que chamam a atenção em vários níveis neurais abaixo da percepção consciente. Esse tipo de captura de atenção pode ser fundamental para as mudanças de plasticidade.

Citamos essa importante pesquisa para que mantenhamos a mente aberta, pois nem sempre as máximas que proferimos sobre as características das novas gerações procedem. Os rótulos acompanham a realidade, bem como os padrões de pensamento e de interesse são capturados por ações intencionais e articuladas. Daí recomendarmos, de forma enfática, que pais, educadores e todos aqueles que se interessam pela educação assistam ao filme. Assim também acontece com os jogos que, se utilizados dentro de tempos estabelecidos, que não impactem nas atividades físicas e escolares, estão longe de serem os vilões que os adultos creem ser. Pelo contrário, a neurociência começa a desenvolver jogos de *videogames* como forma de prevenção de doenças degenerativas na velhice. Expandir a mente é necessário para que consigamos estimular o desenvolvimento da EAI Focal.

Dentro desse complexo contexto social, compreendemos a EAI Focal como a capacidade dos aprendizes de manterem-se conectados aos seus propósitos, aos destinos que almejam atingir. Para isso é necessário mobilizar a organização, a autodisciplina (entendida como precisão) e o compromisso em realizar as tarefas com excelência. Essa inserção na vida não é marcada pela superficialidade, mas por uma presença ativa, marcante e inteira, capaz de se concretizar e causar um impacto positivo nos outros.

A EAI Focal é, para nós, o treino da mente e da atenção, o compromisso de realizar as tarefas por completo, proporcionando, assim, um estímulo contínuo ao "fazer corretamente e com atenção" no processo educativo. O treinamento, frequentemente visto como um elemento que condiciona o processo educativo em contraponto à liberdade reflexiva, para nós, se bem articulado e compreendido em relação aos propósitos, é um caminho que agrega e auxilia no aprendizado, organizando o pensamento.

Ao discutir a EAI Focal, recordamos a fala impactante de Usain Bolt, o velocista jamaicano e campeão mundial dos 100 metros rasos: "Eu treinei quatro anos para correr apenas nove segundos. Tem gente que não vê resultados em dois meses e já desiste". Essa declaração nos ensina que, muitas vezes, as pessoas enxergam as conquistas mais como um golpe de sorte do que como um resultado de foco, disciplina e precisão na gestão do tempo. O treinamento contínuo e exaustivo, frequentemente exigindo uma autogestão eficaz e abdicação, como discutiremos na EAI de Autogestão, é um elemento crucial para obter resultados diferenciados em qualquer área.

Eu, mesmo com uma longa carreira na música, nunca abro mão e, de fato, não posso abrir, dos ensaios contínuos antes de uma apresentação. Mesmo tendo conquistado um bom domínio do palco, preciso do treino, da concentração, da disciplina. Organizar meu dia para dar continuidade aos ensaios é crucial, pois cantar demanda técnica, treino e conhecimento da respiração, além de um conjunto de procedimentos que fui aprimorando ao longo da carreira.

O mesmo aconteceu quando decidi enfrentar o desafio de me tornar palestrante, tema que compartilho no meu livro *A grande arte de se reinventar*. Lembro-me de horas falando diante do espelho, lapidando minha capacidade de comunicação para atingir meus objetivos, como o desejo de falar para as pessoas e me conectar verdadeiramente com elas. Conversando com Maurício e Vivian, recordo histórias de muitas pessoas que, ao saírem de suas áreas para darem palestras, não conseguem estabelecer uma conexão real com seu público, levando muitos a desistirem dessa empreitada, inicialmente vista como fácil, mas que exige foco e persistência.

Outro aspecto essencial que me ajuda a manter o foco em meus múltiplos afazeres diários é a prática do esporte, uma constância em minha vida que me confere resiliência diante das adversidades, uma sensação positiva de autossuperação, que estimula minha disciplina e minha resistência emocional, mostrando que sou capaz de ter autocontrole, conectado a propósitos maiores, como estar bem física e mentalmente.

Para uma vida de shows, estar bem fisicamente transcende questões estéticas, sendo um elemento fundamental para que eu execute com precisão meu papel como cantor e artista. Apesar de ser desafiador criar hábitos, como já mencionamos – o cérebro quer o que é cômodo –, meu lema é: "Você só perde para você mesmo". Assim, para manter o foco, assunto central deste capítulo, o primeiro a ser vencido somos sempre nós mesmos.

Leo Chaves

Essa capacidade e abertura ao aprendizado contínuo, conforme relatado por Leo, revela a habilidade que os seres humanos têm de alterarem seus padrões mentais e, por meio de treino, estímulo e exercícios de concentração e cognitivos, aprender coisas novas. Esse movimento de mudança nos padrões mentais e construção de novos aprendizados, conhecido hoje como *Mindshift*, é responsável por ações inovadoras que potencializam cada vez mais sociedades criativas, capazes de se renovar e transformar vidas por meio do estímulo ao aprendizado contínuo.

Existem relatos de países, como Singapura — cujos alunos se destacam entre os melhores pontuados no exame PISA —, que adotam políticas governamentais para estimular a sociedade como um todo a desenvolver novos focos de aprendizado e buscar uma segunda especialidade. Isso visa preparar as pessoas para lidar com as inúmeras mudanças pelas quais a sociedade e o mercado de trabalho estão passando, caracterizados cada vez mais pela MUVUCA (*Meaningful, Universal, Volatility, Uncertainty, Complexity and Ambiguity* — em português: Significativo, Universal, Volatilidade, Incerteza, Complexidade e Ambiguidade). O objetivo é instaurar uma nova mentalidade em relação ao conhecimento na sociedade, sendo o treino mental, a disciplina e o foco elementos essenciais para esse processo.

Entendemos que a EAI Focal potencializa oportunidades, proporcionando maior concentração e maior realização no aprendizado, na vida e nos objetivos, em contraposição às distrações. A falta de atenção e a indisciplina para se manter conectado, seja a uma tarefa, estudo, curso, filme ou espetáculo, criam amarras que frequentemente impactam não apenas a vida pessoal, mas também a vida em sociedade como um todo.

Este livro foi construído por meio de trocas, conversas, leituras compartilhadas e risos, pois o riso une e aproxima. No entanto em diversos momentos, precisamos empregar um foco extremo e atenção para não nos desviarmos dos nossos propósitos. Com várias idas e vindas entre Uberlândia e São Paulo, muitas horas conectados à distância, sempre chamávamos a atenção uns dos outros para mantermos o foco, afastando a indesejável distração. Aliás, nossas leituras confirmaram que a distração das pessoas, de maneira geral, tem um alto custo social.

Pesquisas revelam que as distrações custam bilhões a países. Nos EUA, por exemplo, o custo é muito alto. Segundo Renato Alves relata no livro *O cérebro com foco e disciplina,* no distante 2005, quando a *American Psychiatric Association* (APA) fez uma pesquisa, o custo da distração era de US$ 77 bilhões ao ano. Se compararmos o uso da tecnologia na época com sua presença na vida cotidiana atual, notamos que, em 2005, era muito inferior ao que vemos hoje. Um dado alarmante: os *smartphones* capturam tanta atenção das pessoas que um número específico nos choca em relação a essa questão: seu uso aumenta em 400% as chances de alguém sofrer um acidente no trânsito ao perder o foco do ato de dirigir e dividir a atenção com o celular. Para nos convencermos de vez de que manter o foco não apenas auxilia nossas crianças e nossos jovens a atingirem seus propósitos de vida, observe ainda o perigo que representa a perda dele em relação à nossa própria vida.

A propósito, o Centro de Experimentação e Segurança Viária (CESVI) conduziu uma pesquisa que apontou as seguintes questões em relação a dirigir e usar o celular:

- Desviar o olhar para responder a uma mensagem no WhatsApp a uma velocidade de 80 km/h equivale a dirigir a extensão de um campo de futebol inteiro com os olhos fechados.
- Alguns motoristas chegam a ficar até 4,5 segundos sem prestar atenção ao trânsito enquanto interagem em alguma rede social.

- Quando alguém está dirigindo a uma velocidade de 50 km/h e decide "espiar o Facebook", essa ação seria equivalente a deixar o carro "dirigir sozinho" por uma extensão que representaria 12 carros populares em fila.
- Verificar as curtidas no Instagram enquanto dirige evidenciou que o simples fato de navegar na rede social a 50 km/h equivale a percorrer a extensão de duas carretas enfileiradas com os olhos fechados.

Esses dados são alarmantes, pois adultos e aprendizes têm seu foco sequestrado diariamente pelo uso excessivo do celular. Essa realidade fica evidente ao considerarmos o relatório *The Global State of Digital in 2019*, elaborado pelo gerenciador de mídias sociais *Hootsuite e We Are Social*, que aponta que cerca de 3,484 bilhões de pessoas utilizam as redes sociais, revelando que 45% da população mundial está diariamente conectada às redes.

Diante desses números reais, é necessário olharmos para nós mesmos e para o nosso entorno. Crianças sofrem acidentes devido à distração dos pais com o celular, e o dispositivo já é a terceira causa mundial de acidentes de trânsito. Como podemos falar em EAI Focal na educação socioemocional das crianças se nós mesmos, como adultos, estamos imersos nessa nova forma de vida, em que um aparelho ganhou tamanha centralidade?

A preocupação com a perda de foco no processo educativo das crianças não é recente. Em 2016, uma campanha intitulada "Conecte-se ao que importa" foi lançada no Paraná, destacando a necessidade de os pais se conectarem mais aos filhos e menos aos celulares. Frases como: "Tem gente solicitando sua amizade dentro de casa" e "Quando você larga o celular seu filho vibra" ilustravam a importância de priorizar a atenção aos filhos.

Outra frase crucial da campanha era: "Você não vai ver ele crescer se continuar olhando para baixo". Preocupa-nos ainda mais o fenômeno da Nomofobia, ou *No Mobile Phone Phobia*, um medo irracional de ficar longe do celular, que afeta pessoas de todas as idades e profissões. O mundo já enfrentava essa pandemia do uso indiscriminado das telas antes da pandemia do coronavírus. Na EAI Relacional abordaremos mais aspectos desse uso excessivo da tecnologia que impactam diretamente nos relacionamentos.

Optamos por abordar essas considerações antes de discutirmos os pilares e exercícios para ampliar nosso foco, pois é crucial compreender que essa distração é uma realidade global que afeta a todos. Somente ao tomarmos consciência disso é que poderemos encontrar maneiras de cultivar a precisão, a disciplina e a organização, promovendo uma presença ativa e não superficial nos espaços que ocupamos e nos relacionamentos que cultivamos.

A ORGANIZAÇÃO E SUA RELAÇÃO COM O FOCO

Quando compreendemos que a organização é um dos pilares da EAI Focal, fazemos isso com base no fato de que, ao conseguirmos organizar melhor nossa vida, nosso tempo, nossas rotinas, nosso espaço, nosso estudo e nosso trabalho, estamos incorporando um elemento facilitador para manter a atenção em nossos propósitos.

Entretanto, como tudo relacionado ao comportamento humano e suas emoções, a capacidade ou critério do que é ser organizado não é igual para todos. Cada pessoa tem sua própria noção de organização e, muitas vezes, há uma lógica dentro do que chamamos de "bagunça organizada". Por isso, mais do que estabelecer parâmetros rígidos e inflexíveis sobre o que é organização, desejamos, especialmente no contexto da educação de crianças e jovens, discutir como incentivar ações que envolvam o aprendizado de se organizar, potencializando a EAI Focal, uma vez que a organização resulta em um uso mais eficaz do tempo e, consequentemente, mais espaço para concentrar-se em seus propósitos.

Desde a infância, a organização, considerando as características individuais, pode ser potencializada quando associada à palavra "responsabilização". Se os pais têm compromisso e reconhecem o desafio de educar um filho preparando-o para uma vida autônoma na sociedade, entenderão que a superproteção, ao fazer tudo pela criança, limita e a afasta do exercício e do estímulo para aprender a se organizar, entre outras habilidades.

Ao pedir a um pequeno de 2 anos que recolha alguns brinquedos do chão, mesmo que sejam apenas dois ou três, e os coloque em um local específico, os pais estão auxiliando no processo de treino e posterior aprendizagem da organização. Inicialmente, esse processo ocorre quase mecanicamente, uma vez que, aos 2 anos, a criança ainda não pode compreender plenamente a subjetividade da questão ou os preceitos morais e sociais que conferem sentido ao ato de organizar, como "o que eu desarrumo ou o que eu tiro do lugar, por uma questão de respeito ao outro, devo retornar ao lugar". Esse conceito deve ser trabalhado à medida que a criança cresce, pois escapar da armadilha de criar filhos para serem servidos é mais do que um ato de amor, é uma preparação para a vida. O mundo não servirá a eles o tempo todo e não respeitará aqueles que acham que os outros devem servi-los constantemente, sustentados pela nociva lógica da superioridade sobre os demais.

Assim, a organização é um princípio fundamental no processo de conquista da autonomia. Quando em crianças maiores o desenvolvimento do senso de organização ocorre em conjunto com o senso de responsabilidade (mesmo que seus critérios de organização sejam muito próprios), elas certamente ganham muito com isso!

Os pais devem ter em mente que ao responsabilizar os filhos todos ganham. Vejamos um exemplo comum: quando os pais solicitam ao filho que organize o processo de alimentação e cuidados com seu cão, sistematizando o momento do dia em que colocará a comida e a água, em que hora terá que repor os alimentos, em qual horário irá levar o animal para o passeio diário, entre outras questões, conseguem promover o exercício da responsabilização e da organização, que sempre envolve uma antecipação a um fato.

Nesse caso, ao organizar o pensamento ou a tarefa em relação aos cuidados do seu cão, ele exercitou a mente e o compromisso com o seu animal. Percebe o quanto é enriquecedor entender que crianças e jovens podem ser fontes de iniciativa, serem responsabilizados e solicitados a se organizarem, tanto quanto, em breve, a vida irá solicitar a eles esse tipo de ação?

> Como resultado da minha atenção e da minha experiência de muitos anos em escolas, eu, Vivian, consigo facilmente identificar como professores mais organizados em relação a si mesmos, seus materiais, ao uso do que é comum e coletivo, e à sua prática pedagógica, conseguem alcançar melhores resultados com seus alunos. Mesmo jovem, mas já atuando como coordenadora pedagógica em uma grande escola, comecei a perceber o impacto negativo que as falhas na organização pessoal dos professores tinham no todo. O simples ato de "não se organizar" em relação à solicitação de seus materiais desorganizava não apenas o trabalho deles, mas também o da escola no geral. Situações semelhantes ocorriam quando planejavam projetar filmes em aula, mas esqueciam de agendar a sala de projeções e se prepararem para isso.
>
> Hoje, vejo esse período como um excelente laboratório, pois pude olhar para mim de forma mais crítica. Ao retornar para a sala de aula, estava muito mais preocupada em manter minha organização em minhas rotinas, pois já tinha clareza de como isso impactava a vida da escola como um todo. Mais tarde, como diretora, percebi que quanto mais me organizava melhor eram executados os processos da escola e o tempo era mais bem aproveitado.
>
> A mesma constatação, eu, Vivian, faço em relação aos alunos. Quando suas vidas não são permeadas pela organização, rotina e,

consequentemente, responsabilidade, isso impacta diretamente em seu aprendizado. Eles enfrentam dificuldades com seus materiais, pertences, agendas, vidas, tempo de estudo e tudo o que envolve a vida escolar. Essa bagunça cotidiana, muitas vezes provocada por pais que também têm dificuldade em se organizar, expressa-se no âmbito emocional, uma vez que a desordem externa impacta o interno.

Vivian Dias

No entanto é importante ficarmos atentos. Alguém desorganizado precisa mais do que rótulos que pais e educadores às vezes utilizam, como "Você é relapso" ou "Como você é relaxado, desorganizado". O que é necessário, na verdade, é um olhar mais apurado sobre a rotina e orientações de como resolver isso. Considerando o complexo contexto social em que vivemos, em que, de acordo com Augusto Cury, mais de 80% da população sofre de SPA (Síndrome do Pensamento Acelerado), a ansiedade se torna uma questão central. Como resultado, muitas pessoas enfrentam dificuldades para manter o pensamento concentrado, especialmente em relação ao futuro, resultando em preocupações constantes sobre o amanhã. Isso se manifesta na falta de organização, no medo de perdas, na incapacidade de manter seus pertences em ordem e na negligência em arrumar o que está fora do lugar. Essas dificuldades se estendem à gestão do tempo, da rotina e dos objetivos pessoais.

Frequentemente, essa desordem reflete um desequilíbrio interno que se traduz na falta de motivação e na dificuldade em estabelecer processos e hábitos necessários para manter a organização. Além disso, a concentração também se torna um desafio. Essas questões são exacerbadas pelas dificuldades sociais que permeiam nosso vasto país, onde muitas famílias lutam para ter suas necessidades básicas atendidas. Nesse contexto surge a pergunta: como encontrar espaço para a organização diante do desafio primordial de sobreviver?

Longe de idealizar, é fato que a organização física está ligada também à organização mental e não está dissociada das dimensões emocionais, sociais, cognitivas e culturais. Portanto quando chamamos a criança para o sentido de manter a ordem estamos, antes de tudo, ensinando-a a equacionar a relação tempo e espaço e a se responsabilizar mais.

Outro aspecto interessante é que, ao atribuirmos pequenas tarefas às crianças, como jogar a roupa no cesto, tirar a mesa, recolher brinquedos, organizar sua mochila ou ser ajudante na escola (como assumir a organização de equipes, participar de mutirões etc.), estamos ensinando-as a se organizarem. Com isso, estamos colaborando para que o cérebro saia do modo automático e fique menos preguiçoso, mais aberto, fazendo com que o HD-cérebro comece a construir uma memória de procedimentos que acabará sendo um elemento que ajudará no planejamento, por exemplo, em relação à sua vida escolar e pessoal.

E, mais uma vez, devemos compreender que se os pais procuram, de maneira geral, ser mais organizados, o mesmo vale para a escola e espaços educativos; tanto maior será o estímulo da criança e do jovem nesse sentido. Manter a organização não deve ser algo engessado, como já dissemos no início, uma vez que não há uma única forma de se organizar. O que se sugere é criar rotinas que envolvam responsabilizar os aprendizes em relação a um conjunto de ações. Conseguir mostrar a relação entre organização e uma melhor gestão do tempo também impacta positivamente. Quem nunca perdeu horas procurando coisas somente pelo fato de que não estavam organizadas em um determinado local?

Estudos mostram que crianças e jovens que são conduzidos por diálogo, exemplo, estímulo e responsabilização a serem organizados serão adultos mais responsáveis em relação ao seu trabalho, à vida e até mesmo em relação às pessoas. Em uma sociedade que vive sob a égide de relações estruturalmente desiguais, como: "Mulheres nasceram para arrumar casa e homens apenas colaboram com essa organização", só conseguiremos alterar esses dogmas, que por si só contêm desigualdade, se ensinarmos de forma indistinta meninos e meninas a serem responsáveis, autônomos, capazes de se auto-organizarem e, com isso, não desenvolverem relações de dependência ou a distorcida visão de que, não fazendo sua parte e não se organizando, sempre haverá alguém lá para resolver seus problemas.

Algumas ações que potencializam a organização de crianças e adolescentes:

- Construa com seus filhos, ou grupo de alunos, as rotinas que irão compor o dia, em casa ou na escola. Quando falamos sobre os processos ou as rotinas, discutimos e estabelecemos uma lógica considerando as demandas, as necessidades e as tarefas inegociáveis (banho, escola e alimentação, por exemplo), e, assim, construímos mentalmente um sentido de organização.
- Conduza seus filhos para que arrumem seus pertences, o que usam e com o que brincam, isso por meio do reforço positivo, sempre relacionado com a responsabilidade e o respeito em relação ao outro. Valorize, sobretudo, a constância dessas ações, pois a execução contínua vai treinando o cérebro e permite que determinado comportamento seja internalizado.
- Estimule conversas com os aprendizes sobre a seguinte questão: "O que eu não organizar e fizer hoje vai ganhar um sentido cumulativo e muito mais trabalhoso no amanhã". Contudo, para que essa reflexão ganhe corpo e sentido, pais e educadores não podem desistir, fazer por eles ou, pior ainda, mandar que pessoas assumam determinadas

tarefas que envolvam a organização pessoal dos filhos, por exemplo. Como tudo na infância e na adolescência, o que for vivido ganha muito mais sentido.

A RELAÇÃO ENTRE A DISCIPLINA E A EAI FOCAL

No sentido mais estrito da palavra, disciplina pode ser compreendida como a capacidade de alguém em seguir e obedecer a regras, ordens, orientações, normas, leis etc. Por isso podemos afirmar que pessoas mais disciplinadas têm maior foco, ampliando sua capacidade de adaptação e sendo capazes de modular seu comportamento em função de demandas, desafios, tarefas ou objetivos que buscam alcançar.

O exercício da disciplina está longe de ser simples ou um atributo isolado de alguns poucos agraciados pela capacidade de serem naturalmente mais disciplinados. Assim como tudo que envolve aprendizado, comportamento e emoção, a disciplina requer um exercício contínuo e pode ser fomentada, ensinada e desenvolvida.

A disciplina também tem um componente cultural significativo. Algumas culturas ao redor do mundo, como em determinados países do Oriente, por exemplo, apresentam maior facilidade em se adequar às regras e seguir orientações. Pessoas moldadas por culturas mais estritas tendem a ser naturalmente mais pontuais, disciplinadas e organizadas em relação às suas próprias vidas. Na visão dos orientais, disciplina é a capacidade de suportar frustrações imediatas em função de um propósito maior.

Ao refletirmos mais profundamente, é inegável que há uma inclinação natural para buscar liberdade e evitar frustrações, o que nos leva a evitar regras, normas e orientações. O ser humano valoriza a liberdade e a ausência de limites mais facilmente do que a rigidez da disciplina e os confrontos que ela demanda no sentido de lidar com nossos limites. Muitas vezes, associamos a disciplina ao autoritarismo, ao militarismo e à inflexibilidade, o que pode fazer com que adultos se sintam perdidos ao tentar construir assertivamente esse conceito na educação de filhos, alunos ou qualquer pessoa que estejam educando de alguma forma.

É um fato que quando temos a possibilidade de quebrar ou resistir às regras, somos culturalmente inclinados a tentar burlar a disciplina, especialmente em nosso país, em que o famoso «jeitinho brasileiro» e a «cordial maleabilidade» caracterizam grande parte das pessoas. No entanto isso não é uma regra absoluta, pois onde existe generalização sempre haverá exceções. O povo trabalhador e sofrido desse país acorda cedo, enfrenta transportes coletivos desconfortáveis e lotados e passa duas a três horas no trânsito de grandes centros urbanos para chegar ao trabalho. Isso requer disciplina, foco e persistência, permeados pelos valores da honestidade e da integridade. Reconhecer essa realidade nos impede de cair no senso comum de afirmar que brasileiros são inerentemente indisciplinados. Não é uma verdade absoluta, mas uma característica que trazemos da nossa cultura.

A disciplina, como valor que contribui para a consolidação da EAI Focal, por ser um de seus pilares, pode e deve ser estimulada nos processos educativos das crianças e dos jovens, tanto no ambiente familiar quanto nos espaços educativos formais ou informais. No entanto é necessário ter cautela e realizar uma análise crítica do momento presente. Muitas vezes, os pais se sentem reféns de seus filhos, com medo de frustrá-los, e erroneamente atribuem a culpa ao Estatuto da Criança e do Adolescente (ECA), afirmando que não podem mais impor regras e limites devido a essa lei. No entanto impor regras e ouvir "não" são aspectos essenciais para o crescimento saudável dos indivíduos, pois a vida não está sempre disposta a dizer "sim" a eles. Na verdade, ao longo da vida adulta, recebemos mais "nãos" do que "sins".

Ao analisarmos a estreita relação feita entre o Estatuto da Criança e do Adolescente e a perda de autoridade dos pais, devemos lembrar que vivemos em um país onde a infância e a adolescência são vulneráveis. Portanto foi necessário criar uma lei que garantisse o direito à escolaridade, revisasse o abuso contido na exploração do trabalho infantil e abordasse questões relacionadas à violência na infância. A proibição do uso de violência física é uma lei, pois educar seres humanos racionais e capazes de pensar e expressar suas ideias não permite que sejam agredidos ou violados. A linha entre disciplina e perda de controle é tênue. Ninguém nasce para ser agredido. Somos seres da palavra, do diálogo amoroso, que precisam de limites claros, discutidos e estabelecidos com firmeza e assertividade desde cedo. Acreditamos que é por esse viés que construímos o sentido de disciplina com as crianças desde os primeiros anos de vida.

Sempre discutimos o papel fundamental que quem ama desempenha ao estabelecer limites, regras e adequá-los à faixa etária e ao desenvolvimento de seus filhos. O mesmo se aplica à escola. Uma instituição educativa deve ter um projeto construído coletivamente, com o envolvimento dos pais na definição das regras de convivência e limites. Sem disciplina, sem regras e sem permitir que os jovens e crianças confrontem suas frustrações, não estaremos contribuindo para a formação de pessoas emocionalmente seguras e inteligentes.

Nos últimos anos tem sido motivo de preocupação no meio educacional a falta de comunicação entre famílias e instituições educativas. Cada vez mais, as famílias tendem a não aceitar responsabilidade quando confrontadas com a indisciplina dos filhos, a culpar a escola ou outras pessoas, evitando, assim, responsabilizar os filhos. Isso cria uma divisão nociva entre escola e família, que crianças e jovens astutos exploram para agirem conforme suas próprias regras, nem sempre as mais adequadas para sua construção de valores.

Os pais, ao evitarem uma educação baseada no diálogo e na disciplina, não percebem os problemas e a falta de soluções que estão criando para o futuro de seus filhos. Indivíduos cuja disciplina não foi estimulada e desenvolvida têm maior tendência a não concluírem o que se propõem, a não se dedicarem a causas, estudos ou a atividades físicas, ou apresentarem dificuldades em seguirem as normas de convivência em casa e na escola, correndo principalmente mais riscos na adolescência. Muitos jovens perderam suas vidas devido à falta de disciplina, enquanto suas famílias perdiam o controle da educação, justificando: "Ninguém pode com ele", ou, ainda: "Eu já desisti, ela não obedece a ninguém".

Certamente, quando adultos, conscientes de suas perdas e frustrações, os jovens irão questionar seus pais, perguntando: "Por que vocês não me disseram mais 'nãos'?" ou "Por que permitiram que eu fizesse isso?".

> Conheço um caso muito emblemático. Quando eu era diretora de uma escola de ensino médio, deparei-me com um aluno que tinha tatuagens nos dedos das duas mãos, contendo o nome de um cantor famoso de rock. Ele tinha apenas 15 anos na época, idade em que é proibido fazer tatuagens. No entanto ele convenceu a mãe e encontrou um tatuador que concordou em fazê-las. Lá estava ele, orgulhoso, exibindo suas tatuagens em preto, com letras garrafais que cobriam todos os dedos.

> Anos depois, a mãe começou a trabalhar em um local que eu frequentava e tivemos um reencontro, daqueles momentos que a vida nos proporciona para nos ensinar. O jovem já estava com 24 anos, e ela me contou que ele estava em crise com os pais, vivendo frequentes embates com eles, pois as tatuagens nos dedos já não faziam mais sentido. Ele até deixou de gostar do grupo de rock cujo nome tinha tatuado. Ele afirmava odiar as marcas em suas mãos e acreditava que, devido ao preconceito ainda existente nas empresas, tinha perdido três boas oportunidades de trabalho.

Um dia, encontrei-o e ele compartilhou comigo a frustração que sentia por sua mãe não ter sido capaz de dizer "não" quando ele era apenas um menino sem noção da vida. Ele afirmou:

— Você, Vivian, tentou me alertar e dialogar comigo, mas eu era assim, não ouvia ninguém. Meus pais nunca poderiam ter me dado dinheiro e me autorizado a fazer isso. Odeio minhas marcas e essas tatuagens, que não têm mais sentido para mim.

Qual lição essa história nos traz?

Vivian Dias

Como essa história ensina! A adolescência é uma fase marcada por conflitos emocionais intensos, representando um período de grande transição para todos os seres humanos. Quando adultos, muitas vezes recordamos o que nos causava sofrimento nessa fase da vida, percebendo que hoje essas experiências têm um significado totalmente diferente.

Qual é o perigo de os pais não conseguirem dizer "não" aos filhos ou estabelecer um conjunto de regras inegociáveis? Essas regras podem demandar uma maturidade maior do filho, que em breve terá que fazer escolhas mais definitivas, ou podem até mesmo evitar problemas maiores que ele não consegue antever em meio às transformações da adolescência. Alguns podem argumentar: "Ah, mas existem maneiras de apagar marcas!". Sim, existem, mas muitas delas requerem recursos financeiros, algo que não é mais uma realidade para essa família.

É crucial compreender que a disciplina é um elemento facilitador da vida. Ela potencializa o foco, facilita a organização e motiva as pessoas a executarem suas atividades com precisão, atenção, dedicação e zelo. Precisão e disciplina andam de mãos dadas!

Os adultos são os principais facilitadores do desenvolvimento da disciplina e da precisão. Mesmo quando as crianças são pequenas e têm responsabilidades, é essencial mediar conversas sobre a importância de realizar tarefas com dedicação e comprometimento.

COMO E POR QUE DISCIPLINAR – ALGUMAS SUGESTÕES POSITIVAS

Em relação à disciplina como limite para os filhos, é fundamental compreender as fases do desenvolvimento deles e suas diferenças, pois isso orienta precisamente quais regras e ações esperar de uma determinada faixa etária:

- As regras adquirem significado quando são vivenciadas na prática. O respeito pelas pessoas e o uso de palavras cordiais tornam-se mais relevantes quando os adultos que cercam crianças e jovens demonstram consistentemente o valor do respeito nas interações sociais.
- Utilize a palavra com sabedoria e evite ameaças ao estabelecer limites. Nada é mais prejudicial do que fazer ameaças que as crianças sabem que não serão cumpridas. Por exemplo, afirmar que a criança não terá mais seu aniversário ou o Natal é uma ameaça vazia que fortalece o comportamento indesejado. Estabeleça consequências proporcionais às ações somente se puder cumpri-las efetivamente.
- Pessoas disciplinadas compreendem a importância de esperar pelos resultados ou processos, enquanto os impacientes e imediatistas desejam resultados rápidos. A paciência é parte essencial da construção da disciplina, especialmente em uma geração acostumada à gratificação instantânea.
- Evite comparações e rótulos. Não pressione seu filho para ser o melhor em todas as áreas. Reconheça a complexida-

de humana e respeite as diferentes formas de perceber o mundo e expressar talentos, como destacado nas Teorias das Múltiplas Inteligências, de Howard Gardner.
- Uma criança ou um jovem responsável não é aquele que supera os outros, mas aquele que compreende seus limites, conhece suas habilidades e tem autoestima nutrida por adultos que o cercam. Eles são capazes de respeitar os outros, dialogar e entender as regras de convivência, reconhecendo seu lugar no mundo como parte integrante, não como centro absoluto.

Acreditamos em projetos que promovam a autodisciplina e incentivem a autorreflexão antes de cobrar dos outros. Orientar as pessoas a serem responsáveis consigo mesmas é fundamental para compreender o sentido das regras.

OBJETIVOS E METAS

Disciplina para alcançar metas

Os objetivos que definimos ao longo da vida impulsionam nossas ações e aspirações. No entanto definir objetivos não é suficiente; é necessário aplicar método, esforço e disciplina para alcançá-los. Além disso, os objetivos precisam ser desdobrados em metas, permitindo avaliações contínuas e ajustes de curso quando necessário. As metas são fundamentais, pois guiam o caminho em direção à realização dos objetivos e possibilitam adaptações conforme o progresso.

A avaliação do cumprimento das metas envolve a constante comparação dos resultados com o planejado inicialmente, ajustando o que se mostra impraticável, reorganizando etapas e, por vezes, até reordenando prioridades. É um processo analítico que examina o que funcionou e o que foi obstáculo para alcançar os resultados desejados.

Ao adquirirmos disciplina na busca das nossas metas diárias, desenvolvemos, consequentemente, um senso de responsabilidade. A disciplina não é um dom sobrenatural, mas um processo que requer comprometimento, determinação, energia, consciência, metas claras e realizáveis, persistência e controle de etapas.

Vivemos em um mundo acelerado e competitivo, no qual, muitas vezes, tornamo-nos partes de um sistema impessoal, sem consideração individual. No entanto temos escolha: podemos nos resignar a ser apenas engrenagens nesse sistema ou podemos agir para que ele trabalhe a nosso favor.

Desde cedo, os jovens precisam aprender a fazer escolhas e a assumir responsabilidades. Quando negligenciam o senso de responsabilidade, enfrentam dificuldades em cumprir seus objetivos e em discernir suas prioridades. Esse padrão de comportamento persiste ao longo da vida e, se não for corrigido, pode resultar em atitudes irresponsáveis e embaraçosas, comprometendo seu desenvolvimento pessoal e profissional.

Nenhuma pessoa deseja estar cercada por indivíduos irresponsáveis, seja no ambiente social ou de trabalho. Contar com a entrega ou a execução de uma tarefa e se deparar com a falta de comprometimento ou disciplina pode acarretar em transtornos e atrasos, minando a credibilidade e desperdiçando oportunidades valiosas.

Exemplos de estabelecimento e controle de metas:

1. Objetivo: comprar um carro – o passo seguinte é traçar metas para isso. Por exemplo:

– Verificar o valor do carro desejado.

– Fazer uma lista de gastos que podem ser cortados para economizar e juntar dinheiro.

– Estudar quanto esse corte vai permitir juntar e em quanto tempo.

– Planejar junto ao banco o melhor investimento para fazer as economias renderem durante esse período de economia.

As metas desse exemplo são passíveis de avaliação, de medição: cumpri, mantive, concretizei o planejado? Ou não, e, nesse caso, qual a razão para não ter conseguido?

2. Perder peso – um objetivo bastante comum é as pessoas desejarem perder uma quantidade "x" de peso em um determinado tempo "y". Um exemplo aleatório aqui seria perder 8 quilos em seis meses. Se pararmos para avaliar, percebemos como esse objetivo é vago: como atingi-lo? Por onde começar? Qual dieta mais se adapta ao meu estilo de vida? Como me organizar com as refeições do dia? E muitas outras etapas.

Isso é muito diferente de traçar metas para alcançar esse objetivo; por exemplo:

– Quantos quilos será possível perder por semana?

– A escolha do tipo de dieta a ser seguida: diminuir a ingestão de carboidratos? Ou de gorduras? Ou ingerir menos quantidade de comida por refeição? Criar uma tabela diária simples de proposta (meta) x cumprimento delas.

A definição e a avaliação das etapas por si só não garantem a satisfação de ver realizado o que foi proposto, pois no processo todo é preciso comprometimento contínuo e firmeza em cada passo.

3. Tocar um instrumento – outro objetivo comum, principalmente entre jovens, é estabelecer que irá aprender a tocar um instrumento. Então é necessário criar as metas para alcançá-lo:

– Qual instrumento mais me agrada?

– Vou contratar um professor particular, ou me inscrever em um conservatório?

– Quais são os dias e horários da semana que posso destinar às aulas?

— Por que eu quero aprender a tocar esse instrumento? Profissionalizar-me? Ter momentos de desligamento das tarefas do dia a dia? Ou simplesmente treinar minha perseverança?

Em qualquer dos casos é importante ter em mente que, sem objetivo, perde-se a motivação na vida e a disciplina se dilui nesse processo, gerando frustração, imobilização e procrastinação: a famosa "Vou deixar para amanhã" ou "Segunda-feira eu começo". Os exemplos mostram que desmembrar os objetivos em metas é fundamental para podermos concluir se o objetivo está sendo ou não atingido, assim como os motivos disso e as ações que precisam ser ajustadas.

Quanto mais objetivo o caminho, mais precisa a decisão e, portanto, mais fácil de se conquistar a realização.

Leo Chaves

SÓ DESENVOLVE O EAI FOCAL NAS CRIANÇAS E JOVENS QUEM TEM PRESENÇA ATIVA

A talentosa poetisa Adélia Prado tem uma frase extraordinária em um trecho de um de seus poemas, que nos inspira a falar sobre a presença ativa: "Não quero faca nem queijo, eu quero é fome."

Eis o significado da presença ativa: manter a integridade do ser humano, comprometendo-se genuinamente com cada um dos papéis que desempenhamos na vida. Hoje, mais uma vez, enfrentamos as mudanças comportamentais trazidas pela tecnologia e seu uso excessivo, que nos afasta da presença ativa. Não é incomum observarmos casais em jantares que deveriam ser momentos de encontro romântico, marcados por boa conversa, sedução e risadas, que estão divididos pela presença dos celulares, cada um absorto no seu próprio mundo virtual, olhando para baixo em vez de olhar para frente.

Se fizermos um breve inventário, quantos momentos maravilhosos temos perdido? Quantas vezes temos limitado nosso contato com as pessoas a uma presença distante, distraída e desinteressada? Somente aqueles que abrem espaço para a presença ativa creem que todo ser humano é rico em potencial, oferecendo oportunidades constantes de crescimento, aprendizado e evolução.

> Sempre priorizo a presença ativa em todas as minhas atividades, seja no trabalho, seja na vida pessoal. Especialmente, dedico uma atenção cuidadosa ao tempo que passo com meus filhos, pois entendo que a qualidade desse tempo é mais importante do que a quantidade. No entanto reconheço que desenvolver o foco requer um treinamento constante e deliberado.
>
> O estímulo ao desenvolvimento da EAI Focal passa pela presença ativa, pois ao nos dedicarmos de maneira efetiva à escuta atenta ou a uma presença completa, estamos exercitando o foco em nossos relacionamentos. Muitas vezes, pais, inadvertidamente, causam rupturas na formação e nos laços afetivos com os filhos, pois a distração pode ser interpretada como desinteresse, até mesmo falta de amor.
>
> **Leo Chaves**

Contudo o foco é algo que se desenvolve com prática, estimulação e constante reavaliação. Com base nos *insights* da neurociência, podemos treinar nosso cérebro para o foco de várias maneiras:

- Ao jogarmos e estimularmos todos os sentidos, inclusive por meio de *videogames*. É importante selecionar e dosar sua utilização dado o potencial de vício que apresentam.

- Os exercícios físicos não apenas estimulam o cérebro a se manter focado e concentrado, como também colaboram para expandir a criatividade, como já discutido anteriormente.

- A prática da escrita contínua de ideias, percepções, planos e projetos, aliada à leitura diária, contribui para manter a mente focada. Registrar o processo de reeducação de hábitos, seus propósitos, e revisá-los diariamente auxilia no treinamento mental para manter o foco no objetivo.

- Engajar-se em *hobbies* auxilia o cérebro a se manter focado. Destinar tempo para colecionar objetos de interesse específico demanda disciplina e organização. Quando realizada de forma prazerosa, essa atividade torna-se mais uma maneira de treinar a mente enquanto nos divertimos.

- O cérebro necessita de treino e concentração absoluta, assim como de momentos de descanso. Na neurociência, destaca-se a técnica Pomodoro, que compõe nossa Metodologia EAI. Desenvolvida por Francesco Cirillo na década de 1980, essa técnica propõe ciclos de 25 minutos de foco total em uma atividade, seguidos por 5 minutos de descanso.

Recomenda-se que os adultos incorporem gradualmente essa prática em sua rotina, estabelecendo metas como "Amanhã realizarei quatro Pomodoros", o que significa 100 minutos de concentração absoluta, seguidos por 20 minutos de total liberdade para o cérebro. Essa prática, batizada com o nome *Pomodoro*, em italiano, devido ao cronômetro utilizado pelo pesquisador, evidencia a importância de levar o cérebro a um nível máximo de concentração, seguido de um descanso determinado, estimulando, assim, a concentração e o foco cada vez mais.

QUANDO O FOCO REVELA COMPROMISSO

Quem ama se compromete! Quantos casamentos não se tornaram pó devido à ausência da presença ativa, do diálogo, da troca e da manifestação do genuíno interesse pelo outro? Quantos educadores realizam seu ofício de forma mecânica, sem desejar estar com os alunos? E quantos, desestimulados e desvalorizados pela profissão, perderam a capacidade de estarem presentes de forma ativa em vez de passiva?

O que nos inspira é o fato de que estamos constantemente em processo de construção. Sempre podemos revisar nossos caminhos, ajustar nossas rotas, e nessa jornada, verdadeiramente enxergar os outros é essencial para uma existência mais significativa, afinal, apenas deixam sua marca no mundo aqueles que se entregam por completo aos relacionamentos. É comum encontrarmos pessoas notáveis pela sua habilidade de estarem presentes de forma ativa, demonstrando uma entrega genuína e profunda aos outros. Da mesma forma, todos nós conhecemos pessoas que parecem não se importar com os outros, resultando em relações superficiais e vazias.

Buscamos a integridade em tudo que fazemos e é isto que desejamos para os nossos jovens: que sejam íntegros, completos, capazes de viverem e conviverem, mantendo o foco no presente e a esperança na construção do futuro.

RECADO DO BEM

Seria muito significativo se você pudesse escrever uma carta para seu filho, aluno, amigo ou companheiro, comprometendo-se a manter sempre uma presença ativa em suas vidas. Lembre-se de que é quando ensinamos que mais aprendemos.

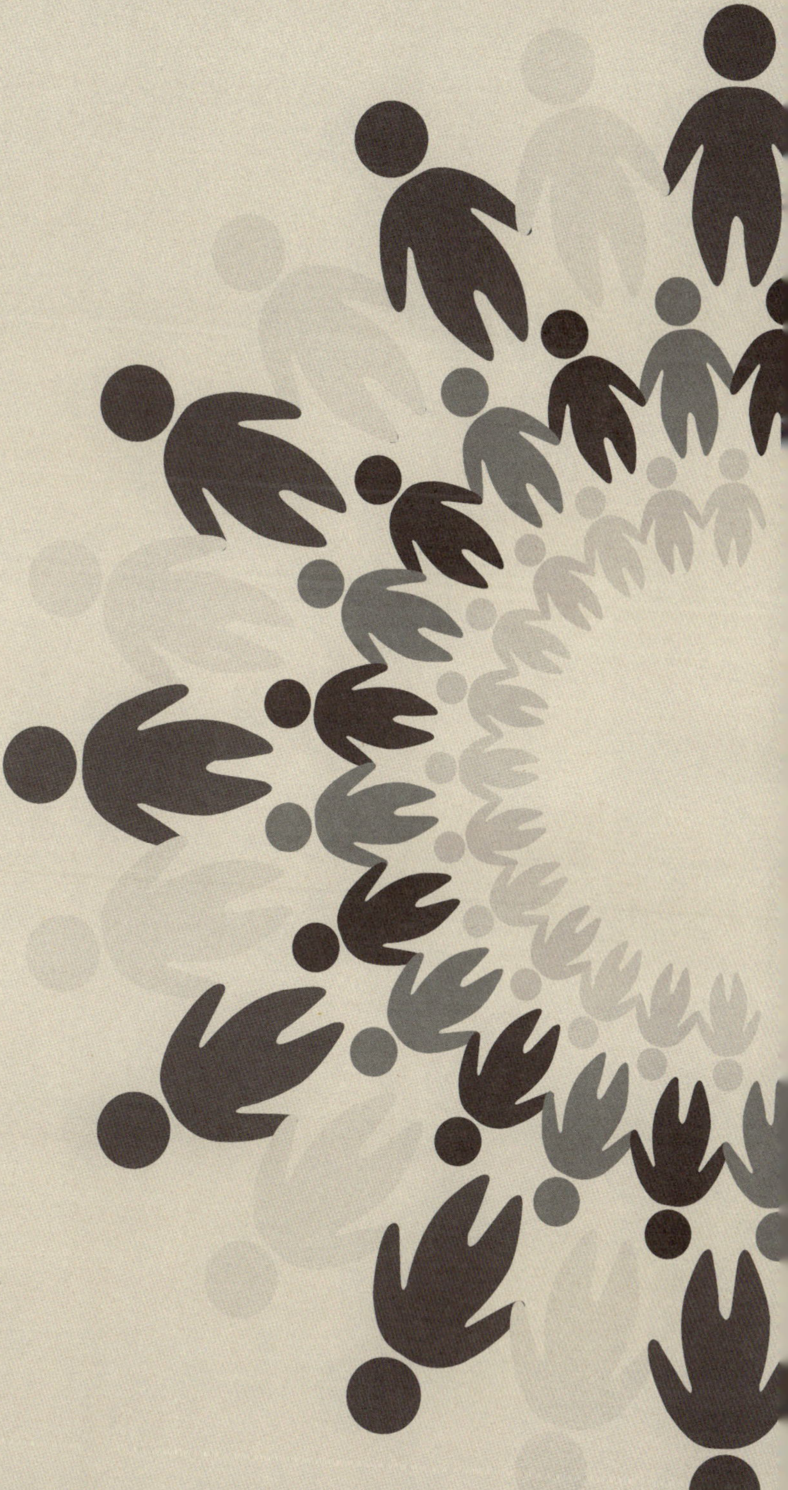

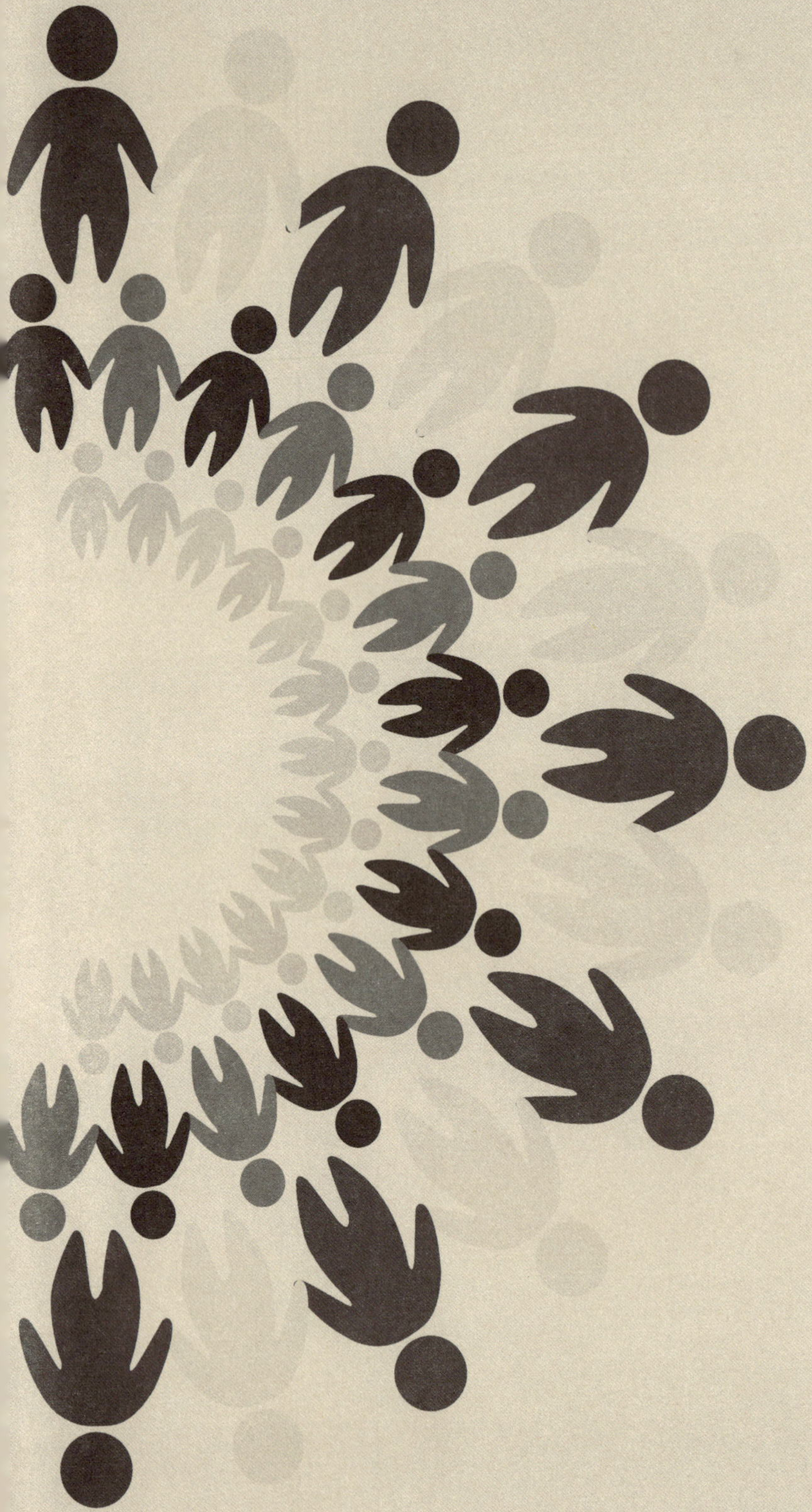

Capítulo 6

EAI DE AUTOGESTÃO –
Gestão

> "Aquele que não é capaz de governar a si mesmo, não será capaz de governar os outros."
> (Mahatma Gandhi, advogado, nacionalista, anticolonialista, pacifista e especialista em ética política)

> "Todas as vitórias ocultam uma abdicação."
> (Simone de Beauvoir, escritora, intelectual, filósofa existencialista, ativista política, feminista e teórica social)

> "Não há que ser forte. Há que ser flexível."
> (provérbio chinês)

SE REALIZÁSSEMOS UMA BREVE pesquisa sobre a qualidade que os pais mais desejam para seus filhos, certamente a palavra "autonomia" surgiria. Todo pai consciente de seu papel anseia por educar seus filhos de modo a torná-los independentes, capazes de tomar iniciativas e decisões fundamentadas nos valores e princípios transmitidos por eles.

No entanto esse desejo muitas vezes não se alinha com a realidade da criação de crianças e jovens devido a dois obstáculos principais: em primeiro lugar, os próprios pais, muitas vezes sem perceber, sabotam o desejo declarado de terem filhos autônomos, responsáveis e independentes, pois não têm ferramentas adequadas para refletir, pensar e compreender o processo de construção da autonomia do indivíduo. Isso pode levá-los a pular etapas, superproteger os filhos ou, ao contrário, serem ausentes em sua educação. Por outro lado, muitos pais não percebem que alcançar esse objetivo não acontece da noite para o dia ou com uma única ação isolada, uma vez que a autonomia é um processo que depende da maturidade do aprendiz e das oportunidades oferecidas em termos de limites, responsabilidades, desafios e liberdade, entre outras questões importantes.

A autonomia e sua relação com a formação do sujeito, segundo Jean Piaget[12], é um processo que se deve ao fato de que as crianças, ao nascerem, não têm a capacidade cognitiva para distinguir entre o bem e o mal, uma fase que ele chama de "anomia", quando o bebê ou a criança não tem consciência moral de seus atos, devido à subjetividade da questão para eles. É a mediação dos adultos que cercam a criança, começando com a família e posteriormente com professores e o ambiente, que irá auxiliar o seu desenvolvimento. Dessa forma, o ambiente age como um "poder moderador", orientando e construindo os conceitos de certo e errado, bom e mau, para a criança, de acordo com Piaget. Nesse estágio, é quando a criança começa a agir em busca da aprovação ou desaprovação dos adultos ao seu redor.

À medida que a criança cresce, interage e reelabora o mundo ao seu redor, ela começa a construir seus próprios valores e consciência sobre o que é certo e errado, não dependendo tanto da mediação do adulto para discernir: "Isso é errado!" ou "Isso você pode fazer!". É comum que crianças mais velhas, que estão caminhando em direção à autonomia, tenham valores morais mais consolidados em relação aos conceitos aprendidos sobre o que é certo ou errado, e elas frequentemente orientam os mais jovens que ainda estão na fase da heteronomia: "Cuidado, isso é perigoso", "Não faça isso. Nossa mãe não vai gostar" ou "Cuidado, não vá perto da água", entre outras orientações.

Essas situações evidenciam que a criança inevitavelmente passará por essas três fases e, por meio da mediação e de sua própria percepção do ambiente, construirá seu conjunto de moralidade que

---

12. Jean William Fritz Piaget (1896-1980) foi um biólogo e psicólogo suíço, considerado um dos mais importantes pensadores do século XX. Ele revolucionou os conceitos sobre inteligência infantil, provocando uma renovação nos antigos conceitos de aprendizagem e educação.

guiará sua conduta. Portanto, reforçando as três fases, de acordo com Piaget (para alguns autores, variações nessas etapas podem ocorrer devido à superestimulação):

ANOMIA (0 a 2 anos) — fase em que o bebê ou a criança não tem consciência moral de seus atos, carecendo da capacidade cognitiva para distinguir entre o bem e o mal.
HETERONOMIA (2 a 12 anos) — etapa em que a criança age em função da aprovação ou desaprovação dos adultos que a rodeiam, sendo, portanto, o período de maior obediência.
AUTONOMIA (a partir dos 12 anos) — momento em que os valores morais estão mais solidificados em relação aos conceitos aprendidos sobre o que é certo ou errado.

No processo de desenvolvimento moral da criança, há uma evolução na compreensão e na aplicação das regras. Inicialmente, as regras funcionam principalmente como uma intervenção imediata para evitar problemas, como descreve Piaget ao mencionar a "regra motriz". Um exemplo claro disso seria um bebê se aproximando de uma janela. Nesse momento, não há tempo nem compreensão para que ele entenda os perigos, então a intervenção necessita ser rápida e física para evitar acidentes.

À medida que a criança cresce, também cresce a compreensão das regras. No entanto é um processo gradual até que ela comece a internalizar atitudes e valores baseados em regras. Durante a infância, na fase da heteronomia, a criança baseia suas ações nas "regras coercitivas", ou seja, faz o que é considerado certo ou errado conforme determinado pelos adultos ao seu redor.

No processo de desenvolvimento, as regras adquirem significado para a criança e para o jovem, sendo seguidas quando estão alinhadas com seu senso de moralidade sobre o que é certo ou errado.

Nessa fase, inicia-se também a construção da autonomia, na qual aquilo que não faz sentido não é mais obedecido de forma incondicional. É o período da "regra racional", na qual as regras precisam ter significado para serem obedecidas. Caso contrário, serão questionadas, desobedecidas e, muitas vezes, ignoradas.

Um exemplo que ilustra essa transição é quando os pais expressam desânimo, dizendo: "Ele era tão mais fácil na infância!", ou, ainda: "Agora, na adolescência, tudo se torna um problema e é motivo para ser questionado. A frase que mais ouvimos é: 'Não concordo!'". A contestação, a polêmica e o questionamento são sinais claros de que o indivíduo está avançando em direção à construção de sua autonomia.

Embora Piaget destaque uma progressão natural no desenvolvimento moral da criança com base nas fases de desenvolvimento da moralidade, não é uma verdade absoluta que todas as pessoas alcancem a autonomia, especialmente no que diz respeito ao pensamento – o que é conhecido como "autonomia intelectual". Encontramos adultos que ainda estão na fase da heteronomia, o que está diretamente ligado à rigidez do pensamento.

Como um adulto pode permanecer na fase da heteronomia no contexto intelectual? Vejamos: se uma regra foi estabelecida, se ele cita alguém, um conceito ou uma ideia como absolutamente certos, irá aderir a esse conjunto de concepções sem questionar, relativizar ou compreender as nuances de uma determinada situação, contexto ou fato.

Pensamentos radicais, por exemplo, tendem a atrair mais facilmente pessoas que permanecem na fase da heteronomia. Nesse estágio, alguém estabelece um caminho predeterminado como correto e, como consequência, mesmo que as intenções por trás desse conceito não sejam as melhores ou não tenham repercussões positivas na vida das pessoas, a rigidez impede a mudança, o questionamento e a reflexão. Por que isso acontece? Porque essas pessoas apenas aceitam um único ponto de vista.

Somente o sujeito autônomo, com pensamento crítico, é capaz de ampliar seu horizonte e ir além do que é estabelecido.

AUTONOMIA E FLEXIBILIDADE ANDAM DE MÃOS DADAS

Pessoas com pensamento autônomo estão profundamente conectadas às intenções por trás das ações e ao sentimento de justiça. Para que algo seja verdadeiramente adotado por essa pessoa, é necessário que esteja em harmonia com um conjunto de valores que ela considera essenciais. O sujeito autônomo tem a capacidade de mudar de ideia, de ajustar o percurso, de revisitar e reavaliar, sempre em busca de uma constante reconstrução. A flexibilidade, frequentemente mal-compreendida como sinal de fraqueza ou falta de segurança, é, na verdade, uma das características mais benéficas no processo de crescimento contínuo do indivíduo.

Aquele que se fecha na rigidez do pensamento heterônomo — "Faço porque aprendi assim e não vou mudar" — ou — "Acredito neste como o único caminho, e quem me orientou estava absolutamente certo" — acaba mais ligado à coerção do que à liberdade e à responsabilidade necessárias para a construção da autonomia.

Muitas adversidades surgem da falta de flexibilidade no comportamento humano, especialmente na interação com os outros na sociedade. No contexto atual, por exemplo, o radicalismo político que impede discussões produtivas, o fundamentalismo religioso e os extremismos que promovem a xenofobia, o racismo e a misoginia, são apenas algumas das questões que desumanizam e resultam em morte, sofrimento e exclusão. Esses problemas têm como base a inflexibilidade, expressa pela ideia de que "ou concorda, pensa e age como eu, ou não merece existir e fazer parte do mundo".

Um breve exame da História revela que a inflexibilidade dos seres humanos desencadeou os piores e mais lamentáveis episódios da humanidade — guerras, massacres, torturas, genocídios, crimes religiosos, perseguições políticas e injustiças de todas as formas. Portanto todos sofremos quando consideramos a inflexibilidade como sinônimo de personalidade forte e decisiva.

Ao longo de nossas jornadas pela vida, cometemos muitos erros. No entanto, como já observamos, esses erros não são uma sentença, mas uma oportunidade valiosa para novas aprendizagens e crescimento. O que nos permitirá superar essas adversidades é exatamente nossa capacidade de examinar nossa própria existência, lidar com conflitos, dialogar e constantemente reconsiderar o que antes era visto como a única possibilidade.

Pessoas inflexíveis, especialmente quando ocupam o papel de educadores, tendem a promover uma abordagem educacional mais coercitiva e menos dialógica. Isso ocorre porque a educação dialógica requer uma abertura ao outro e, ao mesmo tempo, uma disposição para revisar suas próprias convicções. Pais inflexíveis não apenas limitam o desenvolvimento do pensamento plural e democrático; eles também influenciam seus filhos a adotarem uma postura inflexível. A rigidez excessiva, que considera a verdade como algo absoluto ou a própria maneira de viver como a única aceitável, ou que ensina, por meio de suas ações e palavras, que fora de sua religião não há pessoas boas, acaba por impedir o desenvolvimento saudável de crianças e jovens.

Poderíamos citar inúmeros exemplos de como a inflexibilidade pode se transformar em uma influência negativa. Em vez de preparar os filhos para uma integração na sociedade, na escola e no mundo do trabalho, aberta à diversidade que caracteriza a humanidade, a inflexibilidade acaba por restringir o desenvolvimento deles. Da mesma forma, escolas fechadas e restritas ao que chamam de ensino tradicional e meramente conteudista limitam o crescimento de crianças e jovens. Para crescerem e evoluirem plenamente, eles precisam de uma educação que abrace toda a diversidade humana, promovendo a integração, incentivando o diálogo e reconhecendo a alteridade como uma forma de compreender o mundo ao seu redor.

> Sempre me recordo de um aluno que encontrei em meu caminho como professora de História no ensino fundamental II. Ele enfrentava muitas dificuldades para trabalhar com os colegas em equipe e embora com apenas 13 anos na época, tinha uma tendência enorme a rotular, apontar erros e acusar os colegas. Sempre que solicitado a uma atividade em grupo, ele prontamente me dizia: "Professora, quero fazer meu trabalho sozinho. Não gosto de fazer nada com eles". Essa era a maneira como se referia aos seus colegas, sempre com dureza e marcada pelo senso de superioridade: "Sou melhor do que eles, portanto não desejo fazer nada em equipe". Esse comportamento tão inflexível em um adolescente me preocupava.
>
> Em uma reunião conheci seus pais. Ambos estavam presentes. Diante de todos, mesmo com as notas 10 que o filho obteve, a única preocupação era com o 8,0 recebido na aula de Educação Física. Segundo os pais, esse 8,0 certamente era culpa do professor de uma "disciplina sem sentido", pois o filho não queria participar de atividades em grupo. Não houve argumento capaz de fazer esses pais perceberem que o filho precisava ser estimulado a conviver com os colegas, a se abrir e a ser mais flexível. Para eles, o filho era assim porque o criaram dessa forma, pois acreditavam que o mundo era uma corrida pelo sucesso e somente pessoas capazes individualmente poderiam vencer.
>
> A pergunta que fica dessa minha experiência é: será que essa lógica, hoje, em pleno século XXI, tem a mesma força que teria há 30 ou 40 anos? Contudo, ao conhecer os pais, todas as atitudes do filho se tornaram autoexplicativas.

Vivian Dias

No panorama atual do mundo do trabalho, as empresas que valorizam a criatividade como uma ponte e reconhecem a sociedade como um todo, com funcionários e proprietários que demonstram flexibilidade, capacidade de revisão de conceitos e disposição para se adaptar a novas realidades, são as mais desejadas no mercado. Isso engloba indivíduos capazes de questionar suas práticas, reavaliar verdades anteriormente incontestáveis e se ajustar a mudanças.

Nesse contexto, destacam-se aqueles que gerenciam seu pensamento e seu aprendizado de forma contínua, exercitando a autonomia intelectual ao longo da vida. São pessoas que colaboram em equipe para alcançar objetivos comuns, impulsionando o trabalho coletivo e, por conseguinte, os resultados.

É fundamental preparar as crianças e os jovens para serem cidadãos engajados e profissionais dotados de abertura, criatividade, com bom senso de cooperação e, sobretudo, flexíveis em relação aos outros e a si próprio, pois na forma como as realidades estão inscritas, já não podemos mais falar em boas profissões, pois todas estão sob constante reinvenção. Mas podemos, sim, falar de bons profissionais, capazes de se adaptar a contextos diferenciados, que irão surgir em uma escala cada vez maior neste mundo em constante transformação.

Em 2016, o Fórum Econômico Mundial descreveu o futuro próximo em seu relatório intitulado *The Future of Jobs* (O Futuro do Trabalho). Nele, a capacidade de reaprender, adaptar-se a novos contextos, ser criativo, autoavaliar-se e retomar percursos foi denominada de "flexibilidade cognitiva", que nada mais é do que a abertura a novos aprendizados, sempre! Será mais fácil desenvolver essa abertura ao novo em quem, desde a infância, constituiu como pessoa flexível e comprometida a praticar e estimular o contínuo reaprender. Por exemplo, pais que desafiam os filhos a realizarem suas tarefas de formas diversas, a ouvirem o irmão e, com isso, também a aceitarem a ideia do outro, a conviverem com colegas e grupos que, mesmo diferentes, ensinam e ampliam a visão de mundo, ou, ainda, entendem que o conflito com os colegas faz parte do processo de amadurecimento, tudo isso contribui para que as pessoas caminhem no sentido de serem menos rígidas e mais abertas.

A pandemia do coronavírus, que subverteu todas as lógicas no ano de 2020 e que adentrou nos anos de 2021 e 2022, produziu maior capacidade de adaptação às adversidades vividas em escala mundial por aqueles mais flexíveis e menos engessados. Os professores foram um exemplo clássico: tiveram que reinventar suas práticas, utilizar a tecnologia como elemento mediador e norteador das aulas e, certamente, apesar das dificuldades, que foram muitas e não podem ser desconsideradas, foram os mais flexíveis, curiosos e dispostos a reaprender, e os que viveram o momento de forma mais realista. Durante a pandemia, mesmo em relação ao contexto cotidiano e às abdicações necessárias naquele período, os mais rígidos tinham a tendência a não aceitarem mudanças em seus modos de vida – desejavam sair, ficar junto, irem a festas, sem pensar de forma empática, pois não queriam abrir mão de seus pensamentos e da forma como viviam.

Ao contrário, os mais flexíveis geralmente foram mais empáticos, abertos a buscar informações e a reaprender a viver em tempos de pandemia, seguindo os protocolos necessários, mesmo que nunca tivessem sido vivenciados aquele novo e desafiador contexto.

Assim, a fórmula é mais ou menos esta: quem é inflexível o é em relação a mudar padrões de comportamento e a sair da zona de conforto pessoal. Já pessoas mais flexíveis têm uma tendência a desenvolver uma abertura maior ao novo, a serem mais empáticas e, com isso, se necessário for, reverem conceitos e reaprenderem a viver em tempos em que novos comportamentos são necessários pelo bem da coletividade.

Pessoas que são inflexíveis geralmente são imbuídas de certo orgulho, de uma característica que, muito mais do que expandir suas oportunidades em todas as dimensões de sua vida, limitam-nas.

Quem deseja conviver ou ter amigos que nunca se abrem para uma escuta genuína ou que insistem em impor suas ideias e vontades ao grupo? Já parou para pensar que as pessoas com as quais mais gostamos de conviver são flexíveis e capazes de dialogar? Geralmente, são emocionalmente mais maduras e têm uma abordagem mais suave, evitando rotular, ter preconceitos e julgar precipitadamente.

CANCELAMENTO E INFLEXIBILIDADE

Vivemos em tempos em que o cancelamento de pessoas se tornou quase uma febre global. Basta um breve olhar nas redes sociais em nosso país para perceber o quão difundida está essa rigidez e inflexibilidade. Um único erro ou uma fala infeliz e mal colocada são suficientes para definir, encerrar, promover linchamento e exclusão.

De forma alguma entendemos que as pessoas têm o direito de ofender, preconceituar ou agredir. Pelo contrário, devemos procurar, em relação a nós e a todos que de alguma forma educamos, cuidar do que falamos e, sobretudo, do nosso pensamento. Devemos evitar generalizações e buscar embasamento sobre os mais diversos temas que permeiam a vida em sociedade, para não sermos ofensivos a alguém, independentemente de seu pensamento, aparência, orientação, crença religiosa ou realidade socioeconômica.

Desejamos, aqui, relacionar o cancelamento à falta de flexibilidade. Significa deixar-se levar pela seguinte lógica: se não pensa e age como eu idealizo, quero sua eliminação. A falta de flexibilidade faz com que outras versões não sejam vistas, que o arrependimento de uma ação nunca seja considerado ou que, diante de uma notícia falsa ou distorcida, a primeira impressão produzida se torne a verdade absoluta, não deixando espaço para mudança ou revisão de determinada informação recebida.

Quantas vidas já foram destruídas por calúnias ou por cancelamentos que tiram oportunidades de crescimento. Gandhi proferiu uma frase que continha uma sabedoria muito grande: "Olho por olho, e a sociedade terminará cega!". Estamos formando muros perfilados de pessoas inflexíveis, sobretudo na forma de pensar ou revisar um ponto de vista. Muitas vezes, mesmo diante da verdade de um fato ou da comprovação científica, o pensamento inflexível desconsidera e permanece na mesma zona de conforto que estabeleceu para si.

Na educação das novas gerações, caso se persista na perspectiva inflexível, os prejuízos para a sociedade serão inúmeros. A tendência é que se intensifique a intolerância, os radicalismos, os discursos de ódio e as divisões, dificultando as relações interpessoais. Para construir trajetórias felizes com outras pessoas, é crucial abrir-se efetivamente e ser flexível, o que implica acolher e incluir.

Há formas simples de desenvolver crianças e jovens mais flexíveis, e a ponte é sempre o diálogo, o estímulo ao estar com o outro, as atividades e os esportes coletivos, a troca de ideias, o oportunizar para que sejam vivenciadas realidades diferenciadas, engajar-se em ações sociais, de solidariedade, treinar leituras e olhares diversos, ampliar o repertório musical, de filmes e de desenhos para além do olhar que vicia e encerra em um único ponto de vista.

Mas, muitas vezes, é preciso treinar, juntamente à flexibilidade, a capacidade de abdicar, que, dentro da autogestão de um ser humano, será o caminho para que ele consiga mais êxito nos caminhos os quais pretende seguir com autonomia.

ATENÇÃO E RECONHECIMENTO

A quantidade de redes sociais e o tempo gasto com elas são indicativos da crescente carência das pessoas. Além disso, a restrição do contato social e profissional à vida digital acentuou ainda mais a demanda por atenção nas pessoas.

Nos *posts* e nos diálogos das redes é nítida a necessidade cada vez maior de reconhecimento e aprovação. A confirmação vem pelo enorme número de *likes*, "gostei" e "palmas", por meio dos quais a popularidade do usuário é medida. Hoje, a popularidade é balizada pelo número de amigos virtuais, a maioria totalmente desconhecida que aceitou o convite.

Como consequência desse mundo, muitas vezes de relações artificiais, é preciso, mais do que nunca, que as pessoas identifiquem exatamente o que as move em suas ações, atitudes, falas e relações. Quanto delas é motivado pela necessidade de aprovação, pelo reconhecimento, pelas manifestações de *likes*? Esse reconhecimento é importante para separar o mundo real, que é o que importa, do mundo virtual, camuflado pela tela.

É oportuno nos perguntarmos qual é o motor da maioria das nossas falas e *posts*. Seria carência, excesso dela? Se a fala tem como objetivo impactar outras pessoas, se a intenção é voltada para o outro, não é preciso reconhecimento. Mas se a resposta à pergunta for que a nossa fala tem como objetivo aprovação, aplausos e elogios, sem agregar nada ao outro, o melhor é nos mantermos em silêncio.

Na formação das crianças e dos jovens, quando os pais praticam esse reconhecimento nas ações benéficas dos filhos, usando isso como reforço positivo, a necessidade da recompensa social cai drasticamente. Educação e afeto familiar, sem elogios desmedidos, constroem desde cedo uma base sólida de personalidade, que dispensa tantos *likes* e "palminhas".

> A tecnologia atual tem absorvido em excesso a atenção dos pais, deixando os filhos com a sensação de abandono, sem parâmetros e sem atenção adequada.
>
> Cada vez mais, os pais têm negligenciado a interação com os filhos em prol de computadores, *smartphones*, redes sociais, notícias, entre outros. Por sua vez, os filhos buscam atenção e reconhecimento social fora de casa, o que pode resultar em comportamentos inadequados e amizades prejudiciais, muitas vezes manifestando-se em agressividade, desrespeito e outras atitudes negativas.
>
> Leo Chaves

QUANDO ABDICAR ENSINA E PROPORCIONA CRESCIMENTO

Existe uma relação, embora muitas vezes não considerada, entre uma boa autoestima e a capacidade de abdicar. Os numerosos estudos realizados convergem para uma questão em comum: a autoestima se desenvolve na infância e se estabelece no contexto do primeiro grupo social vivenciado pela criança — a família —, tendo como referência principalmente os pais.

A máxima "É difícil desenvolver no outro o que não se desenvolveu dentro de si" se reflete na relação entre o suporte emocional que os pais oferecem aos seus filhos para que eles desenvolvam uma boa autoestima. Pesquisas revelam que apenas 40% dos pais estão verdadeiramente conectados emocionalmente aos seus filhos, principalmente devido ao fato de que, frequentemente, lidam com suas próprias dificuldades emocionais, como estresse profundo, ansiedade e problemas nos relacionamentos afetivos, familiares e no ambiente de trabalho. Como resultado, acabam incapazes de estimular seus filhos em relação aos três pilares que são fundamentais para a construção da autoestima: a aparência física, o comportamento e o desempenho escolar.

Pais extremamente rígidos e inflexíveis tendem a criticar os filhos e a apontar suas fragilidades, fazendo com que eles nunca se sintam bons o suficiente. Por exemplo, quando os pais cobram questões de peso de uma criança com escárnio ou excessiva exigência, ou a criticam, a segurança da criança em relação à sua aparência fica comprometida e emocionalmente fragilizada. É provável que a comida se torne uma fuga e, no futuro, a criança tenha mais dificuldade em abdicar dessa fuga, por exemplo, para atingir o objetivo de emagrecer.

Se os pais compreendessem o impacto das palavras aliadas às atitudes na construção da autoestima da criança — o que geralmente repercute em sua vida adulta — talvez fossem mais cautelosos em relação a isso. Por exemplo, é comum que, quando a criança manifesta problemas na escola, seja de aprendizado ou disciplinar, o problema defina a criança: "Não tira boas notas porque é preguiçoso" ou: "Faz bagunça na sala porque é exibido e desobediente". Essas falas permitem que o comportamento defina a pessoa, quando, na verdade, a melhor abordagem é sempre: "Você é capaz de tirar boas notas. Não usou bem seu tempo, mas, certamente, a partir de agora, vou ajudar você a se organizar e logo vamos superar esse problema". Essa atuação não define a criança pelo problema, deixando claro que ela não está sozinha, mostrando sua potência e reforçando a crença de que ela é capaz e, como consequência, impactando em sua autoestima.

Outro fator que compromete o desenvolvimento da autoestima de uma criança é a comparação excessiva com outras crianças, seja da aparência ou do comportamento: "Sua prima, sim, é ótima, deveria agir como ela", ou: "Seu irmão sempre foi bem na escola, mas você não nasceu para estudar". Toda comparação é indesejável quando falamos em seres humanos em formação. Pais com mais de um filho podem afirmar que cada filho, mesmo criado com os mesmos princípios, é único em sua individualidade e não pode ser visto em comparação com o outro. A sala de aula também é espaço que evidencia isso. Entre trinta crianças ou jovens, não achamos dois absolutamente iguais. Sempre haverá algo único em cada ser humano.

A boa comunicação, como já vimos, tem o poder de conectar pessoas, estabelecer uma aproximação, sendo o caminho para o desenvolvimento de uma boa autoestima e, sem dúvida, estabelecer com as crianças e com os jovens uma comunicação não violenta, empática, assertiva e que aproxime ao invés de distanciar.

As marcas de abordagens, ora postas pela crítica e repressão excessiva, ora pela permissividade exagerada, comparações ou rótulos, são nocivas ao desenvolvimento de uma boa autoestima. Na mesma medida, pais flexíveis, empáticos e capazes de manter a atenção e o diálogo real com os filhos, evidenciando seu amor e, ao mesmo tempo, estabelecendo limites que demonstrem que se importam e se comprometem com o desenvolvimento deles, estimulam o crescimento sadio, com autoestima positiva. Pais flexíveis são aqueles que colaboram para que seus filhos sejam pessoas muito mais capazes de abdicar, de buscar seus objetivos com mais determinação e plenitude da consciência, entendendo que viver supõe sempre abrir mão de determinadas coisas para alcançar alguns objetivos.

A capacidade de abdicar é compreendida por nós como a compreensão de que não podemos ter tudo ao mesmo tempo e, para que possamos atingir determinados objetivos, sempre existe, em algum nível, a necessidade de desenvolvermos um bom senso de abdicação. Se uma criança deseja ter um bom desempenho na escola, deverá aprender, desde cedo, a abdicar de um tempo integral de brincadeira para estudar, fazer suas tarefas e realizar as leituras necessárias, e isso requer consciência e compromisso com os objetivos que se propõe alcançar — que, nesse caso, seria o de ser um bom aluno.

O mesmo se aplica a algo que um jovem almeje, como um *videogame* ou uma roupa que não esteja no orçamento familiar, por exemplo. Eis aí uma boa oportunidade para treinar o senso de abdicação: "O que você está disposto a deixar de gastar para que possamos começar a economizar e reservar um recurso por alguns meses para conseguirmos comprar seu *videogame*?".

Suponhamos que esse jovem saia sempre com amigos e, para isso, receba uma determinada quantia. Esse momento é uma excelente ocasião para negociar com ele, treinar o senso de abdicação: reservar esse dinheiro para a compra do que almeja.

Os pais e educadores não devem se intimidar diante da necessidade de evidenciar, na educação de crianças e jovens, que abdicar faz parte do processo para alcançar os objetivos que desejam atingir. É fundamental lapidar suas emoções para que saiam da zona do imediatismo, em que tudo parece curvar-se para realizar seus desejos, e compreendam que ter mais e mais bens materiais não é o cerne da realidade que enfrentarão fora do núcleo familiar.

Pessoas com autoestima mais elevada compreendem a abdicação como um treinamento essencial para aprimorarem seu caráter, alinharem seus objetivos e promoverem sua independência. Elas têm a percepção clara de que a dedicação, o empenho e a excelência estão intrinsecamente ligados ao tempo dedicado a abrir mão de algumas situações para alcançarem suas metas.

O excesso de proteção e permissividade dos pais, com o tempo excessivo nas redes sociais, muitas vezes distorcem a noção do tempo, que passa rapidamente e é desperdiçado. Portanto pais emocionalmente inteligentes compreendem que seres humanos em desenvolvimento, quando chamados a desenvolverem o senso de abdicação, não devem ser tratados com superproteção ou pena só porque não estão fazendo o tempo todo o que lhes traz prazer.

Nos tempos atuais, em que o hedonismo crescente domina, a busca pelo prazer contínuo, dedicando o tempo apenas ao que é aprazível e agradável para si, pais permissivos, que acreditam que estimular o senso de abdicação dos filhos pode violar a natureza livre da criança, certamente não os preparam para a vida nem os aproximam, num futuro próximo, de seus sonhos e de uma vida mais realizada. Não se trata de rigidez excessiva nem de impor um regime disciplinar opressor, mas de fazer a criança entender, desde cedo, que nunca é possível ter seus desejos e suas vontades atendidos de forma imediata, dissociada de suas atitudes.

Deseja ser bom em um determinado esporte?
Terá que abdicar do tempo com as telas.

Precisa estudar e fazer tarefas?
O tempo de TV será diminuído.

Quer ter uma festa de aniversário?
Deverá abdicar de seu tempo de jogos e se envolver no planejamento e no preparo.

Os exemplos poderiam ser estendidos. A relação entre ação e reação deve ser incorporada ao processo de construção do senso de abdicação, da troca nas escolhas, sempre estimulados de forma assertiva, positiva e mostrada como consequência natural na vida. Outro fator importante é evidenciar, por exemplo, determinados privilégios que os filhos tenham. Mas como indicar isso? Mostrando a capacidade de abdicação dos pais em buscarem a condição que proporcionam ou, na mesma medida, apontando determinados problemas vividos pela família ligados à falta de senso de abdicação. O que é visto, discutido, dialogado e materializado por intermédio de exemplos ganha corpo e sentido para as crianças e os jovens.

Fundamental para quem educa no núcleo familiar é compreender e interiorizar que a vida em sociedade não se dará em torno de seus filhos. A vida segue e é preciso que eles entendam que, na forma como a sociedade se apresenta, o senso de abdicação é necessário no caminhar de todos, mesmo que de formas diferenciadas.

Quem pretende formar novas gerações para que realizem uma boa autogestão de si mesmas — caminhando no sentido de lapidação do caráter, na busca pelo crescimento e no aprendizado contínuo, a fim de que sejam capazes de serem fonte de iniciativa e decidirem por si mesmos seus percursos —, a autonomia, a flexibilidade e a abdicação serão os facilitadores para isso. Educar para autonomia supõe educar pessoas para que sejam livres e responsáveis em relação a si e ao mundo em que vivem. Daí entendermos que o pilar que vem a seguir, o da Educação Financeira, mesmo sendo tão pouco falado, divulgado e estimulado em nosso país, seja fundamental para o desenvolvimento da autogestão, que amplia possibilidades e fomenta o crescimento.

EDUCAÇÃO FINANCEIRA

> "A abundância não é dar a todos neste planeta uma vida de luxo, mas, sim, dar a todos uma vida de possibilidades."
> (Peter Diamandis, fundador e diretor da *Singularity University*, investidor, escritor e palestrante)

> "O futuro é construído pelas nossas decisões diárias, inconstantes e mutáveis, e cada evento influencia todos os outros."
> (Alvin Toffler, futurista norte-americano, escritor que abordou a revolução digital e das comunicações)

> "Cuidado com as pequenas despesas; um pequeno vazamento afundará um grande navio."
> (Benjamin Franklin, diplomata, escritor, jornalista, filósofo e um dos fundadores dos Estados Unidos da América)

Considerando a questão financeira em nossas vidas, é evidente que a maioria das pessoas usa, predominantemente, o cérebro emocional para lidar com o dinheiro, muitas vezes sem equilibrar razão e emoção. Essa falta de equilíbrio promove uma confusão, que torna ainda mais desafiador o exercício de gerenciar as finanças — desde a mesada da criança e do jovem até o salário dos adultos. Portanto nossas decisões financeiras tendem a ser mais influenciadas pela emoção do que pela razão, o que confere uma complexidade significativa a essa relação.

Pesquisas destacam que emoção e razão estão interligadas, porém, para aqueles que são mais bem-sucedidos financeiramente, o cérebro racional desempenha um papel mais proeminente no gerenciamento das finanças. Não somos habitualmente educados para fazer a gestão financeira eficiente de nossas vidas e isso nos traz problemas consideráveis ao longo dela. Sete em cada 10 pessoas enfrentam algum tipo de problema financeiro.

Talvez, um dos principais motivos de toda a nossa dificuldade, quando falamos em educação financeira e formas de fazer um bom gerenciamento nessa área, possa estar relacionado diretamente à deficiência da falta de debate nas escolas e no contexto familiar, principalmente no Brasil, que nunca contemplou a educação financeira como algo que deveria constituir os currículos de forma mais enfática. Ao contrário, muitas vezes marcamos nossa vida com uma visão ingênua de que gerenciar bem o dinheiro é exclusivo daqueles com visão empresarial, ou que o conhecimento financeiro não é importante para os mais jovens ou para aqueles com renda não tão alta. Essas noções afastam as pessoas da educação financeira, quando, na realidade, desde a infância, todos podem aprender a cultivar uma relação autônoma e saudável com o dinheiro.

Recentemente, iniciaram-se estudos nessa área e, em 2020, entrou em vigor, por meio das BNCCs, uma proposta para que as crianças e os jovens tenham incluídos em suas disciplinas estudos e conceitos de Economia e Finanças, abordando temas como aplicações, índices financeiros, taxa de juros, impostos, inflação, entre outros, nas etapas do ensino infantil, fundamental e médio.

Partimos do pressuposto de que a educação financeira é um processo que envolve a relação que estabelecemos com o dinheiro e o conhecimento que dele nos utilizamos para gerenciar nosso dia a dia, evitando principalmente o excesso de dívidas e o consumo exagerado. Dessa forma, a educação financeira nos auxilia a nos tornarmos mais conscientes em relação a como utilizamos o dinheiro, promovendo uma gestão financeira mais saudável e equilibrada em nossas vidas.

A importância desse reconhecimento deve-se ao fato de que, se buscamos desenvolver pessoas emocionalmente mais saudáveis e felizes, elas precisam adquirir conhecimentos sobre finanças desde cedo. Viver a vida com problemas decorrentes de más escolhas nesse campo é fonte de angústia, depressão e de uma sucessão de decisões erradas, frequentemente em cascata. A liberdade, como um dos bens mais preciosos do ser humano, fica comprometida quando não somos capazes de gerenciar nossos recursos e viver em consonância com o que realmente temos, e não com o que idealizamos ou desejamos ter.

Em um mundo marcado pelo valor exacerbado da aparência, da marca, do consumo e do acúmulo, as pessoas são levadas a acreditar que apenas quem exibe recursos financeiros é importante. Esse valor, aliado à fragilidade na formação das pessoas, promove a ideia de que os fins justificam os meios e, nessa mentalidade de "vale tudo", prevalece a crença de que ter dinheiro é mais importante do que ser feliz, mesmo que isso resulte em dívidas, noites mal dormidas, estresse contínuo e um futuro incerto e frágil.

Um estudo realizado há uma década sobre moradores de rua revelou, de forma surpreendente, que muitos deles já tiveram consideráveis recursos financeiros, alguns até foram ricos, muitos tinham nível superior e propriedades, mas incapazes de fazer escolhas que equilibrassem razão e emoção, perderam tudo, seja pelos excessos, pelo vício ou pela má gestão do dinheiro.

Diante dessa questão, a pergunta é: como desejamos ver nossos filhos e aprendizes? Autônomos e capazes de fazer boas escolhas ou pessoas fadadas à superficialidade da escravidão da aparência e insegurança contínua? Não se trata apenas de ensinar a fazer contas ou partir da primeira grande máxima: se ganho "x", gasto apenas dentro de minha realidade, mas, sim, de fazer perceber que há um valor que permeia todas as nossas escolhas. É urgente, diante da voracidade consumista das crianças e dos jovens, fazê-los realizar, sempre e antes de tudo, para si próprios, três questionamentos:

- Eu preciso, de fato, disso?
- Quanto tempo serei feliz com o que quero adquirir?
- Desejo isso para ser feliz ou para mostrar aos outros que sou feliz?

EDUCAÇÃO FINANCEIRA PARA CRIANÇAS E JOVENS. VAMOS JUNTOS?

Dados apresentados pelo relatório do Programa Internacional de Avaliação de Estudantes (PISA) do Brasil revelam que, em 2022, o país figurou entre os 16 piores entre os 81 participantes, no que diz respeito ao aprendizado de matemática e ciências. Esses dados são realmente alarmantes e merecem atenção, pois revelam que não estamos cumprindo um dos principais papéis da educação, que é preparar as novas gerações para uma vida sustentável e autônoma, o que inclui, sem dúvida, a capacidade de fazer escolhas financeiras conscientes.

Percebemos claramente que é necessário e fundamental que a sociedade, os pais e os educadores reflitam e mais do que isso, pratiquem a educação financeira com seus filhos — crianças e jovens. É fundamental considerarmos um crescimento econômico mais equilibrado se desejamos educá-los para a autonomia e para o senso de responsabilidade financeira.

É preciso alinhar a mente das crianças e dos jovens para que, com criticidade e leveza, possam compreender suas próprias finanças, organizar-se, cultivar disciplina, reconhecer os diferentes tipos de gastos e revisar seus hábitos. Para as crianças, é essencial que aprendam por tentativa e erro, utilizando jogos e atividades lúdicas que as incentivem a anotar seus gastos, participar de tarefas cotidianas, como abastecer o carro ou fazer compras, e permitindo-lhes gastar dinheiro para compreender que os recursos financeiros não são infinitos. Uma comunicação clara e sincera deve permear esse processo de aprendizado, buscando envolvê-las na compreensão dos objetivos que almejamos quando as ensinamos desde cedo a poupar, ganhar e ampliar seus recursos financeiros.

Educadores que se dedicam a promover a educação financeira por meio de uma mediação adequada estão contribuindo para que crianças e jovens possam integrar razão e emoção e compreender o mundo das finanças de maneira mais natural. Dessa forma, podem afastar a ideia equivocada de que ganhar dinheiro e ter certas ambições seja algo desprezível ou que limite a maioria das pessoas a sonhar conquistar mais recursos financeiros.

Quando introduzimos os jovens à educação financeira estamos abrindo caminho para construir conexões com a EAI Colaborativa e iniciativas de responsabilidade social. Ao compreender o valor do dinheiro, a meta é entender também o que ele pode realizar, como ações voltadas para grupos e pessoas carentes. Essas atividades representam exercícios de um valor importante, que é buscar um propósito para os recursos financeiros além do mero acúmulo de bens materiais, direcionados apenas para si mesmos ou para ostentação diante dos outros. Estamos, assim, estabelecendo conexões para que os jovens e as crianças aprendam sobre finanças e compreendam que o dinheiro pode ter propósitos mais amplos, relacionados ao ser e não apenas ao ter.

Pessoas capazes de realizar uma boa autogestão estão sempre conectadas, são observadoras e têm grande responsabilidade com seu autodesenvolvimento e com os muitos benefícios do trabalho com a educação financeira. Alguns requisitos para aprender a fazer uma boa gestão do dinheiro:

- Ter consciência, participação e controle do orçamento familiar.
- Desenvolver uma postura responsável em relação ao uso e à aplicação adequados do dinheiro.
- Entender, na prática, o significado de abdicação ao aprender a cortar gastos ou evitar consumo desnecessário em determinados momentos.
- Elevar o nível de consumo para um patamar mais sustentável, preocupando-se com a durabilidade e outros aspectos envolvidos; por exemplo, compreender o esforço e o custo para adquirir é valorizar o produto, sua qualidade e sua sustentabilidade.
- Aprimorar o treinamento mental que exige equilíbrio entre a emoção do desejo imediato e a razão da real necessidade.
- Desenvolver a consciência de que o dinheiro é um recurso finito e não ilimitado é fundamental para cultivar uma compreensão mais profunda sobre o bom uso do dinheiro.

Compreender o dinheiro como um meio, e não um fim, um instrumento para realizar sonhos, estar com pessoas queridas e ajudar os outros, é fundamental. Aqueles que reconhecem o valor dos recursos materiais e entendem o esforço necessário para poupar ou abdicar, conseguem desenvolver essa percepção com mais facilidade.

Devido ao papel fundamental que a educação financeira desempenha no desenvolvimento da autogestão, consideramos um programa como um caminho para uma vida feliz, autônoma, responsável e livre. Nesse sentido, é fundamental que nós, adultos responsáveis por educar outros indivíduos, estejamos genuinamente comprometidos com a construção dessa consciência em relação às finanças.

RECADO DO BEM

Vamos colocar em prática?

Crie um projeto de educação financeira com seus filhos, sobrinhos, alunos e amigos. Mas o desafio é que esses recursos sejam mobilizados em prol de uma causa. Eis o propósito mais nobre: utilizar o dinheiro como meio para melhorar a vida de pessoas.

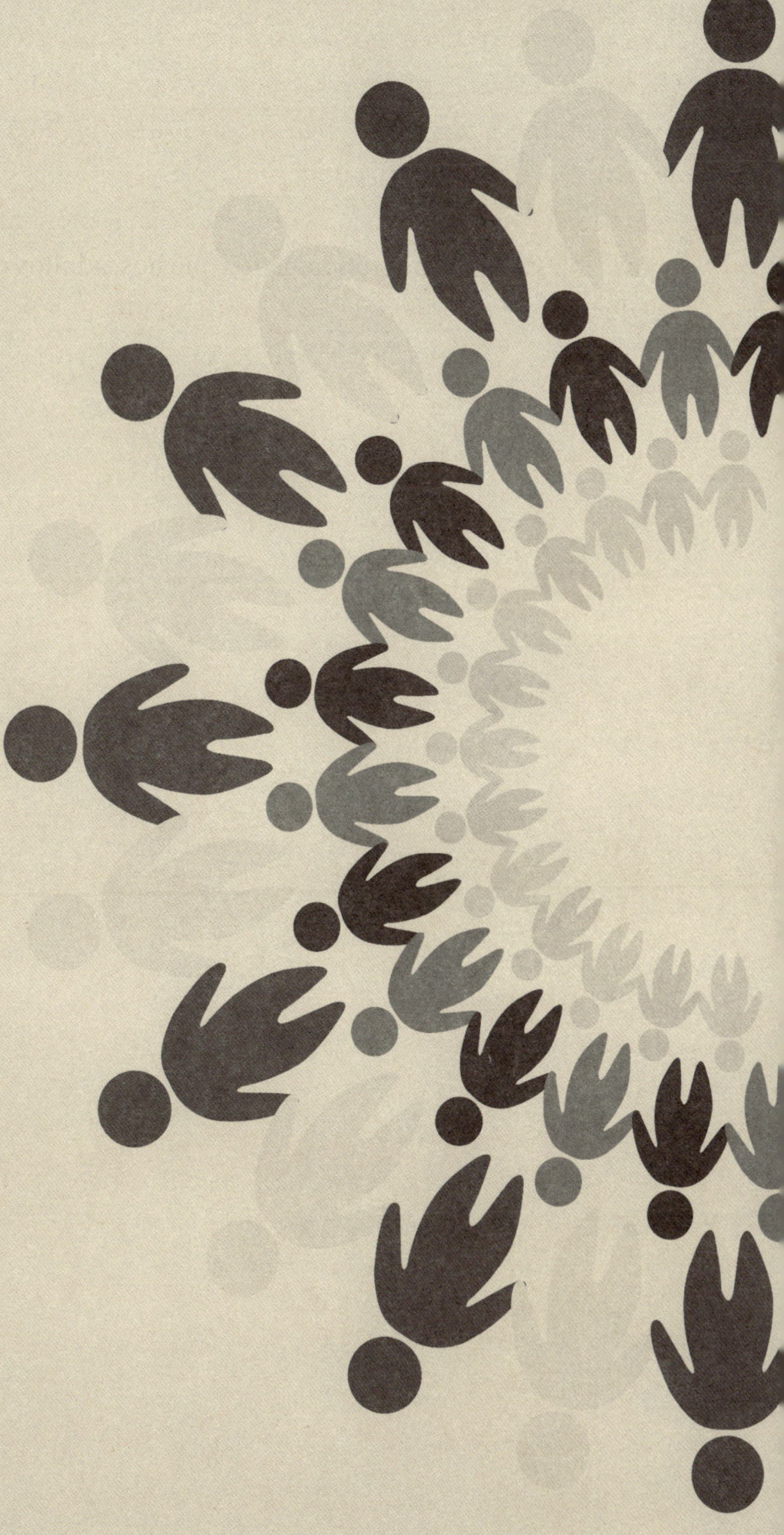

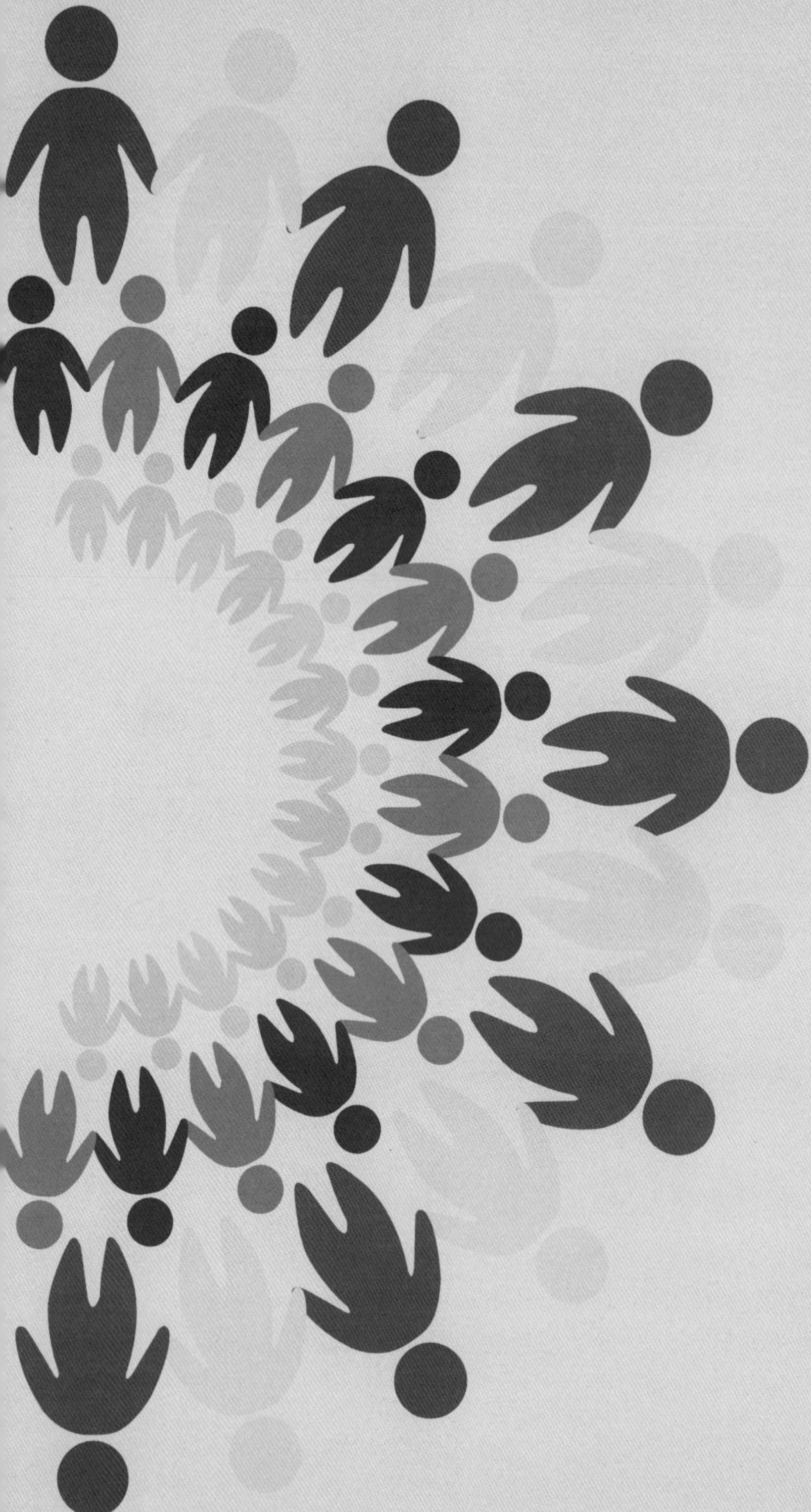

Capítulo 7

EAI RELACIONAL –
Marca

> "Os componentes da sociedade não são os seres humanos, mas as relações que existem entre eles."
> (Arnold Toynbee, professor, economista e historiador britânico)

> "Nós não consertamos mais relações humanas, nós trocamos. E ao trocar sapatos, computadores e pessoas que amamos por outras pessoas, vamos substituindo a dor do desgaste pela vaidade da novidade. Ao trocar alguém, creio, imediatamente eu me torno alguém mais interessante e não percebo que aquele espelho continua sendo drama da minha vaidade."
> (Leandro Karnal, professor, escritor, palestrante e apresentador de TV)

> "A humildade é a única base sólida de todas as virtudes."
> (Confúcio, pensador e filósofo chinês)

SABEMOS MUITO SOBRE AS PESSOAS quando observamos atentamente suas redes de relacionamentos: se cultivam amizades de longa data, se têm habilidades de diálogo com colegas de trabalho, família e outros círculos sociais. A arte de interagir com o outro nunca é, e nunca será, uma tarefa fácil, pois somos seres individuais, moldados por pensamentos, concepções e um código de moralidade construído ao longo da vida, influenciados pelos valores que recebemos desde a infância e pela ética que desenvolvemos em relação à vida em sociedade.

Desde os primórdios da humanidade somos seres gregários e historicamente nos constituímos enquanto sociedade a partir da complexa teia de relações formadas em diferentes contextos. O ser humano não é um projeto solitário e, portanto, ao se articular e se relacionar com outros em várias dimensões, vive melhor, alcança maior realização e encontra um sentido mais profundo em sua existência. Os relacionamentos não se limitam às esferas amorosas ou de natureza sexual entre indivíduos, tampouco se restringem apenas à dinâmica familiar; eles também se estabelecem nos ambientes educacionais, profissionais e na sociedade como um todo.

SER COM O OUTRO

Relacionamo-nos e somos impactados pela nossa extensa rede de pessoas com as quais interagimos constantemente. Quando nos perdemos, seja por falta de humildade ou pela ausência de reconhecimento de que o outro também tem sentimentos e valores muitas vezes distintos dos nossos, ou, ainda, quando rigidamente marcamos nossa convivência, limitando-nos e não assumindo um compromisso efetivo em relação aos que nos cercam, os relacionamentos acabam se tornando uma espécie de prisão. Isso causa infelicidade, dificulta a vida, limita as possibilidades, afasta e desagrega as pessoas.

Quantas pessoas não perderam grandes oportunidades devido às dificuldades encontradas em seus relacionamentos? Sobretudo porque as interações interpessoais ocorrem no campo das emoções, expressando sentimentos muitas vezes contraditórios. É possível que irmãos se amem e mantenham relações ao longo da vida, mas que o relacionamento seja permeado pela inveja em algum nível, um sentimento comum que, quando bem trabalhado, pode evoluir para uma inspiração positiva. Essa inspiração pressupõe admirar o outro, suas atitudes ou conquistas, e buscar, não pela comparação, mas pela admiração, alcançar metas semelhantes. A inspiração motiva e impulsiona para um movimento positivo. Já a inveja, quando cultivada, geralmente resulta em ressentimento. Com frequência, a inveja nos imobiliza, levando-nos ao terreno da vitimização, da comparação e, sobretudo, da indesejável pergunta: "Por que ele/ela e não eu?".

Quando permitimos que as emoções nos guiem para a inveja, construímos muros em nossos relacionamentos. Se a inveja não é transformada em inspiração, torna-se um poço sem fundo, pois sempre haverá pessoas no mundo que se destacam mais, seja por atributos físicos, talentos incomuns, inteligência, entre outros traços que compõem a complexa teia do ser humano.

O valor que é almejado como o pódio da felicidade para aqueles consumidos pela inveja — um sentimento que imobiliza pelo ressentimento — nem sempre é o passaporte para uma aventura plena. Há alguns anos, de forma lamentável, uma pessoa que recebeu o título de beleza mais alto do país, e certamente foi invejada, acabou morrendo por suicídio. Quantos astros da indústria cinematográfica não sucumbiram ao adoecimento da alma e quantos jovens bonitos e famosos não acabaram tirando suas próprias vidas ou foram dominados pela depressão e pela ausência de sentido na vida? Isso apenas evidencia que nem sempre aqueles que são invejados são tão plenos e felizes quanto os julgamos à primeira vista, de forma superficial.

Por que considerar essas questões ao iniciar nossa reflexão sobre a EAI Relacional? É importante reconhecer inicialmente a importância do desenvolvimento da EAI Relacional entre crianças e jovens, especialmente no contexto da educação socioemocional. Somos nós, com nossos sentimentos e nosso histórico memorial — frequentemente marcado por ressentimentos e negatividade — que erguemos, tijolo por tijolo, os muros que dificultam, criam obstáculos e limitam os relacionamentos.

Vamos fazer uma reflexão rápida. Pense em sua vida e liste as três pessoas mais difíceis de se relacionar que estiveram ou estão presentes em seu caminho. É muito provável que você encontre três características comuns entre essas pessoas:

Soberba: no sentido de que elas se percebem quase sempre superiores e melhores do que os demais.

Inflexibilidade: em relação ao que pensam, ao que creem e às escolhas que fizeram. São pessoas que geralmente se orgulham de dizer: "Eu nunca mudo minhas opiniões."

Materialismo levado ao extremo: colocam muito mais o sentido de ser feliz baseado no acúmulo material do que no patrimônio humano que podemos somar ao longo da vida: amigos, realizações, histórias de afeto e bem-querer, solidariedade, generosidade etc.

A forma como nos relacionamos com os outros quase sempre reflete como nos relacionamos conosco mesmos. Se lidamos bem com nossas emoções internas buscamos compreender nossos sentimentos e, consequentemente, nossas atitudes. Enxergamos a nós mesmos como seres em constante construção e tendemos a ser mais conscientes de nossa complexidade quando interagimos com os outros. Isso repercute de forma mais positiva quando estabelecemos vínculos e relacionamentos interpessoais.

Na mesma medida, aqueles que permanecem reféns do ego, com dificuldade para compreenderem suas próprias emoções, certamente manifestarão essa mesma postura em suas relações. Dessas constatações surge a importância do processo de educar crianças e jovens emocionalmente mais inteligentes, para que não neguem ou mascarem seus sentimentos e que, desde cedo, pratiquem a expressão dessas emoções como meio para o autoconhecimento e a abertura ao diálogo genuíno.

Para colocarmos a EAI Relacional em prática é preciso internalizarmos que só existimos no mundo em relação a outras pessoas. Todos os conceitos que nos definem, mesmo os mais polarizados

— generoso ou egoísta, bom ou mau, gentil ou grosseiro, agressivo ou calmo, entre tantos rótulos que vão pontuando pessoas ao longo da vida —, só existem em relação ao que "somos com os outros". A forma como agimos em sociedade e nos posicionamos diante dos demais pode acolher ou não. É a nossa fala, aliada às atitudes, que irá sustentar nossos relacionamentos. A EAI Relacional se expressa na maneira como agimos, dialogamos, recebemos, acolhemos, convivemos e enxergamos aqueles com quem nos relacionamos.

Para Ana Artigas, neuropsicóloga, escritora, especialista em relacionamentos inteligentes, existe, além das várias inteligências emocionais elencadas por Daniel Goleman[13], outra IE, a inteligência relacional, definida por ela em seu livro como sendo:

> [...] a inteligência que nos conecta ao mundo pelas pessoas é a habilidade de nos relacionarmos de forma positiva com os outros, entendendo suas necessidades e estabelecendo uma conexão que traga cooperação, ganhos e boas energias para as partes.

Ao longo de sua obra, Ana orienta e evidencia, por meio de um método criado por ela chamado de Método CLASSE, que podemos nos tornar pessoas mais competentes e desenvolver a inteligência relacional, a partir de sete passos: Consciência, Liberdade, Atração, Segurança, Sabedoria e Empatia. Em seu livro *Inteligência relacional: as 6 habilidades para revolucionar seus relacionamentos na vida e nos negócios*, ela detalha cada um dos passos e destaca que eles, quando bem articulados, podem colaborar para que desenvolvamos uma forma de nos relacionar mais empática e bem-sucedida. Vale a pena ler e conhecer a sua abordagem inovadora sobre a Inteligência Relacional.

---

13. Daniel Goleman é psicólogo e escritor conhecido por popularizar o conceito de inteligência emocional. Seu livro *Inteligência emocional*, publicado em 1995, argumenta que a capacidade de reconhecer, entender e gerenciar emoções é crucial para o sucesso pessoal e profissional. Goleman escreveu vários livros sobre inteligência emocional e liderança, contribuindo significativamente para a compreensão e promoção desses conceitos em diversos campos.

Como fizemos ao longo do livro com todas as EAIs apresentadas, nosso foco sempre se volta primeiro para possibilitar que olhemos para nós, educadores, sejamos pais, professores ou qualquer pessoa que, de alguma forma, envolva-se com a educação de outros seres humanos. O segundo passo é refletir de que forma podemos, pela consciência e pelo bom gerenciamento de nossas emoções, auxiliar, fomentar e ser ponte para o desenvolvimento de crianças e jovens para que eles se relacionem de forma competente com os outros, exercendo a empatia, o respeito e compreendendo a alteridade que existe na sociedade e, sobretudo, entendendo que também na diferença, na oposição e no convívio com o outro podemos crescer e nos fazer melhor.

Na EAI relacional novamente aparece de forma bem marcada a presença da tecnologia e sua ambiguidade na vida dos seres humanos. Por isso é preciso que nós mesmos tenhamos consciência primeiro, pois também somos afetados por essa nova forma de se relacionar que a internet e as redes sociais estabeleceram na sociedade contemporânea.

Se há algum tempo as crianças saíam, andavam de bicicleta, tinham a turma do bairro, onde começavam de forma muito precoce e intensa a adentrar o mundo do relacionamento interpessoal, encontrando oposição e tendo que administrar conflitos, hoje as crianças e os jovens se agregam em redes sociais, muito mais buscando se aliar aos que pensam, vivem e são como eles. São os chamados grupos e comunidades. Embora esse caminho não tenha volta, isso precisa ser avaliado por meio de um questionamento: "É saudável esse tipo de relação blindada a ideias e posturas diversas, do ponto de vista da construção dos aprendizados, que envolvem o saber se relacionar com o outro, seja esse outro família, educadores, amigos, meio social como um todo?".

Tomemos, por exemplo, uma realidade assustadora quando falamos do uso maciço da tecnologia, seja em redes sociais ou nos ambientes de jogos na internet, hoje um meio competitivo e milionário, em que poucos assumem protagonismo, quase sempre almejado e invejado pela maioria, que está longe de chegar a essa realidade. O interesse pelas mesmas coisas une, agrega e, de certa forma, é natural.

Sempre foi assim. Jovens gostam de procurar sua tribo — aqueles que gostam das mesmas músicas, roupas, filmes etc. — assim como nós, adultos, pois é mais fácil conviver com aqueles com quem compartilhamos valores afins. Mas, costumamos fazer uma necessária distinção entre turma e tribo. A turma nos remete a uma ideia mais fluida, a mais liberdade (pessoas podem ser de uma mesma turma e curtir músicas diferentes, por exemplo), e quase sempre confere maior autonomia ao sujeito. Já a tribo, natural, sobretudo, entre adolescentes, supõe um padrão mais rígido: vestimentas, músicas e comportamentos iguais. Se desejamos fomentar seres autônomos e relações de autonomia é necessário pensar mais sobre a rigidez das tribos — quase sempre encerradas em suas próprias convicções.

A internet potencializa tudo, e pais e educadores precisam, mais do que nunca, ficar atentos a esses agrupamentos, que muitas vezes geram uma fixação exacerbada por determinadas rotinas, hábitos ou ainda concepções, passando a ouvir sempre o outro do grupo quase como um eco repetindo a si mesmo. E, ao ser confrontado por quem pensa diferente, verbaliza: "Não é bem assim". A negação do oposto se faz presente de forma tão intensa que muitas vezes leva, em tempos de altíssima polarização potencializada pelas redes, jovens adeptos de ideias extremistas a pegarem uma arma e irem até determinado local para matar pessoas que julgam diferentes e, porque o são, devem ser exterminadas — como já vimos em vários episódios pelo mundo e, mais recentemente, também no Brasil.

Contextos assustadores surgem no universo do intenso relacionamento estabelecido entre crianças e jovens via tecnologia, como exemplificado no filme *O dilema das redes*. Esse ambiente é intencionalmente projetado para nos fornecer informações que reforcem nossas concepções, nunca nos expondo a contextos que nos levem a considerar outros pontos de vista. A ascensão mundial de discursos extremistas contribui para a criação de um campo de intolerância. Um dos participantes desse documentário afirma:

> Se nada fizermos para instituir o diálogo e fomentar o aprender a se relacionar com ideias diversas das nossas, as sociedades atuais caminham, nos próximos vinte anos, para viverem guerras civis. Se continuar essa forma de se relacionar, marcada pela negação do outro, o próximo passo será a articulação de pessoas em torno da tentativa de exterminar o que pensa e vive diferente, mesmo sendo seu compatriota.

Tristes tempos que apenas reforçam em nós a enorme importância da educação socioemocional, no sentido de instituir o diálogo respeitoso como alicerce sobre o qual devem se assentar todos os relacionamentos humanos. Esse valor, se internalizado na infância, tende a contagiar e expandir-se nas novas gerações. Essa reflexão nos traz um alerta sobre a importância de darmos oportunidade, no processo educativo, ao diálogo contínuo, à troca e à compreensão de que o mundo só é rico devido à sua pluralidade. Seria insuportavelmente chato nos relacionarmos cotidianamente apenas com pessoas que nada mais são do que uma repetição de nós mesmos — essa é uma boa ponderação a ser feita com filhos e alunos.

Pensemos: quem é o amigo que mais nos faz crescer? Aquele que concorda e aceita tudo ou o que coloca suas ideias, suas concepções, faz um contraponto e, nesse rico processo, provoca-nos a ampliar o olhar? Claramente é o diverso e não o consenso que nos leva ao crescimento emocional e intelectual, promovendo aprendizados que nos acompanharão ao longo de nossas vidas.

Desse contexto decorre nossa defesa de que, por parte dos educadores, é fundamental a consciência de que assumir uma posição e a coerência entre o que se fala e o que se faz é um exercício dos mais difíceis para os seres humanos, necessário para que, na forma como nos relacionamos com crianças e jovens, sejamos fonte de exemplo e inspiração positiva.

Se uma criança cresce assistindo a pais intolerantes, que promovem discursos de ódio e que generalizam ou, pior, proferem falas racistas, sexistas ou misóginas, ela irá pautar o relacionamento com outras crianças por esses valores recebidos, mesmo que equivocados. As crianças são verdadeiras esponjas em relação à fala e aos discursos dos pais (que são sua fonte maior de referência e modelos que desejam imitar, reproduzir) e facilmente incorporam seus valores.

> Uma longa carreira como a minha na área da Educação proporciona muitas histórias. Quando deixei a direção de escolas do fundamental II e médio para me tornar diretora de educação infantil, fiz motivada por uma série de fatores, mas, sobretudo, porque desejava trabalhar com a primeira infância e com o afeto como meio para conferir segurança às crianças pequenas. Algo que me impactou profundamente foi como as crianças, mesmo nos primeiros agrupamentos da educação infantil, captam emoções, sentimentos e valores expressados pelos adultos e os manifestam e reproduzem em suas relações na escola.
>
> Presenciei casos de crianças, mesmo com 3 anos de idade, que vivenciavam relações tóxicas e expressavam falas permeadas por uma comunicação violenta e palavras ofensivas. Isso cria um histórico memorial na criança, e são os padrões comportamentais em relação aos outros que as levam (mesmo que a idade não permita que tenham consciência do valor moral de suas ações) a reproduzir esse ciclo, essa rispidez ou, ainda, a imposição autoritária sobre seus pares. Apesar de estarem, nessa etapa do desenvolvimento, ainda na fase egocêntrica, a verdade é que expressam o código de relacionamentos aprendido com os adultos.

> O manejo emocionalmente inteligente com os pequenos tem impacto em toda a vida deles. Quando os pais usam o afeto e se expressam com amorosidade, mesmo quando precisam ser firmes, com o foco no crescimento de seus filhos, estão os preparando para se relacionarem de maneira mais saudável no convívio com o grupo: ouvindo, demonstrando interesse, compreendendo os limites e respeitando os espaços. Essa construção está vinculada à consciência dos pais de que a maneira como eles vivenciam seus relacionamentos influenciará os futuros relacionamentos das crianças e jovens.
>
> **Vivian Dias**

Dialogar com as diferenças nunca foi e nunca será fácil. Relacionar-se, então, é ainda mais desafiador, pois requer constância, repetição, contato e disposição para abrir-se ao outro e inseri-lo de alguma forma em nossa vida. Reconhecemos que alguns pilares podem estimular a construção de uma convivência e relacionamentos mais empáticos e menos segregatórios, tanto em nós mesmos quanto em nossos alunos.

Vivemos em uma sociedade marcada pela exclusão, como já discutimos anteriormente, e é impressionante como esse tema sempre retorna, evidenciando o quanto somos uma sociedade que tende mais a excluir do que a incluir. Portanto educar para enxergar o outro e compreender as emoções é fundamental em uma época de tanta indiferença, como destacado por Hannah Arendt, que descreve *a indiferença como a banalização do mal*.

QUANDO A HUMILDADE AGREGA

Ganha mais sentido refletir sobre a importância da humildade quando exploramos a origem da palavra: *humus*, que significa aquilo que vem da terra, fertiliza e promove o crescimento. Assim, a raiz da palavra humildade está profundamente ligada à essência humana, seu princípio fundamental.

Cada vez que discutimos sobre a humildade, estamos abordando um atributo que nos conecta à nossa essência, aquilo para o qual os seres humanos são naturalmente inclinados em sua interação com os outros: seres capazes de permitir que valores essenciais floresçam em si mesmos, valores que se fundamentam na busca por um propósito para a vida, na capacidade de ver o outro como uma oportunidade de crescimento e não como um obstáculo a ser superado.

> Meus filhos são meu verdadeiro patrimônio! Acredito que meu legado está muito mais ligado ao tipo de pessoas que eles se tornarão do que aos bens materiais que lhes proporcionarei. Não vejo sentido em criar filhos que não consigam se relacionar com os outros sem humildade, sem perceberem que o fato de terem certos privilégios não os torna superiores, apenas adiciona a eles uma responsabilidade maior de serem corteses, empáticos e capazes de tratar pais, avós, familiares, colegas, colaboradores e amigos como iguais, reconhecendo que cada um tem suas próprias lutas, realidades e desafios individuais, e que, em qualquer situação, todos têm algo a nos ensinar.
>
> E este é outro aspecto importante para mim: estabelecer com eles um relacionamento aberto como pai, em que o diálogo seja o guia e, quando necessário, também exercitar a humildade. Não tenho, por exemplo, nenhum problema em reconhecer um erro diante dos meus filhos. Se em algum momento tomo uma decisão e ao refletir sobre ela mais tarde, percebo que não foi correta, não hesito em me desculpar com eles. Essa postura humilde, em contraste com a soberba de nunca admitir um erro, fortalece os laços e promove a proximidade. O maior ganho é que ela ensina por meio do exemplo.
>
> **Leo Chaves**

O desenvolvimento da humildade é uma jornada que se desenrola no cotidiano, nas pequenas ações, ao olharmos verdadeiramente para aqueles que nos servem e reconhecer neles seres humanos com histórias e desafios, abandonamos a posição confortável de ignorar o próximo e começamos a estabelecer conexões. Quantas pessoas não conhecem o nome de seus funcionários corretamente ou sequer sabem se têm família, filhos? E, envolvidas em sua própria soberba, acreditam que não têm nada a aprender com aqueles que têm menos instrução formal?

A educação socioemocional, por meio de exercícios de empatia, escuta ativa, presença genuína e abertura para enxergar o próximo com solidariedade, generosidade e acolhimento, é uma ferramenta transformadora no estímulo ao desenvolvimento de indivíduos mais humildes, menos autocentrados e livres da sensação equivocada de superioridade.

Inspiramos crianças e jovens a serem mais humildes quando os ensinamos e os levamos, por meio de ações simples, a perceberem os traços em comum com o resto da humanidade: as emoções, os sentimentos e os desafios que nos constituem. Qualquer um, seja pobre ou rico, reconhece da mesma forma as seis emoções básicas — alegria, raiva, tristeza, medo, nojo e surpresa — e conhece ainda a dor da perda ou a doença. Ao conduzir a criança e o jovem a fazerem esse exercício reflexivo, chamando-o para essa consciência, estamos plantando as sementes de uma personalidade mais humilde e mais vocacionada a ver seres humanos como seres diversos, mas nunca inferiores. E na mesma medida, pais podem fazer com que os filhos desaprendam o valor da humildade quando se relacionam com pessoas que são seu espelho na arrogância, quando reforçam a competência e o caráter baseados na quantidade de dinheiro na conta bancária ou nos carros que alguém possui, quando comparam pessoas e as rotulam, apontam e generalizam características de determinados grupos — seja por etnia, gênero, condição socioeconômica, religiosidade, instituindo uma lógica nociva: "Somos melhores comparados a essas pessoas".

Quando entramos no domínio dos relacionamentos, a ausência de humildade tende a afastar, pois, frequentemente, o convívio é marcado pela necessidade contínua de provar a própria superioridade. Cair nessa armadilha é fácil, especialmente para pessoas em formação, como crianças e jovens. Muitas vezes, a falta de humildade resulta em relacionamentos tóxicos, que não se limitam ao âmbito afetivo-amoroso, mas se estendem a todas as áreas da vida. Podemos encontrar relacionamentos tóxicos no ambiente de trabalho, na escola, na família e na sociedade em geral.

Relacionar-se exige uma dose considerável de abertura ao outro. A falta de humildade frequentemente nos coloca em posição superior ao outro, e se não estivermos atentos a isso no processo de formação das crianças e dos jovens, estaremos apenas fortalecendo o pedantismo. Por outro lado, os jovens podem sentir-se extremamente frustrados ao perceberem que não alcançarão os objetivos considerados como marcos de sucesso na sociedade, objetivos que são frequentemente superficiais e que muitas vezes os levam a desistirem de seu maior patrimônio: sua própria vida. É na convivência que o desenvolvimento da humildade se manifesta como algo que nos reconecta à essência boa do ser humano. Também é quando:

- Mostramos outras realidades.
- Ampliamos a rede de convivência para além das bolhas sociais.
- Estabelecemos um código de convivência, que vai desde cumprimentar olhando nos olhos, tratar as pessoas pelo nome e dar atenção de verdade quando alguém lhe dirige a palavra.

- Como pais e educadores, possibilitamos aos nossos filhos e alunos verem o ser humano em toda a sua totalidade, sendo capazes de admitir erros, pedir desculpas e criar uma aproximação que os humaniza.
- Estimulamos a gentileza, a cordialidade e a atenção como a primeira ponte para se relacionar com outras pessoas.

Quanto iremos crescer, que grande salto daremos nesta era de tanta superficialidade se ajudarmos nossos jovens com atividades e reflexões, buscando estimular a humildade como meio de acessar outras pessoas e criar aproximações que podem acompanhá-los pela vida inteira. Estimular o sentimento de que servir é bom, engajar-se em algo em prol do outro ou oferecer algo às pessoas não diminui; pelo contrário, enobrece. Estamos promovendo o lapidamento da mente.

O VALOR DO COMPROMISSO QUE VALIDA PESSOAS

Todos nós, em algum momento da vida, já experimentamos a não muito agradável situação de nos relacionarmos com pessoas descompromissadas. Existem vários níveis de falta de compromisso que impactam negativamente nos relacionamentos. Primeiramente, cabe aqui definirmos o significado que atribuímos à palavra "compromisso", entendido como a capacidade de dedicar-se inteiramente a alguém, a uma causa, a um projeto, de forma responsável e comprometida.

Basicamente, o compromisso envolve assumir o outro em algum nível e, de certa forma, como numa caminhada, dar as mãos, persistir e seguir juntos. Pessoas que têm um senso de compromisso mais desenvolvido geralmente criam uma reputação positiva nos relacionamentos. São aquelas consequentes, que não transferem suas responsabilidades para os outros, cumprem o que prometem e são fontes de iniciativa, trabalho e empenho.

Todos nós gostamos e temos prazer em conviver com pessoas cumpridoras. Ninguém deseja, por exemplo, desenvolver um projeto, um negócio ou mesmo um trabalho escolar com alguém que não seja comprometido.

Um breve olhar nos leva à compreensão de que a incapacidade de se comprometer de fato com algo geralmente se origina na infância, na ausência de limites claros e na falta de exercício contínuo da responsabilização. Se os pais desejam contribuir para o desenvolvimento de pessoas mais engajadas com seus compromissos, literalmente, utilizando uma linguagem popular, "não podem aliviar" as responsabilidades que fazem parte da vida da criança ou do jovem. Da mesma forma, as escolas, ao serem permissivas ou ao temerem represálias dos pais ou que os alunos "não gostem mais da escola", estão enfraquecendo a construção da responsabilidade e, em última instância, o valor do compromisso.

LINKS CEREBRAIS — EAI EXISTENCIAL

O comportamento humano é amplamente influenciado pelo seu histórico memorial, que é alimentado e fortalecido ao longo do tempo pelo armazenamento de suas experiências. Se um histórico positivo for construído durante a vida em relação a um determinado ambiente ou pessoa, isso também influenciará de forma positiva as atitudes desse indivíduo. Por outro lado, se o histórico arquivado na memória for negativo, como nas interações com pais e irmãos em certas situações, um gatilho é acionado e o *link* cerebral é acessado, trazendo à tona toda essa memória e influenciando as ações.

Os odores, por exemplo, carregam histórico memorial. O olfato é um marcador; lembramos de coisas boas ou ruins por meio dele. Um simples cheiro pode trazer para o consciente um momento, uma lembrança, uma história vivida. Da mesma forma, um trauma vivenciado por alguém, como um assalto, produz um registro memorial forte, cujas sensações vividas, de medo, pavor, insegurança, podem se reproduzir em determinadas circunstâncias, provocando novamente descarga de adrenalina. Os *links* cerebrais podem ser acessados em situações que simplesmente lembrem o acontecido, como um filme ou uma notícia. Isso pode ocorrer durante um bom tempo.

As emoções se manifestam e são captadas por meio de estímulos externos. Muitas vezes, nós as acionamos por intermédio de lembranças e histórico memorial.

Trabalhar para desconstruir um histórico memorial negativo não é tarefa fácil nem fruto de instruções deterministas; requer um trabalho embasado, mediado por profissionais, e no campo do esforço pessoal, a consciência de que estamos sensíveis a gatilhos emocionais já nos instrumentaliza para lidar melhor com nosso histórico memorial.

Consciência, reflexão, mediação de profissionais e conhecimento nos permitem desenvolver uma percepção sobre o impacto das emoções vivenciadas ao longo da vida e que nos constituem. Nesse sentido, a educação socioemocional, que tem como foco principal possibilitar que a inteligência emocional seja lapidada, converte-se em um potente meio para conseguirmos, apesar das dificuldades e experiências negativas vivenciadas, desenvolver ferramentas de autogestão que nos permitem uma existência mais realizadora.

Cada dia mais me convenço da importância do compromisso e do estímulo a comportamentos socialmente mais responsáveis e respeitosos na construção do caráter de meus filhos. Por exemplo, tenho mantido um diálogo contínuo com eles quando vêm até mim solicitando ingressar em algum curso, seja de música ou algum esporte:

- Você se compromete a participar dessa atividade até o final do ano?
- É realmente isso que você quer?
- Você pensou bem?
- Está pronto para assumir essa responsabilidade?

Se a resposta for positiva, dou meu "aceite", deixando claro, contudo, que não haverá desistência até a data estabelecida por nós dois – no mínimo, cumprir o ciclo de um ano. E por que ajo assim? Por crer, verdadeiramente, com base em tudo o que li e estudei sobre comportamento humano, que os pais sendo permissivos ao aceitarem que os filhos comecem várias atividades sem finalizar nenhuma, não estimulam a criação de padrões mentais positivos, ensinando, na verdade, a falta de comprometimento com a palavra empenhada.

Assim, enfraquecem o senso de responsabilidade, ou mesmo alimentam os conflitos que os menores, porventura, tiverem durante a realização da atividade, livrando-os do enfrentamento ativo e incentivando-os à fuga, o que enfraquece os propósitos e a marca que pretendem criar. Então, sempre pergunto a eles como desejam ser conhecidos mediante sua rede de relacionamento: como aqueles que sempre desistem ou como os que persistem e, com isso, atingem seus objetivos?

Leo Chaves

Recentes estudos têm mostrado que a geração atual de jovens está apresentando comportamentos tipicamente adolescentes, mesmo ao se aproximarem dos 30 anos. Isso inclui a dependência dos pais, a relutância em deixarem o lar, a falta de interesse em estabelecerem relacionamentos amorosos mais estáveis (por se sentirem jovens demais) e a ausência de planos para terem filhos.

Em parte, essas mudanças podem ser vistas como uma evolução natural dos padrões de vida, já que cada geração traz suas próprias transformações: adiamento do casamento, a opção por não ter filhos ou esperar mais para tê-los. No entanto é preocupante a dependência prolongada dos pais mesmo na fase adulta, a falta de resiliência diante das primeiras frustrações e a tendência de abandonarem empregos sem justificativa relevante. É cada vez mais comum ver jovens se desinteressando rapidamente por seus trabalhos e pedindo demissão em um curto espaço de tempo.

Por trás desses comportamentos existe a ideia subjacente de que os pais serão sempre uma rede de segurança disponível para garantir a vida de seus filhos. Mas será que essa escolha dos pais é realmente a melhor para o desenvolvimento dos jovens?

Cabe aqui voltarmos no tempo e compreendermos de que forma esse relacionamento entre pais e filhos se tornou tão suscetível a vínculos de dependência em detrimento da independência e da autonomia necessárias no mundo adulto. Alguns pais, buscando romper com uma educação mais autoritária e direcionada, acabam perdendo-se e vão para o outro extremo: dizem muito mais sim do que não, ou nunca dizem não, abrindo mão do que é inegociável na educação dos filhos, como a escola, a segurança e os limites. Tudo isso é permeado pela oferta excessiva de brinquedos, principalmente os prontos, sem interação, feitos de plástico. Houve uma "plastificação da infância", termo usado por Rubem Alves, em detrimento do brinquedo livre, construído e criativo. As crianças e os jovens acabam encontrando dificuldades para lidarem com as frustrações do mundo adulto.

Desenvolver o compromisso é um dos caminhos para sedimentar bons relacionamentos, construir independência e adotar uma perspectiva na qual o outro não seja apenas um detalhe, mas alguém com quem devemos conviver respeitosamente. Dentro do compromisso, encontramos também a pontualidade, que pode e deve ser estimulada como um princípio, tanto em casa quanto na escola. Ela nada mais é do que uma ação direta ligada ao engajamento efetivo.

Existem pessoas que têm mais dificuldade para se organizarem em relação à pontualidade, enquanto outras são naturalmente pontuais. Tanto como hábito quanto como comportamento, a pontualidade pode e deve ser promovida. Além disso, deve ser vista como um objetivo viável de ser alcançado.

> Tenho um amigo, educador inglês, que não compreende a falta de pontualidade do brasileiro. Um dia, ele me disse algo marcante: "Vivian, toda falta de pontualidade é um ato de autoritarismo, pois você impõe ao outro uma submissão à sua vontade, ao seu tempo, à sua disponibilidade". É um valor tão importante para os ingleses que, durante uma visita que fiz às escolas de Londres, um aluno de 9 anos, que nos guiou pela escola, ficou verdadeiramente em pânico quando nós, diretoras brasileiras, permanecemos por muito tempo em uma sala, encantadas com uma aula diferenciada de matemática, e, no melhor estilo britânico, disse: "Senhoras, está acontecendo algo terrível. Estamos atrasados 15 minutos!". O desespero era real, já que era um valor inegociável para ele, que tinha um tempo predeterminado para realizar a visita conosco.
>
> Quanto as crianças podem nos ensinar!
>
> **Vivian Dias**

Há formas simples e incríveis de ensinarmos compromissos e atividades. Nossa metodologia tem um grande foco na EAI Relacional e nas atividades afins que fomentam o compromisso em suas várias dimensões: pontualidade, presença ativa, dedicação, persistência, respeito à palavra empenhada e responsabilidade.

É urgente prepararmos as novas gerações. Hoje, já vivemos o reflexo dos jovens eternamente adolescentes. Uma pessoa nos contou que, toda segunda-feira, quase 50% dos jovens funcionários do seu negócio não comparecem à empresa e apresentam atestados médicos, revelando que não mediram os excessos do final de semana, ficando, assim, sem energia e sem se comprometerem com o início da semana de trabalho.

Esse comportamento se assemelha a um fenômeno que vivenciamos a partir do ano 2000 nas escolas e faculdades, em que, simplesmente, os jovens não queriam mais ter aulas às sextas-feiras, reduzindo o currículo a quatro dias de aula e não mais a cinco. Se fizermos uma conta, o impacto negativo na carga horária dos cursos ou o quanto de conteúdo eles perdem, sobretudo na faculdade, uma vez que muitas disciplinas são dadas somente em um único dia da semana, é muito grande. São exemplos para que nós, pais e educadores, não duvidemos do comprometimento que causamos nos tipos de comportamentos e na formação do caráter de pessoas quando não fomentamos o processo educativo como ponte que constrói relacionamentos saudáveis.

AUTOSSUPERAÇÃO

Muito embora defendamos que o caminho para um mundo mais solidário, empático e humano seja a colaboração – tanto que uma das nossas oito EAIs apresentadas neste livro fala sobre colaboração e seus pilares –, é preciso considerar que as estruturas econômica e social em que vivemos são permeadas pela competição.

O tempo todo, a sociedade estimula a competição, e isso tem tornado adolescentes e jovens inseguros. Considero, antes e sempre, como pai, que devemos educar nossos filhos para a VIDA, e é impossível uma existência sem perdas e derrotas. Assim, desde que com ética e permeado por uma visão empática, crio meus filhos para que percebam que serão expostos a situações de competição. E o fato de perderem ou ganharem não os fará melhores que ninguém.

Hoje, já se defende o conceito da "coopetição": competir com respeito e colaborando com o outro, e não o humilhando e se sobrepondo. Antigamente éramos estimulados até mesmo pelos pais a competir, como a competição também constitui os seres humanos, é preciso preparar os filhos para essa realidade.

Existem formas positivas de estimular a competição saudável e não predatória por exemplo, as antigas gincanas que promoviam a competição, mas também possibilitavam o contato com grupos e a articulação em torno de objetivos comuns. Justamente por eu ter vivido experiências muito negativas em relação à competição – eu e meu irmão éramos estimulados a competir e isso não era saudável, além de incentivar o *bullying*.

Também no colégio interno que frequentei a competição nem sempre era saudável. Ter vivenciado essas experiências me fez ficar atento em relação à educação de meus filhos no sentido de alertá-los sobre as forças de caráter necessárias a um bom competidor: humildade, honestidade, transparência (a fofoca mina projetos e grupos), responsabilidade, ética, compromisso e dedicação. Ao crer que nossos adolescentes e jovens são potentes e capazes de exercer a competição, quando necessário for, de forma benéfica, estamos fomentando sua autonomia e senso de realidade.

Leo chaves

PROJETOS DE VIDA – COMO ELES IMPACTAM EM NOSSOS RELACIONAMENTOS

Assistimos a uma dinâmica em que crianças e jovens respondiam à mesma pergunta: "Qual é o seu projeto de vida?". As crianças respondiam com as mais variadas profissões e planos mirabolantes e criativos: desde conhecer outro planeta ou morar na Lua, até projetos ligados ao bem-estar coletivo, como tirar todo o lixo dos oceanos, fazer todo mundo ser feliz, não deixar nenhuma criança chorar ou passar fome, entre outras tantas respostas incríveis que emocionam, divertem e revelam o lado melhor da infância — um espaço aberto e receptivo à educação socioemocional.

Os jovens se dividiam em duas visões: de um lado, os sonhadores otimistas, também desejando um mundo sem caça, sem morte aos animais, sem guerras, com oceanos limpos, sem discriminação. Por outro lado havia um pessimismo que incomodava: "Não sei, não tenho sonhos", ou "Não acredito em nada, não quero ser nada, e só gosto de jogar e ficar no meu quarto". Havia, ainda, uma desesperança gigantesca, sem perspectivas de futuro, nos jovens advindos de comunidades mais carentes. Claramente natural quando se analisa criticamente a realidade e o número de jovens, sobretudo negros ou pardos, que saem de suas casas em comunidades mais carentes e têm de oito a dez vezes mais chances de morrerem vítimas do racismo estrutural que permeia este país.

Mas por que citamos essa pesquisa? O motivo é que precisamos urgentemente revisar a forma como a sociedade se relaciona com os jovens, pois suas alegrias e dores têm um impacto significativo nessa faixa etária. Quando uma sociedade não consegue dialogar com as futuras gerações de forma a inspirar esperança, é um sinal de que algo está errado. Vivemos entre dois extremos perigosos, seja pelo excesso ou pela falta.

De um lado, os jovens das camadas mais ricas da sociedade estão vazios porque são inundados de bens materiais, de respostas afirmativas, de ausência de valores. Na outra ponta, os jovens mais pobres carecem do básico: uma educação de qualidade, um meio socialmente justo, bons exemplos e oportunidades.

No meio desses extremos estamos nós, os educadores. Nossas reflexões nunca partem de um único ponto de vista. É fácil olhar apenas em uma direção, como acontece na maioria dos projetos, que muitas vezes são moldados para atender a um único público. O desafio está em entrelaçar essas realidades e compreender que, entre as carências e as sobras nas duas pontas, há uma falta de diálogo com as emoções, com os sentimentos, que motivem os jovens e os levem a vislumbrar um futuro promissor.

Em um mundo em constante mudança, onde as profissões em alta nos próximos anos são incertas, apenas o fortalecimento emocional permitirá que busquem conhecimento e desenvolvam habilidades para encontrarem um espaço nesta era marcada pela desigualdade. Enquanto os pais estão perdidos na forma de se relacionarem com os filhos — seja estando distantes demais, seja presentes de forma vazia, compartilhando a atenção com *smartphones* — também estão emocionalmente perdidos diante de uma sociedade que demanda cada vez mais perfeição ao mesmo tempo em que exclui.

Como lidar com a frustração, a raiva e a tristeza diante de um cotidiano que nem sempre corresponde às expectativas? Pensar em projetos de vida ganha mais sentido para crianças e jovens quando falamos em coletivo. Cada geração é fruto de seu tempo e dos debates sociais. Cabe a nós, educadores, encontrarmos meios de incentivá-los a articular projetos de vida, sonhos e buscas individuais, assim como o compromisso com a coletividade. Nesse sentido, o projeto de vida de todo ser humano é ser visto como o ser único que é e não meramente como um número.

Para as crianças, o relacionamento mais prioritário e a história mais importante são os vividos com seus pais. Uma lindíssima e emocionante propaganda (*ver* link *nas referências bibliográficas*) mostrou a mesma pergunta para pais e crianças: "O que te faria feliz?". Os adultos, já com olhar adestrado pelas demandas materiais da sociedade, falaram em bens, em viagens, em descanso, mas as crianças — ah, as crianças — falaram que seriam felizes estando com os pais! Os pais, naturalmente, ficaram emocionados e choraram ao verem as respostas dos filhos. A grande lição foi que são as emoções e os sentimentos que guiam as escolhas na infância, enquanto o mundo adulto nos chama o tempo todo a uma resposta mais racionalizada. Nosso sonho: adultos equilibrados entre a emoção e a razão, de forma a promover aprendizados que devem ser usados a favor de seu projeto de vida.

Se os pais são o afeto mais importante para as crianças, é exatamente nesse momento que irão plantar o relacionamento que irão "construir" com seus filhos adolescentes e jovens. Toda proximidade que for criada na infância irá frutificar, assim como todo o distanciamento irá criar solo árido que dificultará as aproximações, colaborando para criar pessoas com dificuldade de externar sentimentos e conversar sobre suas emoções.

Um bom relacionamento entre pais e filhos, e na mesma medida entre aprendizes e educadores, dá-se por meio do compromisso efetivo dos adultos com seu maior projeto de vida: seus filhos, ou alunos, e a dimensão profissional. O objetivo de todo educador é semear nos alunos a possibilidade de um futuro melhor para eles e para a sociedade. O compromisso tão necessário a ser estimulado nas crianças é o mesmo que os pais necessitam ter em relação aos filhos. Comprometer-se significa envolver-se na infância e na adolescência, presença que não se reduz ao tempo dedicado. Temos pais presentes o dia todo com os filhos e mesmo assim ausentes, que não criam aproximações sólidas. Mães e pais que, por outro lado, trabalham muito mas têm como focos absolutos a atenção e o compromisso com os filhos quando juntos.

A ARTE DE SE RELACIONAR BEM COM O MEIO E SEUS REQUISITOS

Praticar a humildade e o compromisso com o outro é a chave para construir um bom relacionamento. E é também o caminho para que os jovens e crianças aprendam que as pessoas são sempre o mais importante. De forma concreta, quando priorizamos a convivência com as pessoas, considerando suas emoções e, como consequência, seus sentimentos, a busca deve ser sair dos nossos próprios parâmetros para enxergarmos verdadeiramente o outro.

Algumas ações ajudam a trilhar esse caminho, facilitando a desafiadora missão que é relacionar-se com os outros, que sempre serão diversos e plurais:

Seja genuinamente interessado pelas pessoas — vimos, na EAI de Comunicação, que conseguimos nos conectar com as pessoas quando procuramos formas de dizer: "Eu estou aqui e quero verdadeiramente saber sobre você, o que pensa e sente". Quando nos abrimos ao outro, demonstrando interesse genuíno, criamos uma base sólida para o relacionamento. Por outro lado, pessoas desinteressadas têm dificuldade em estabelecer bons relacionamentos, seja de amizade, afetivos ou profissionais.

Contudo cabe aqui uma análise mais aprofundada: enquanto a comunicação demanda uma conexão rápida e imediata, muitas vezes um relacionamento vai além. A conexão aproxima, mas em tempos em que tudo é efêmero, fluido e rápido, relacionar-se requer um esforço extra para manter a permanência, para construir algo duradouro. A liquidez[14] atravessa os relacionamentos, tornando-os mais superficiais. Aqui, defendemos a conexão efetiva, permanente, que resulta em uma construção sólida.

---

14. O conceito de modernidade líquida foi desenvolvido pelo professor universitário, sociólogo e filósofo polonês Zygmunt Bauman. Sua teoria sugere que nos tempos atuais, as relações entre os indivíduos tendem a ser menos frequentes e menos duradouras — "as relações escorrem pelo vão dos dedos". Seu famoso conceito de "relações líquidas" sugere que as relações amorosas deixam de ter aspecto de união e passam a ser meros acúmulos de experiências. A insegurança seria parte estrutural da constituição do sujeito pós-moderno.

Acolha com bom humor — é melhor nos relacionarmos com pessoas bem-humoradas. O bom humor, que nasce de mãos dadas com a capacidade de superação e resiliência frente às dificuldades da vida — que devem ser vistas e compreendidas na perspectiva da inteligência emocional — como parte da jornada. Por isso trilhar com bom humor, alegria e um sorriso amplia a rede de relacionamentos.

Veja as pessoas de fato, para além da superficialidade — isso significa perceber com humildade que, tanto quanto você, as pessoas com as quais se relaciona enfrentam as mesmas batalhas: desejam amar, serem amadas e reconhecidas, buscam concretizar seus sonhos e, sobretudo, têm um nome que foi escolhido por alguém e que compõe sua identidade. Chamar as pessoas pelo nome aproxima, cria pontes e solidifica relacionamentos.

Inicie um novo relacionamento perguntando sobre a pessoa — sinta que existe um espaço de escuta para além de escutar a si próprio; ouça a história da pessoa, seu "ser no mundo", suas batalhas e seus percursos. Quando um professor pergunta sobre a vida de seus alunos e se interessa em ouvi-los, cria uma aproximação positiva. Quando os pais se reúnem com seus filhos e desejam escutar como se sentem, o que pensam e o que irão fazer, cria-se a "mágica do relacionamento entre pais e filhos marcado pela confiança".

Busque assuntos comuns — seres humanos são multi-interessados, mas temos limitações, e ninguém é tão bem-informado que saiba tudo sobre todos os temas. Por isso criar aproximações com as pessoas, perguntando e mostrando simpatia sobre assuntos que também lhes interessam, formará um vínculo positivo que fortalecerá o relacionamento.

Elogie — elogiar é uma ação que, quando posta em prática com empatia, cria proximidade. Comentar com simpatia sobre a pessoa e sua história, dar um retorno positivo a informações, reforça a autoestima do ser, que sempre busca a aprovação de seus semelhantes.

Aja com veracidade e não na esfera do superficial — quando se tenta criar um personagem, mascarar a realidade ou ainda se impor sobre as pessoas, seja utilizando atributos materiais ou físicos, minamos o bom relacionamento, seja em qual esfera ele estiver acontecendo. Queremos ser com o outro, mas queremos, sobretudo, ser com os outros verdadeiramente.

Confie no outro — a confiança é a base sólida sobre a qual se assenta qualquer relacionamento. Com ela navegamos tranquilamente no convívio com o outro. Já a desconfiança, quase sempre surgida de uma análise superficial, gera um terreno emocionalmente conturbado, permeado por sentimentos de medo, raiva e tristeza. Assim, é praticamente impossível estabelecer bons relacionamentos sem este importante componente: a confiança.

Trazendo para o viés da educação socioemocional, quando falamos com as crianças e com os jovens sobre empatia, amizade, inclusão, respeito, solidariedade e gentileza, estamos proporcionando uma educação que os estimula o tempo todo a pensar, fazer, aprender e ser com os outros. A ideia é que todas as dimensões vistas nas EAIs sejam postas em prática nas vivências e nos variados relacionamentos.

QUAL MARCA NOSSOS APRENDIZES IRÃO DEIXAR NO MUNDO?

A impressão, a marca que iremos imprimir aos nossos relacionamentos está diretamente ligada a como vamos lidar com os desafios contidos nas relações, seja em qualquer nível. Se entendermos que o conflito é parte das relações sempre haverá pontos conflitantes. Podemos desenvolver processos mentais para lidar com os conflitos e, sobretudo, entender que se a expectativa ao nos relacionarmos com alguém é encontrar apenas um eco de nós mesmos, certamente todos os nossos vínculos, presentes e futuros, serão marcados por inúmeras frustrações.

É possível mudar padrões para nos relacionarmos de forma mais amena e cordial com nossas próprias emoções e com todos os que compõem nossa rede de amizades e conhecidos. Sempre teremos o sentimento natural de maior ou menor afinidade com pessoas. Geralmente, quanto melhor gerenciamos nossas emoções, maior é nossa habilidade para lidar com a grande diversidade de relações que compõem nossa história. Podemos educar para que as relações, nossas e de nossos filhos e aprendizes, fluam melhor, de forma mais leve e respeitosa.

Desconstruir — opiniões preconcebidas formadas e fechadas em si! Nada causa mais obstáculos aos relacionamentos humanos do que encontrar senhores absolutos da verdade e da razão. É possível se permitir ouvir e entender se questionando: "Ok, isso não faz sentido para mim, mas quem sabe se eu ouvir seus argumentos posso mudar de opinião". Ou, ainda, mesmo que não altere sua percepção, abrir-se para a possibilidade de perceber que um ponto de vista único não define um ser humano.

Elogiar antes de qualquer crítica — mostrando o que as pessoas apresentam de melhor. E quando for abordar o erro, coloque-o como uma importante oportunidade para crescer e expandir. Ao término da conversa, retorne ao ponto inicial reforçando que acredita na sua capacidade e no seu ponto de vista. Essa forma de se relacionar é tão diferente e mais enriquecedora do que a crítica seca — que aponta e encerra, muitas vezes desqualificando todo um percurso ou invalidando pessoas.

Vale lembrar que a forma como você, professor ou pai, critica seu aluno ou filho, poderá fazê-los crer que não são capazes ou criar um distanciamento maior. Nenhum ser humano se sente confortável ao ser desqualificado. Além disso, cria um histórico memorial inconsciente que será um filtro reativo em vários momentos, impedindo-o de enfrentar situações e desafios quando adulto, pois estará preso às velhas críticas e crenças limitantes impostas pelos adultos que participaram de seu processo educativo.

Conecte a criança e o jovem sempre ao seu próprio sonho. Pergunte, instigue-os a falar sobre si e seus sonhos, e faça amorosamente uma pergunta: "Você está caminhando na direção dos seus sonhos ou resolveu dar as costas para ele e está indo em outra direção?". Isso os faz parar por um tempo, pensar e, muitas vezes, reconecta o pensamento e mantém vivo o que projetaram para si. Quando alguém dialoga com um ser em formação e se interessa, nessa sociedade rápida e superficial, cria um relacionamento especial, uma ponte que pode unir e aproximar.

Estimule o protagonismo, a construção de redes de relacionamento plurais e o engajamento, mas não subestime as pessoas no sentido de criar indesejáveis redes de relacionamentos diretivos demais, que acabem tirando as pessoas de sua autoria, de seu próprio processo de busca. Relacionar-se respeitosamente e dialogicamente com pessoas as leva a um movimento reflexivo próprio, mais do que meramente serem conduzidas, influenciadas e direcionadas. Só constrói uma marca positiva quem cria seu lugar no mundo com autoria e confiança. Concluímos este capítulo com um texto que reforça a autoria/autonomia nas relações.

Eu tenho medo dessa sociedade que vive sob a égide da influência.

A influência nos rouba do nosso Eu!

Quanto de nós habita nas impressões que vemos como certas, métricas, absolutas?

O pensamento autônomo escuta, pondera, recria, amplia... e voa!

Por isso decidi que vivo de escutas e buscas

De leituras infindas,

De amigos diversos, diferentes, autênticos,

De olhares mesclados, cruzados,

Plurais,

Para, então, eu seguir e tentar traduzir a vida por mim mesma!

Vivian Dias

RECADO DO BEM

Escreva ou grave uma experiência sua sobre um relacionamento feliz em sua vida, que pode ter sido construído em família, na escola, no seu grupo de amigos ou até mesmo de forma pontual em um evento específico. Depois, compartilhe essa experiência para espalhar boas vibrações e inspirar positivamente outras pessoas. Você verá o quanto esse exercício pode ser gratificante e realizador!

Capítulo 8

EAI EXISTENCIAL –
Aceitação

"Amar não é aceitar tudo. Aliás: onde tudo é aceito, desconfio que há falta de amor."
(Vladimir Maiakóvski, poeta, dramaturgo e teórico russo, frequentemente citado como um dos maiores poetas do século XX)

"Se um dia tiver que escolher entre o mundo e o amor, lembre-se: se escolher o mundo ficará sem o amor, mas se escolher o amor, com ele você conquistará o mundo."
(Albert Einstein, físico e teórico alemão que desenvolveu a Teoria da Relatividade Geral, um dos pilares da física moderna, ao lado da mecânica quântica)

"O que norteia nosso caminho e nos impele a fazer boas escolhas é a certeza de que, quaisquer que sejam nossos caminhos e escolhas, o muro nos aguarda."
(Ana Claudia Quintana Arantes, médica, formada pela USP, com residência em Geriatria e Gerontologia no Hospital das Clínicas da FMUSP. Pós-graduada em Psicologia)

"A esperança deixa de ser felicidade quando vai acompanhada pela impaciência."
(John Ruskin, importante crítico de arte, desenhista e aquarelista britânico)

"Quem julga as pessoas, não tem tempo para amá-las."
(Madre Teresa de Calcutá, católica, de etnia albanesa, naturalizada indiana. Foi fundadora da Congregação das Missionárias da Caridade)

UMA HISTÓRIA DE AMOROSIDADE E GRATIDÃO

Essa narrativa, que une amor ao próximo e gratidão, é a minha história com Paulinho. Sempre acreditei que todo ser humano é potencialmente bom e capaz de superar as maiores adversidades se encontrar quem lhe estenda a mão e sinceramente deseje mudar, pois toda mudança é, antes de tudo, uma tomada de decisão íntima, pessoal e intransferível. Foi assim que vi Paulinho desde nosso primeiro contato – alguém que, mesmo morando na rua há muitos anos e sendo usuário de entorpecentes, tinha dentro de si uma vontade imensa de realizar, de trabalhar, de aprender e, com isso, de se tornar uma pessoa melhor.

Como ele havia conseguido uma oportunidade de trabalho no prédio em que eu morava na época, sempre que o encontrava, observava sua determinação em sair das ruas e construir uma vida melhor, demonstrando grande dedicação ao trabalho. A partir dos nossos encontros e das conversas que tivemos, além da sua contínua disposição para ajudar, decidi oferecer a ele uma verdadeira chance, uma nova oportunidade. Ele me impressionava não apenas pela sua capacidade e pela disposição para o trabalho, mas também pelo desejo genuíno de auxiliar as pessoas ao seu redor. Naquele momento, apesar de ter emprego durante o dia, Paulinho ainda não tinha um lar. Foi, então, que o convidei para trabalhar comigo.

Aos poucos, ele passou a ter mais responsabilidades e integrou-se cada vez mais à convivência com minha família. Naquela época, meu filho mais velho era apenas um bebê, e Paulinho convivia diariamente conosco, o que evidencia que estabelecemos uma relação genuína de confiança. Até hoje, ele é alguém que faz parte da nossa história e da nossa família, expressando sua gratidão constantemente. Atualmente, Paulinho vive feliz, desfrutando de muita dignidade e orgulhoso por ter conquistado sua própria casa. Ele teve a oportunidade de se reinventar, pois, ao encontrar alguém disposto a estender-

-lhe a mão, teve a chance de sair da invisibilidade social e ser reconhecido de verdade. Paulinho foi um dos encontros mais felizes da minha vida. Hoje, ele desfruta da minha confiança, convive com meus filhos, faz parte da família e é conhecido pelos amigos mais próximos. No Grupo Chaves, em que trabalha, seus colegas o recebem com o mesmo carinho, acolhimento e receptividade. Ele é a personificação da minha crença de que todo ser humano, ao receber uma oportunidade, é capaz de mudar sua vida e reescrever sua história.

Não é preciso aprofundar-se muito para perceber que Paulinho se apoiou em sua inteligência emocional durante o processo de mudança e agarrou-se a uma oportunidade única que a vida lhe proporcionou para buscar a felicidade, superar seus limites e realizar um sonho. Ele frequentemente repete: "Se eu vivesse duas vidas, ainda assim não poderia ser grato o suficiente". Como alguém que transborda gratidão, ele imediatamente pega seu celular e orgulhosamente mostra o dia em que participou dançando em um show do Leo. Sua entrega é sempre intensa e permeada pelo sentimento de gratidão.

Leo Chaves

Em todos os níveis e esferas da vida humana, a busca pelo amor vai além do amor-paixão físico; é o laço invisível que une, aproxima, acalenta, traz conforto e esperança, motivando-nos a enfrentar os desafios diários. Ninguém almeja ser odiado ou viver sem amigos, sem laços familiares, pois somos seres sociais, gregários, e o afeto é uma das necessidades mais básicas da humanidade.

Não há uma única forma de amor nem uma fórmula precisa para todos. Embora hierarquizemos o amor, desde o incondicional dos pais pelos filhos até o romântico, não se pode impor uma única definição de felicidade baseada em relacionamentos românticos ou na parentalidade. A pressão social velada sobre quem não vive essas experiências cria uma ideia de incompletude, como se a ausência delas significasse a ausência do "verdadeiro amor".

O amor romântico pode trazer alegria e preencher o coração, mas não é a única fonte de felicidade e bem-estar. Existem várias maneiras de se vivenciar o afeto, a manifestação do amor, para além dos padrões convencionais de relacionamentos e laços familiares.

Queremos falar do amor materializado em compromisso, atenção plena, escuta ativa[15] e envolvimento real, permeado pela gratidão. Esse amor é vivido com lealdade e memória, construindo valores junto às crianças e aos jovens. Todos têm a capacidade de amar, mas, muitas vezes, por falta de experiências amorosas ou de interações adequadas, as pessoas podem temporariamente se sentirem desprovidas de afeto. No entanto o afeto pode ser estimulado e cultivado.

É necessário abandonar as idealizações ingênuas sobre esse complexo tema. Bauman nos convida a uma reflexão crucial sobre relações e vínculos de afeto na sociedade contemporânea, destacando que «o amor tornou-se líquido», em um contexto em que tudo é rápido e fluido. Nesse ambiente, os seres humanos se conectam e desconectam rapidamente, pois, muitas vezes, o desejo individual imediato prevalece.

Diante desse individualismo prevalente, se o outro não corresponde às expectativas nos diversos tipos de relacionamentos — sejam eles familiares, românticos ou de amizade — seguindo a lógica mercadológica, tendem a ser rapidamente descartados. Os principais obstáculos para a construção de vínculos afetivos e amorosos na atualidade estão associados e amplificados por algumas questões: o uso excessivo da tecnologia, o individualismo, o narcisismo exacerbado pelas redes sociais e o consumismo, que, por vezes, reduz as

---

15. A escuta ativa envolve uma conversa proveitosa entre quem fala e quem ouve. Consiste em escutar com foco, atenção e interesse, sem distrações. Quem pratica a escuta ativa não adota uma postura passiva; ao contrário, demonstra empenho em estabelecer um diálogo significativo.

pessoas a meros objetos de utilidade de mercado: se não me serve ou me frustra, descarto, cancelo, não perco mais tempo com isso.

Apesar da breve reflexão sobre a complexidade das relações afetivas nos dias de hoje, é importante abordar aqueles que ainda são capazes de amar genuinamente: alguém, uma causa, uma ideia, sua profissão, seus alunos, amigos, filhos, entre outros. Felizmente, ainda existem muitas pessoas assim, que desejam mediar o processo educativo das novas gerações para que sejam marcadas por relações amorosas e afetuosas.

Quem tem mais facilidade e abertura para amar geralmente demonstra gratidão em relação às pessoas e à vida. Essas pessoas desenvolvem a percepção de que toda abertura emocional com o outro é uma ponte que une, que abre caminhos. Quando essa abertura é permeada pela amorosidade, que não deve ser confundida com permissividade, ela consolida vínculos e promove o crescimento mútuo.

O desejo íntimo e universal da maioria dos seres humanos é o de ser amado e aceito. Isso é especialmente evidente no contexto da sala de aula, em que a presença de afeto e amorosidade pode influenciar significativamente a sensação de pertencimento e acolhimento dos alunos. É essencial reconhecer que essa necessidade não se restringe apenas aos alunos, ela também se aplica aos professores, gestores e demais membros da equipe, em qualquer projeto ou ambiente de trabalho. Relações utilitaristas podem ter impactos negativos nessas dinâmicas.

É comum reconhecer a importância de tratar os alunos com amorosidade, porém é crucial lembrar que o mesmo se aplica aos professores e demais profissionais envolvidos. É necessário validar e reconhecer a importância do papel do professor, compreendendo as dificuldades inerentes à profissão e engajando-se em um esforço contínuo para valorizá-la.

Nunca antes testemunhamos os professores sendo tão atacados nas redes sociais, acusados e, especialmente durante a pandemia, sendo alvos de ofensas e ridicularizações, apesar do enorme esforço da grande maioria em reinventar sua prática, reconstruir-se e se abrir ao novo.

Esse reconhecimento é muito significativo e importante para nós. Estamos certos de que uma sociedade que não valoriza seus mestres está fadada a estagnar. Por essa razão, a UNESCO protagonizou uma bela campanha em 2020, na ocasião do Dia dos Professores, convidando crianças de todo o mundo a expressarem sua gratidão aos mestres pelo empenho e pelo trabalho durante a pandemia. Essa iniciativa evidenciou o quão essenciais são os professores.

Compreendemos a complexidade de educar um ou três filhos, então imaginamos o desafio que é a docência, lidando com uma classe cheia deles!

Essa visão amorosa da sociedade, permeada pela gratidão que promove o reconhecimento do professor, é uma ponte para mudanças importantes e necessárias nos padrões existentes hoje. Defendemos que uma escola, uma instituição educativa preenchida por relações amorosas e empáticas com os alunos também deva ter essa mesma abordagem em relação aos professores.

Permeando a vida com o sentimento de amorosidade ao próximo não é uma tarefa fácil e não pode ser romantizada, especialmente em tempos em que o ódio se espalha mais rapidamente do que o amor. É fácil odiar, acusar, julgar, apontar e cancelar. Difícil é amar, acolher, abraçar, compreender, escutar e humanizar as relações.

A rapidez com que vidas são destruídas nas redes sociais é talvez um dos fenômenos mais alarmantes da atualidade. Não importa a história, o processo ou a jornada diante de uma controvérsia, de um erro, que nos constitui como humanos, de uma fala ou de ato inadequado — tudo se perde.

Durante nossas imersões e trocas contínuas, observamos com frequência essa visão reativa das pessoas, que, ao invés de acolherem, agem como inquisidores incapazes de relativizar, perdoar, escutar e, assim, considerar outro ponto de vista sobre uma mesma história.

Não é fácil, em dias de tantos discursos de ódio, promover interações e diálogos com nossos aprendizes na perspectiva de olhar o outro com amor. Crianças, jovens e instituições educativas refletem a sociedade e tudo que ela tem de bom e ruim. Se alimentamos mais o ódio do que o amor, teremos crianças e jovens que farão o mesmo.

O *bullying* é nada mais que a expressão máxima do ódio que desagrega, em contraposição ao amor que acolhe. Esse fenômeno atual, presente nas escolas e nas relações interpessoais, preocupa devido ao seu enorme impacto negativo na vida de muitos. Ele assume contornos assustadores, transformando a vítima em alvo de animosidade contínua. É fundamental não minimizar ou ignorar, em nenhuma circunstância, o *bullying* e suas manifestações.

Em 2020, um estudo publicado no *Journal of the American Academy of Child and Adolescent Psychiatry*, realizado na Inglaterra com base em dados de 48 países, evidenciou que jovens entre 12 e 15 anos pensam muito mais em suicídio quando são vítimas de *bullying*. Do total de entrevistados, 17% afirmaram que já tinham considerado seriamente o suicídio para escapar da perseguição contínua. Além disso, 80% dos que enfrentavam esse problema sofriam de ansiedade, 56% tinham dificuldade para dormir e o desempenho escolar estava gravemente comprometido.

Se começamos abordando o tema do amor, por que, então, discutir o *bullying* agora? Porque acreditamos que é um dos alertas mais urgentes no que diz respeito à educação socioemocional. Desenvolver ações, relações, atitudes e projetos que promovam o afeto nas famílias, nas escolas e nos espaços de convivência é essencial. Isso certamente contribui para que os jovens que praticam *bullying* tenham uma visão mais empática do outro.

Ao permitir a expressão dos sentimentos e ao abordar os conflitos, também conseguimos acessar melhor o agressor, que muitas vezes também é vítima de suas próprias lacunas emocionais. Afinal, quem precisa humilhar, diminuir e invalidar o outro para se sentir importante e se destacar perante o grupo, carrega consigo enormes lacunas internas que precisam ser trabalhadas.

Devemos nos distanciar da indiferença, que fecha os olhos ou simplifica tudo com frases como: "No meu tempo, isso não existia, e estou aqui!" ou "Fui xingado e xinguei, e sobrevivi!". Será mesmo? Vamos considerar as gerações de quatro décadas atrás, permeadas por inseguranças, dificuldades emocionais e um número elevado de relacionamentos desfeitos. Será que reprimir emoções, engolir a dor das críticas mordazes feitas para ferir sentimentos é realmente a melhor abordagem? Ou, pior ainda, retaliar com ofensas e menosprezar o outro?

Dentro da abordagem que estamos construindo nesta obra, a prevenção ao *bullying* é uma ação presente em todas as séries do ensino fundamental. É necessário empreender uma verdadeira cruzada nas instituições educacionais, tanto formais quanto informais, para erradicar algo que vai contra o crescimento, o aprimoramento moral, e o desenvolvimento de valores e atitudes baseados em afeto e respeito por si e pelos outros.

Relacionamos diretamente as questões ligadas a esses grandes, complexos e dramáticos comportamentos muito comuns hoje, especialmente entre os jovens — o *bullying* e o *ciberbullying* — com lacunas afetivas, falta de empatia e limites, além da influência do meio. Crianças e jovens podem envolver-se em *bullying* por pressão do grupo, buscando aceitação. No entanto o perfil dos agressores, que oprimem, rotulam e criam uma rede que desvaloriza o outro, reflete também uma fragilidade na capacidade de amar o próximo. Embora a capacidade de amar esteja presente em todos os seres humanos, nem todos encontram condições para desenvolver relacionamentos amorosos e afetivos.

Isso o assusta? A nós também. Porém vamos dialogar sobre alguns caminhos possíveis, pois continuamos a ver as pessoas como seres em desenvolvimento, e todo aquele que deseja crescer e aprender tem potencial e capacidade de retomar percursos, de se reinventar!

E, ENTÃO, COMO COLABORAR PARA QUE AS NOVAS GERAÇÕES SEJAM MAIS AMOROSAS E GRATAS?

A amorosidade à qual nos referimos, e mais uma vez defendemos, não se traduz em falta de limites, ausência de responsabilidades, tampouco em pretexto para nunca desejar frustrar ou dizer não. Quem ama se importa! Quem ama alguém ou uma causa geralmente se torna mais inspirado no sentido de realizar e fazer o bem. Como uma força renovadora, o amor tem uma energia e potência incríveis para impulsionar ações que inspiram pessoas e alteram realidades.

É interessante notar que, muitas vezes, confundimos o excesso de mimo e a falta de limites com excesso de amor. E nisso reside outra armadilha, sobretudo na formação de uma criança. O amor nunca pode ser visto como excessivo! A sensação de ser amado traz conforto, segurança e um registro emocional positivo que propiciam o desenvolvimento de pessoas capazes de sentir compaixão pelo próximo.

Segundo a doutora Lídia Weber, autora do livro *Educar com carinho*, em termos neurobiológicos, quando uma criança sente que é amada, seu cérebro é inundado pela dopamina (neurotransmissor) e dá início a um processo que torna ativas as regiões de recompensa do cérebro, fazendo com que ela sinta prazer e se alegre. Ela chama de "cérebro aprendiz" aquele que irá consolidar um desenvolvimento no âmbito socioemocional muito mais seguro, empático e capacitado para estabelecer uma convivência respeitosa e amorosa com os que o cercam.

Um exemplo clássico do verdadeiro caos que a falta de amor produz nos seres humanos, sobretudo na infância, pode ser observado ao realizarmos um exame mais detalhado das histórias de vida de menores infratores ou criminosos. Quase sempre, a forte ausência de empatia com o outro leva à realização de crimes frios e calculistas, originados em pessoas que não conheceram o real sentido do amor e da oportunidade.

Aqui, falamos do amor no sentido mais amplo, pois, caso contrário, apenas culparíamos os indivíduos sem considerar o meio (sistema) e suas adversidades. Falamos também de uma sociedade que, quando atravessada pela ausência de amorosidade e compromisso efetivo com as pessoas, organiza-se voltada a atender meramente aos interesses pessoais de poucos, eliminando a oportunidade de milhares de crianças e jovens de alterarem seu percurso. Não se sentindo, e efetivamente não sendo amadas, e, pior, sentindo-se à margem, as pessoas tendem a permitir que seu pior aflore, pois todos nós podemos ser potencialmente maus. Uma frase que sempre ressoa: "Nem bons, nem maus, apenas humanos". Isso posto, não sendo amado individual e coletivamente, o ser humano certamente irá se tornar sua pior versão!

Portanto se o motor do desenvolvimento de um ser humano está relacionado ao amor e se os pais pudessem dimensionar a importância do sentimento de ser amado na construção da autoestima, da autoimagem positiva, da segurança e dos valores sólidos que irão formar um caráter empático e respeitoso, que se importa, agrega, inclui e não segrega, talvez investissem mais tempo e se dedicassem com mais afinco à tarefa de amar seus filhos incondicionalmente.

Eu, como diretora de escola, já fui, ao longo de minha carreira na educação, questionada por muitos pais: "O que eu posso fazer pelo futuro do meu filho?". E, invariavelmente, meu conselho era: apenas ame, ame muito seu filho. Dê a ele conforto e segurança de que é amado, coloque limites, o que também é um ato de amorosidade. Abra-se à escuta atenta e demonstre que você se importa, de fato, com ele.

Pais e educadores indiferentes causam insegurança, passam a sensação de que os filhos ou alunos estão soltos no espaço e, não se sentindo resguardados, certamente, na adolescência, irão buscar outros portos, que quase sempre não são confiáveis e podem até comprometer escolhas futuras. E bem sabemos que filhos costumam, no futuro, cobrar caro a falta de amor e limites.

Contudo não desejamos aqui gerar uma sensação indesejável de culpa nos pais, que por conta da vida não conseguem ter o tempo almejado para suas crianças. Isso apenas traz mais responsabilidade em relação à "qualidade" e à entrega do tempo aos filhos. Maurício recordou, quando escrevíamos este livro, a nostálgica história de um pai que, trabalhando demais, combinou com o filho que cada nó que fizesse no seu lençol e ele visse ao acordar significaria o seu amor e a sua presença. O amor manifesto em um pequeno nó confortava e conferia a segurança de ser amado. Um simples sinal de presença capaz de conferir uma certeza: sou amado!

Vivian Dias

Não raro, vemos jovens culpando seus pais pela falta de firmeza ou interesse por suas vidas. Portanto se a qualidade do tempo oferecido ao seu filho não for sua prioridade (e aqui não falamos em quantidade), certamente os problemas que enfrentarão no futuro serão maiores e mais complexos.

Vemos com cautela a idealização dos espaços educativos, sejam eles formais ou informais, assim como as relações parentais, afetivas e de amizade, pois elas não são como ilhas de prosperidade, como se o passaporte do amor por si só bastasse para resolver as diferenças. Não é um exercício fácil, uma vez que esses espaços são preenchidos pela diversidade de modos de ser, agir e pensar, e pela grande pluralidade que são os seres humanos.

O amor sem diálogo se torna estéril e sem espaço para liberdade, tampouco frutifica. O amor, por si só, não garante um acordo permanente de uma convivência pacífica. Fica claro que professores que se relacionam melhor e mais amorosamente com suas turmas, que têm apreço genuíno pela sua área de conhecimento e creem no poder de sua profissão, são mais realizados. Mas isso não os isenta de serem as relações sempre permeadas pelo conflito e pelas dificuldades inerentes entre seres humanos com percepções diferenciadas.

Talvez nossos maiores desacordos, discussões e desentendimentos sejam, até de forma recorrente, com pessoas que amamos e nos relacionamos afetuosamente. É importante ressaltar o conflito como algo presente, caso contrário podemos sugerir a equivocada ideia de que o amor/afeto é um passaporte mágico que, de súbito, resolverá toda a complexidade dos relacionamentos.

Alguns trabalhos na área educacional sugerem que professores amorosos por si só mudam tudo, portanto, quando não mudam, a culpa seria supostamente exclusiva da falta de amor do professor. Para nós, é uma visão que não dialoga com nossa intenção ao explorar a EAI Existencial e o amor como um dos seus pilares.

A ideia é colaborar com algumas reflexões, sobretudo baseadas na experiência de que o ser humano nasce com vocação para amar e ser amado. A gratidão é uma das expressões do amor que se traduzem em reconhecimento e lealdade.

Talvez, a busca maior dos seres humanos ao longo de sua vida seja pelo amor, mas aquele longe de ser um sentimento irracional — como a paixão, que é mais intensa, avassaladora e tem prazo de duração —, que acontece quando nos abrimos efetivamente ao outro e costuma ter um prazo de validade bastante longo; muitos amores se eternizam.

Cremos em três caminhos que ajudam o amor, o afeto e a gratidão a florescerem nos seres humanos, não como roteiro, mas como estrada à frente para ser trilhada, primeiro por nós, que de alguma forma educamos pessoas, e, depois, pelos nossos aprendizes.

1. O CAMINHO DA ACEITAÇÃO

> "A aceitação tem como princípio que, ao se olhar no espelho, você não apenas se veja refletido externamente, mas seja capaz de enxergar ali uma pessoa que possui qualidades, acertos e conquistas, porém também com dores, complexos e cicatrizes. É saudável que seu reflexo seja o de um ser humano em construção."
>
> *(Leo Chaves em A grande arte de se reinventar)*

Dificilmente alguém poderá amar e, com isso, desenvolver a gratidão, se não passar por um processo de aceitação de si mesmo — uma profunda imersão no seu interior para se reconectar com seus sonhos, expectativas, entender seus limites e se propor a superá-los. Quando nos aceitamos, passamos a nos olhar com mais objetividade, o que gera um movimento, uma intenção de também aceitar e nos abrir às pessoas, às novas realidades, aos desafios.

Na sociedade contemporânea, rápida e líquida, costumamos não dedicar tempo nem a nós mesmos, nem aos nossos filhos, nem aos alunos, para que percebam, reflitam e consigam desenvolver a autoaceitação. Não se trata de gerar a indesejável passividade, mas de incentivar o orgulho de ser quem se é, de sua história, realidade, origem e, com isso, encontrar, nesse processo de autovalorização, forças para seguir com a certeza de que não é inferior, mas capaz!

2. O CAMINHO DO PERDÃO

> "A capacidade do perdão é virtude nobre e instrumento indispensável para a própria saúde emocional, além de recurso importante nas relações com o outro. E o grande agente dele é você mesmo. Se você não se perdoar por suas falhas, erros, tropeços e enganos, dificilmente o fará com quem o magoar. O 'autoperdão' é a consciência e a aceitação de que você sempre será um ser em desenvolvimento."
> (Leo Chaves em *A grande arte de se reinventar*)

Quanto engano contém a frase de que alguém foi mais abençoado por ter recebido o perdão. Embora seja uma alegria receber o perdão por alguma escolha errada, atitude ou fala, quem colhe mais frutos com o perdão é, sem dúvida, quem é capaz de perdoar. Certamente, ganha muito mais no sentido de somar emoções e sentimentos positivos em sua vida, deixando de lado o negativismo que corrói e está contido na ausência do perdão. Sabemos que perdoar não é sinônimo de esquecimento, mas permite a lembrança sem rancor, mágoa e ódio, que nos paralisa e nos joga em um ciclo perverso de improdutividade. Nada do que vem do ódio dá bons frutos.

É possível ensinar o perdão? Ensinar como uma receita ou uma regra matemática exata? Claramente, não. Contudo é possível viver de uma forma em que o perdão acabe sendo uma consequência quase natural desse processo.

Quem vê o erro como algo que nos constitui a todos indistintamente acerta e amplia o olhar. O erro, inclusive, faz parte do próprio desenvolvimento do aprendiz. Na pedagogia, falamos no conceito do "erro construtivo". Em termos de aprendizado, é justamente por meio dele que o aluno percebe, descontrói, cria novas hipóteses e, por fim, aprende de fato. Essa constatação colabora na construção de uma mente flexível, que entende o erro dos outros não como uma sentença, mas como algo que nos constitui democraticamente como humanos, passível de ser reavaliado, repensado e transformado, sendo a principal ponte para futuros acertos.

Perdoar tem um efeito curativo, possibilitando uma condição de mais leveza. Contudo, ainda assim, é ingênuo crer que almejamos uma convivência diária com quem perdoamos ou que o convívio volte a ser como antes. Se voltar, excelente, certamente você ganhou um extra, ensinou mais; se não, apenas siga com o coração mais leve, livre do rancor e da mágoa que travam e limitam.

> É tão grave o caminho para o qual a falta de perdão pode nos levar que, durante minha trajetória como professora, lembrei-me de uma experiência marcante da minha juventude. Quando comecei a dar aulas para adolescentes em uma escola encontrei um aluno típico: rebelde, contestador, capaz de defender suas ideias até o fim. Sua personalidade desafiadora era malvista pelos professores, embora fosse sagaz e inteligente.
>
> Durante uma reunião de conselho de classe, em maio, meus colegas afirmaram que ele seria reprovado para aprender a não desafiar os professores com suas ideias revolucionárias. Isso me chocou profundamente. Com apenas 22 anos, fiquei estarrecida ao ver o destino de um jovem de apenas 16 anos ser predeterminado sete meses antes do final do ano letivo. O discurso do grupo, muito conservador, era carregado de rancor. Uma frase de uma professora ecoou em meus ouvidos por muito tempo: "Com a gente, esse tipo de aluno não tem perdão!".
>
> No entanto, para mim, professora, esse registro foi transformado em algo positivo: decidi que sempre abriria espaço para dialogar e perdoar eventuais erros dos meus alunos, a fim de compreendê-los antes de julgá-los.
>
> **Vivian Dias**

Se considerarmos que os ambientes educativos são destinados a incluir e não a excluir, compreendemos o quanto perdemos como educadores, pais e adultos que acompanham pessoas em formação ao não conseguirmos enxergar o erro como algo inerente ao ser humano. Estender as mãos para a superação dos erros, seja em termos de comportamento, atitudes ou, ainda, relacionados à aprendizagem, é sempre o melhor caminho a ser seguido e o que mais contribuirá para o crescimento e o desenvolvimento dos aprendizes.

3. O CAMINHO DA PACIÊNCIA

Quem não é paciente, não se aprofunda no conhecimento nem nas emoções e tem dificuldade em criar vínculos e em parar para ouvir o outro. A falta de paciência também dificulta mergulhar fundo nos sentimentos e muito provavelmente terá dificuldade para amar e ser grato.

O tempo de concentração das crianças, dos jovens e adultos mudou significativamente nas últimas décadas. Na década de 1930, estudiosos calcularam que o tempo de concentração durante uma hora/aula era de 50 minutos. Hoje, sem sombra de dúvida, é muito menor. A chamada geração Z, nascida entre os anos de 1995 e 2015, não conheceu o mundo sem tecnologia. São nativos digitais, acostumados aos *link*s rápidos, às imagens em movimento, muito mais do que à linguagem dos livros escolares, à lousa e ao giz. Isso resulta em impaciência, que se traduz na busca contínua por algo a fazer. Quando encontram algo, rapidamente surge o tédio, que os leva a buscar outra atividade, criando um ciclo de insatisfação.

A contemplação praticamente desapareceu, não apenas na geração Z, mas em outras também. O tempo para reflexão e contemplação foi substituído pela exploração das telas dos *smartphones*, e essa impaciência se revela na busca constante por algo novo, por algo para fazer ou brincar.

A impaciência dificulta a criação de vínculos, até mesmo para brincar com os mesmos amigos, o que favorece os laços de amorosidade, mas muitas vezes é visto como entediante. Percebo que meus filhos, da geração Z, têm grande dificuldade para parar, esperar e contemplar, e eu constantemente busco formas de envolvê-los e incluí-los. Quando os vejo absortos nos celulares, prontamente os aviso: "Filho, estou sentindo sua falta aqui! 'Aqui' no sentido de estar presente, participando do nosso momento". Cultivo o hábito de chamá-los para uma presença ativa, para que possam aproveitar da melhor forma aquele momento, que é sempre único e irrepetível.

A paciência, ao lado da aceitação e do perdão, é, sem dúvida, o caminho para que as crianças aprendam a respeitar o tempo das coisas e o tempo dos outros. É importante que durante o processo de espera, consigam olhar e se conectar com as pessoas, para posteriormente estabelecerem vínculos sólidos de amor, gratidão e entrega em tudo o que se propuserem a fazer.

Leo Chaves

Há formas incríveis e criativas de se trabalhar a paciência com as crianças e os jovens. Jogos em geral são um grande canal para o aprendizado do valor da espera:

- A concentração induz ao aprendizado da espera pela sua vez.
- Ficar atento à escuta e às regras permite formar um campo fértil para que sentimentos, como o respeito ao próximo, encontrem meios de crescer e florescer.

VAMOS CONVERSAR UM POUCO MAIS SOBRE PACIÊNCIA?

Preocupou-nos muito, durante nossos encontros para escrever este livro, a questão da crescente impaciência entre crianças e jovens, que não sabem esperar, desejam tudo para ontem e se frustram demais diante da simples frase: "Você terá que esperar!".

Durante uma de nossas leituras em um blog, *A mente é maravilhosa*, muito apreciado por nós durante este trabalho, encontramos a seguinte pesquisa, realizada na Universidade Nacional de Singapura, com 1.158 estudantes. Um dos professores responsáveis, que coordenou a pesquisa, o doutor Xinh Zhang, coautor do trabalho, revelou que há uma estreita relação entre incompetência cognitiva e social, além da grande impulsividade que caracteriza os impacientes, e o fato de eles terem um descontentamento contínuo com tudo e todos. O doutor Xinh elenca características dos muito impacientes que, claramente, impactam na convivência social:

> Realizam julgamentos rápidos e corroboram preconceitos, já que não param para avaliar, não leem ou se informam, afinal não têm paciência para leitura, troca, diálogo. Assim como não têm tempo, falta calma. Não existe também espaço para se conectarem com outros pontos de vista e, sobretudo, com novas formas de aprendizagem. Por fim, como querem tudo do seu jeito e para ontem, são pessoas que passam a ter dificuldades no convívio social, pois não há respeito e compreensão em relação ao tempo do outro.

Diante dessas constatações da referida pesquisa, percebemos o quão urgente é que pais e educadores, de maneira geral, estejam atentos a essa impaciência generalizada, que muitas vezes é corroborada pelos pais sem que percebam, quando cedem aos filhos mais impacientes em detrimento dos outros ou quando atendem imediatamente o filho e justificam: "Ele não sabe esperar!". É importante estarmos alertas: o mundo não se curvará diante dos desejos e da pressa, e os fatos no convívio social não serão submetidos à impaciência.

Pensar sobre o processo de formação das crianças e dos jovens, seja na família, na escola, em projetos sociais ou esportivos, é importante. Vale ressaltar que o esporte é, sem dúvida, um caminho que auxilia no desenvolvimento da paciência. Ao praticar uma atividade esportiva, a criança e o jovem precisam se submeter às regras; se for uma atividade coletiva, devem também aprender a interagir com as pessoas, respeitando o tempo do outro. Portanto, o esporte é um dos caminhos possíveis, que traz muitos resultados positivos para o desenvolvimento da paciência.

QUANDO A EXISTÊNCIA ENCONTRA SEU CAMINHO – A BUSCA DE UM SENTIDO E O SENSO DE FINITUDE

Todas as vezes que nos reunimos para escrever, trocar ideias e discutir os conceitos que estamos compartilhando aqui, deparamo-nos com a noção da finitude, que sempre nos instiga a refletir sobre a força positiva e motivadora de fazer tudo o que nos propomos, considerando que "este pode ser o último dia".

O senso de finitude praticamente não existe em crianças (principalmente) e jovens, que ainda não têm esse nível de abstração. Idade e senso de finitude quase sempre caminham juntos. À medida que a maturidade e a velhice se aproximam, passamos a pensar de forma mais contundente sobre o término da vida.

Ter o senso de finitude como elemento norteador de nossas vidas produz aquilo que sempre comentamos: uma entrega muito mais inteira. É como quando viajamos e, em algum momento, refletimos: "Vou aproveitar esta viagem como se fosse a minha última!". Embora, para muitos, seja um pensamento desagradável, isso nos leva a experimentar e a desejar vivenciar cada momento da melhor forma, com intensidade e integridade.

Imagine, então, se o senso de finitude pudesse ser aplicado ao processo educativo. Se entendêssemos cada mediação, aula, conversa, projeto, trabalho, passeio e diálogo com nossos aprendizes, sejam eles filhos, alunos, educandos de projetos ou familiares, como sendo o último, quão rica e mais intensa seria nossa entrega. Quantas lacunas os pais promovem nos processos de criação dos filhos ao não aplicarem o senso de finitude? Pensar que aquela pode ser a última oportunidade de orientar um filho, de dialogar com ele, de abordar aquele comportamento grave e inadequado. Certamente, as prioridades do trabalho seriam deixadas de lado e o adulto reconheceria a emergente necessidade de dialogar.

Longe de deprimir ou se tornar uma amarra, o senso de finitude expande e amplifica a dimensão do presente como o melhor momento para escrever sua história, o momento mais privilegiado para se conectar com as pessoas, para exercitar o amor, a gratidão, o perdão e a paciência.

Ainda é um tabu em nossa sociedade falar da finitude com crianças e jovens, quando, na verdade, ela se faz presente na vida, seja no momento da perda de um animal de estimação, de um familiar querido, de um amigo ou de pessoas próximas, ou até mesmo de alguém que admiramos e não conhecemos pessoalmente. Sempre lembramos, e cremos, como nação, o quanto este país foi tomado, em um domingo no ano de 1994, pela finitude: a morte de Ayrton Senna!

Esse episódio nos colocou diante da finitude súbita, inesperada, improvável e, para nós, brasileiros, quase uma orfandade de um homem que tínhamos como referência de um brasileiro que deu certo, que inspirava pessoas e contagiava a todos com sua precisão, dedicação, disciplina, foco e busca incansável pela superação. A finitude, materializada em uma figura tão emblemática, é a prova incontestе de que esse sentimento não pode ser negado, mas sim, trabalhado como parte constitutiva e a única previsível da existência humana.

Nos tempos difíceis da pandemia, talvez nunca antes na história recente tenhamos sido confrontados tão fortemente com a finitude que espreita e se faz presente. A consciência, que precede nossas ações, de que aquela poderá ser nossa última oportunidade de estarmos com as pessoas com as quais convivemos, seja no âmbito pessoal ou no trabalho, carrega em si uma possibilidade diária de que façamos sempre o nosso melhor.

Recorrentemente, negligenciamos o essencial, priorizando o superficial. Muitas vezes, as interações são sempre apressadas e permeadas pela frase usual: "Não tenho tempo para isso agora". Se antes de proferirmos essa frase pensássemos que aquela poderia ser nossa última oportunidade, certamente reconsideraríamos.

No contexto do processo educativo, da criação de filhos, das mediações em sala de aula, nos projetos sociocomunitários, a entrega está diretamente ligada à importância que atribuímos, primeiro às pessoas e depois ao nível de compromisso que assumimos com aquele momento específico e à intensidade com que é vivido, considerando a possibilidade de ser o último.

É possível cultivar rotinas mais harmoniosas que facilitem essa percepção de que cada momento de interação deve ser pleno e não superficial. Isso pode ser feito por meio de ações simples, como desligar o celular, dedicar-se a uma atividade que permita atenção total ao seu filho(a), falar sobre a própria finitude e sobre princípios que vão além dos valores materiais, no sentido espiritual. Aqui, espiritualidade não se refere a uma opção religiosa específica, mas a um estímulo ao pensamento que transcende o visível, como ouvir uma música que acalma, compartilhar histórias de vida que dialoguem com a fé e a crença no ser humano. São atividades que, se realizadas com inteireza e compromisso, apaziguam a alma, acalmam o coração e promovem uma postura mais paciente diante da vida.

BUSCANDO UM SENTIDO

A EAI Existencial trata, sobretudo, de sentimentos e valores que trazem aos seres humanos um sentido e os aproxima de uma vivência mais feliz.

Na contramão de uma existência feliz, o tempo em que vivemos é abundante em existências repletas de supervalorização do consumo e de bens materiais, bem como por valores frágeis, como a hipervalorização da aparência e a ideia de que vale literalmente tudo na busca pela suposta perfeição física e juventude eterna, em detrimento da essência. Isso se deve ao enorme foco no acúmulo e na posse, e à ausência de realização do ser. O que prevalece é o narcisismo, que cria ilhas de solidão, pois sempre haverá alguém com atributos considerados melhores, competindo para superar, independentemente dos meios que sejam necessários, e a insidiosa inveja, que neutraliza oportunidades e possibilidades. São armadilhas da incompletude humana das quais nenhum de nós está isento, e em algum momento tropeçamos nelas.

Somos seres em construção tanto quanto aqueles que educamos, e essa consciência nos chama para a responsabilidade de lapidar nossa mente, nossos sentimentos e nossas atitudes.

Como encontrar caminhos em um mundo tão ferozmente competitivo e individualista? Um dos livros que nos influenciou profundamente em nossas muitas leituras foi *Em busca de um sentido*, de Viktor Frankl. Um trecho dele abre este livro como epígrafe, com a intenção de reforçar a convicção de que uma maneira de nos mantermos conectados uns aos outros, com compromisso e aceitação, é encontrar um sentido real e significativo para nossa vida.

Frankl, um médico neuropsiquiatra judeu, viveu o pesadelo de ser prisioneiro em um campo de concentração durante o Holocausto, uma das experiências mais aterrorizantes da história mundial, que resultou em milhões de mortes. Ele sobreviveu a esse terror e, após tanto sofrimento, desenvolveu sua teoria, a logoterapia, em oposição às ideias de Freud, que afirmava que a busca pelo prazer é o que nos move. Para Viktor Frankl, o que nos move é a busca pelo sentido da vida. Ele argumenta que quando nos conectamos ao que efetivamente nos move, encanta, inspira e impulsiona, encontramos a força para viver.

> Em nossas conversas, à medida que finalizávamos este livro, recordei-me de um momento marcante em minha vida, quando meu filho Mauro, então com 20 anos, foi diagnosticado com uma forma grave de leucemia. Ele precisou de internações que se estenderam por mais de três anos, e foi fundamental acreditar que a vida tem um propósito maior, enraizado no amor e na esperança. Essa convicção me fez deixar de lado diversas atividades para acompanhar Mauro e, acima de tudo, manter a fé, a esperança e a certeza de que ele se curaria, o que realmente aconteceu.
>
> Foram tempos difíceis, momentos críticos em que a vida de meu filho pendia por um fio. No entanto a esperança e o propósito que guiavam minha vida, baseados na crença em Deus e na força do amor, levaram-me a segurar sua mão sem jamais duvidar de sua cura. Hoje, aos 33 anos, Mauro está curado e desfruta de uma vida saudável. Ele busca constantemente se envolver em causas que visam ajudar o próximo. O sentido para ele e para nós reside em acreditar que, apesar das adversidades, quando há amor e solidariedade humanos, somos capazes de superar obstáculos.
>
> Essa experiência única em minha vida, na qual minha fé e resiliência foram colocadas à prova, fez-me compreender que aquilo que verdadeiramente nos sustenta não são os bens materiais que acumulamos, mas, o significado que encontramos, ou não, em nossas vidas.
>
> **Maurício Dias**

Assim, talvez nos conectemos com o último capítulo, que representa a própria essência deste livro, sua inspiração e as várias situações que, convergindo, possibilitaram a materialização desta obra até alcançar estas linhas finais – a busca por um sentido. No meu caso, para além do meu universo conhecido, da música e do *show business,* bem como das palestras que me inspiram e encantam, fui impulsionado por um propósito maior: colaborar. Não tenho a pretensão de ditar verdades ou realizar um estudo inédito, uma vez que tudo que compartilhamos aqui se fundamenta em estudos, percepções, práticas e experiências de um cantor, como eu, e de dois amigos, professores experientes, apaixonados por livros e pelas trocas que realizamos ao longo desta jornada de escrita conjunta.

A busca consiste em nos tornarmos melhores e inspirarmos outras pessoas a melhorarem também, não por meio de um botão mágico que ofereça receitas prontas, mas por meio de toques significativos que despertem a busca por um sentido para além do visível. Um sentido que *emocione,* que proporcione *aprendizado* e que possa ser aplicado com *inteligência* em prol da vida. Esse propósito não se limita apenas à nossa própria existência, mas também ao impacto positivo que podemos gerar na vida daqueles que cruzarem o nosso caminho. Assumimos o compromisso de influenciar de forma positiva e eficaz a vida de crianças e jovens, oferecendo-lhes caminhos humanizados, empáticos e solidários que conduzam a uma sociedade mais harmoniosa e justa.

Esse sentido abarca a inclusão e confere às pessoas um espaço de centralidade, em que a escuta é valorizada em todas as suas formas. Reconhecemos a importância de considerar diversas perspectivas e experiências, acreditando na participação e na troca como fontes de crescimento, aprendizado e expansão. Ao abrirmos nossas mentes e nossos corações, podemos encontrar um propósito para nossas vidas e cultivar uma cultura de escuta que conecte as pessoas em torno de uma das missões mais desafiadoras: educar as novas gerações para que compreendam e expressem suas emoções, e estabeleçam conexões respeitosas e acolhedoras com os outros.

Nosso sonho, nossa busca!

Obrigado por ter aceitado nosso convite inicial e ter caminhado conosco!

Leo Chaves

RECADO DO BEM

Pense em como está construindo uma existência preenchida por um sentido. A partir de agora, anote as ações, os desafios e os novos projetos que pretende desenvolver para conferir maior significado à sua vida – faça esse exercício individual de autorreflexão. Enquanto estamos vivos, nos transformamos, e sempre é possível romper com velhos hábitos e reinventar-se! Tente, pois todos os seres humanos têm potencial!

UM PERCURSO DE SONHOS E REALIZAÇÕES: A MATERIALIZAÇÃO DA METODOLOGIA EAI

> "Porque se chamavam homens/
> Também se chamavam sonhos/
> E sonhos não envelhecem."
> (Flávio Venturini/Lô Borges)

Este livro, pelo qual temos tanto apreço, teve como pilar central a obra *A grande arte de se reinventar*, de Leo Chaves. Foi a partir dela que iniciamos o percurso desafiador de promover o encontro entre o livro, as percepções e as vivências de Leo, e a prática e o conhecimento acumulado por nós, Maurício e Vivian, dois professores. O resultado desse encontro está expresso nestas páginas.

Além disso, o incentivo de Leo para que nossas ideias voassem e ganhassem uma materialidade maior foi fundamental para darmos início a um sonho que se concretizou em parceria com ele: a EAI. A partir deste livro, desenvolvemos a Metodologia EAI, consolidada com uma coleção que vai da educação infantil ao ensino médio, atingindo atualmente mais de 800 mil alunos. Esse processo de construção envolveu muita entrega, estudo e análise, além da contribuição de diversos olhares. As atividades autorais, sempre permeadas por um olhar criativo que busca evitar a massificação, são elaboradas por uma equipe multidisciplinar, a qual carinhosamente chamamos de Educadores EAI.

Seja no conteúdo ou no formato, buscamos algo que possa ser compartilhado com escolas públicas, privadas e organizações não governamentais. Nosso objetivo é criar um formato enxuto, que promova maior interação e menos repetição de atividades, diferentemente dos livros didáticos convencionais.

Além do currículo formal, incluímos atividades que incentivem a reflexão, a vivência e a interação com as EAIs de modo que nossos educadores e aprendizes se tornem sujeitos ativos e dinâmicos do processo educativo. Queremos ajudar o aprendiz a ampliar sua visão, e esse processo nos entusiasma muito!

Durante nossas reuniões com os educadores EAI, priorizamos a interatividade e o diálogo contínuo com as interfaces digitais. Com a **Metodologia EAI**, buscamos uma troca que una, aproxime e crie conexões. Nosso projeto visa à diversidade e à pluralidade, proporcionando espaço para a construção de diálogos criativos, para que nossos aprendizes atuem como protagonistas. Dessa forma, cada EAI desenvolvida será carregada de um sentido que se reflita na aplicabilidade efetiva na vida.

Nossa proposta é simples e objetiva, centrada na ação direta para e com as crianças e os jovens, em vez de ser prolixa e rebuscada. A **EAI Educa** nasceu de um sonho que cultivamos ao longo de muitos anos de trabalho em Educação, com a crença firme de que é possível avançar e concretizar nossos objetivos. A experiência nunca nos fez duvidar de que traduziríamos nossos conhecimentos em um projeto. Eis o resultado, provando que os sonhos nunca envelhecem!

O LIVRO – NOSSO PONTO DE PARTIDA

A metodologia é o nosso sonho de adentrar os espaços educativos com respeito, solicitando permissão para colaborar com educadores e aprendizes, proporcionando a estes últimos uma atuação inteligente na vida, nas relações e na busca pela realização dos sonhos. Acreditamos que essa abordagem deva ser permeada pela mesma leveza que idealizamos para um projeto de educação socioemocional.

Expressamos nossa profunda gratidão a Leo Chaves por compartilhar sua imagem, sua visibilidade e seu conhecimento acumulado em seus estudos, além de se dedicar com entrega e entusiasmo ao processo de construção desta obra. Agradecemos também pelo apoio dado por ele para transformarmos todas essas valiosas trocas em uma metodologia voltada para a educação socioemocional. Seguimos em frente, buscando honrar as expectativas em relação ao nosso trabalho à frente da **EAI Educa** e à construção da **Metodologia EAI**, em parceria com nosso amigo e grande entusiasta da educação, Leo Chaves.

Professora Vivian Dias
Diretora pedagógica da EAI Educa

Professor Maurício Dias
Gestor e sócio da EAI Educa

CULTIVANDO CORAÇÕES E MENTES

Quando o Instituto Hortense foi criado, Leo Chaves era conhecido em nosso país sobretudo por sua voz marcante e pelo talento demonstrado em uma longa e exitosa carreira. Ao fundar o Instituto Hortense em 2016, ele o faz com um propósito nobre e transformador: levar a educação socioemocional para crianças, jovens e educadores em todo o país.

Ao longo dos seis anos de sua existência, o Instituto Hortense consolida cada vez mais um trabalho cujo propósito é ser um farol de esperança para aqueles que buscam não apenas conhecimento acadêmico, mas o desenvolvimento integral de aprendizes e educadores mais conscientes, empáticos e preparados para os desafios da contemporaneidade.

Mediante um trabalho sério, com foco no apoio e no subsídio aos educadores e aos sistemas de ensino, com uma abordagem formativa próxima e acolhedora, o Instituto Hortense tem impactado positivamente a vida de inúmeras pessoas, proporcionando ferramentas e estratégias para lidar melhor com emoções, desenvolver habilidades interpessoais e promover a resiliência em um cenário de constantes mudanças e desafios.

Ao priorizar a educação socioemocional, Leo Chaves demonstra sua visão humanitária, destacando a importância de cultivar não apenas o intelecto, mas também a compaixão, a empatia e o autoconhecimento. O Instituto Hortense torna-se, assim, um exemplo inspirador de como a arte, a música e a solidariedade podem se unir para gerar um impacto positivo e duradouro na sociedade.

Em um mundo em que, muitas vezes, as emoções são subestimadas ou negligenciadas, a atuação do Instituto Hortense ressalta a necessidade premente de investir no desenvolvimento integral das pessoas, promovendo uma cultura de bem-estar, respeito mútuo e colaboração. Uma iniciativa que floresce e se expande a cada dia, inspirando pessoas a acreditarem no poder transformador da educação emocional.

Bibliografia

ALVES, Renato. *O cérebro com foco e disciplina*. São Paulo: Gente, 2014.

ALVES, Rubem. *A alegria de ensinar*. 9. ed. Campinas: Papirus, 2012.

ARANTES, Ana Cláudia Quintana. *A morte é um dia que vale a pena viver*: e um excelente motivo para se buscar um novo olhar para a vida. Rio de Janeiro: Sextante, 2019.

ARTIGAS, Ana. *Inteligência relacional*: as 6 habilidades para revolucionar seus relacionamentos na vida e nos negócios. São Paulo: Literare Books International, 2018.

BRASIL. Ministério da Educação. *Base Nacional Comum Curricular*. Brasília, 2018.

BREUNING, Loretta Graziano. *Los hábitos de un cerebro feliz*. Barcelona: Obelisco, 2016.

CAMÕES, Luís Vaz de. *Os Lusíadas*. 1. ed. Lisboa: Rei dos Livros, 2002.

CHAVES, Leo. *A grande arte de se reinventar*: as 7 habilidades que podem mudar a sua vida. 1. ed. São Paulo: Planeta, 2019.

COLLINS, Derek. *Magia no mundo grego antigo*. Tradução de Lucia Sano. São Paulo: Madras, 2009.

COMO o cérebro cria. Direção: David Eagleman. Produção: David Eagleman. Estados Unidos: Netflix, 2018.

CURY, Augusto. *Ansiedade: como enfrentar o mal do século — A Síndrome do Pensamento Acelerado*: como e por que a humanidade adoeceu coletivamente, das crianças aos adultos.1. ed. São Paulo: Saraiva, 2021.

DAMÁSIO, Antônio R. *O erro de Descartes*: emoção, razão e cérebro humano. São Paulo: Companhia das Letras, 2021.

DAVID, Susan. *Agilidade emocional*: abra sua mente, aceite as mudanças e prospere no trabalho e na vida. São Paulo: Cultrix, 2018.

FONSECA, Rodrigo. *Emoções*: a inteligência emocional na prática: São Paulo: Reflexão, 2015.

FOZ, Adriana. *A cura do cérebro*. 3. ed. Barueri: Novo Século Editora, 2018.

FRANKL, Viktor E. *Em busca de sentido*. 1. ed. Petrópolis: Vozes, 1985.

GARDNER, Howard. *As múltiplas inteligências*: a teoria na prática. 1. ed. Porto Alegre: Penso, 1995.

GOLEMAN, Daniel. *Inteligência social*: o poder das relações humanas. São Paulo: Campus, 2006.

GOLEMAN, Daniel. *Inteligência emocional*: a teoria revolucionária que redefine o que é ser inteligente. 1. ed. Rio de Janeiro: Objetiva, 2011.

GRACIOTTI, Mário. *Contos* árabes: as mil e uma noites. São Paulo: Clube do Livro, 1950.

INSTITUTO NACIONAL DE ESTUDOS E PESQUISAS EDUCACIONAIS ANÍSIO TEIXEIRA (INEP). *Censo Escolar, 2020*. Brasília: MEC, 2020.

LELYVELD, Joseph. *Mahatma Gandhi e sua luta com a Índia*. São Paulo: Schwarcz, 2012.

MAXWELL, John C. *Todos se comunicam, poucos se conectam*: desenvolva a comunicação eficaz e potencialize sua carreira na era da conectividade. Tradução de Bárbara Coutinho e Leonardo Barroso. Rio de Janeiro: Vida Melhor, 2010.

ORIN, Edgar. *Os sete saberes necessários à educação do futuro*. 3. ed. São Paulo: Cortez, 2001.

O DILEMA das Redes. Direção: Jeff Orlowski. Produção: Larissa Rhodes. Estados Unidos: Netflix, 2020.

OAKLEY, Barbara. *Mindshift*: mude seu padrão mental e descubra do que você é capaz. 1. ed. Rio de Janeiro: BestSeller, 2020.

PENMAN, Danny; WILLIAMS, Mark. *Atenção plena — mindfulness*: como encontrar a paz em um mundo frenético. 1. ed. Rio de Janeiro: Sextante, 2015.

PIAGET, Jean. *O nascimento da inteligência na criança*. 4. ed. Rio de Janeiro: LTC, 1982.

PRADO, Adélia. *Poesia reunida*. 1. ed. Rio de Janeiro: Record, 2015.

ROSENBERG, Marshall B. *Comunicação não violenta*: técnicas para aprimorar relacionamentos pessoais e profissionais. Tradução de Mário Vilela. São Paulo: Ágora, 2006.

SARAMAGO, José. *A caverna*. 2. ed. São Paulo: Companhia das Letras, 2020.

SHINYASHIKI, Eduardo. *O poder do carisma. Conquiste e influencie pessoas sendo você mesmo*. São Paulo: Gente, 2018.

WEBER, Lídia *Eduque com carinho — Equilíbrio entre amor e limites*. 4. ed. Revista e atualizada. Curitiba: Juruá, 2017.

WEISSBOURD, Richard. *Os pais que queremos SER*: como pais bem-intencionados podem prejudicar o desenvolvimento moral e emocional dos filhos. São Paulo: WMF Martins Fontes, 2012.

VIGOTSKI, Lev Semionovitch. *Pensamento e linguagem*. Tradução de Jefferson Luiz Camargo. São Paulo: Martins Fontes, 1993.

DOCUMENTOS ELETRÔNICOS

5 DICAS para cultivar empatia. *Making Caring Common Project*, 2021. Disponível em: https://mcc.gse.harvard.edu/. Acesso em: 18 mar. 2024.

AS REDES sociais mais utilizadas. *IEBS School*, 2020. Disponível em: https://www.iebschool.com/pt-br/blog/social-media/redes-sociais/as-redes-sociaismaisutilizadasnumerosestatisticas/#:~:text=De%20acordo%20com%20o%20The,representa%2045%25%20da%20popula%C3%A7%C3%A3o%20mundial. Acesso em: 18 mar. 2024.

BRASIL. Lei n.º 8.069, de 13 de julho de 1990. Dispõe sobre o Estatuto da Criança e do Adolescente e dá outras providências. Disponível em: https://www.childfundbrasil.org.br/blog/eca-estatuto-da-crianca-e-adolescente/?utm_source=google&utm_medium=cpc&utm_campaign=blogposts&gad_source=1&gclid=CjwKCAjwzN-vBhAkEiwAYiO7oHp5rUa_6ZnPNZkgi81gw9oC-QZrPuf1SnPUFBHxnWUtal2qvmVithoCYJQQAvD_BwE. Acesso em: 18 mar. 2024.

BRASILEIRO é um dos campeões em tempo conectado na internet. *News, Blog e Informações*. Disponível em: https://g1.globo.com/especial-publicitario/em-movimento/noticia/2018/10/22/brasileiro-e-um-dos-campeoes-em-tempo-conectado-na-internet.ghtml. Acesso em: 18 mar. 2024.

BURD, Leo. O desenvolvimento da criatividade não depende necessariamente da tecnologia. *Nova Escola*, 2020. Disponível em: https://novaescola.org.br/conteudo/20717/paulo-blikstein-ferramentas-tecnologicas-devem-ser-usadas-quando-ha-um-proposito-pedagogico-e-nao-porque-sao-novas-ou-modernas. Acesso em: 18 mar. 2024.

COMO funciona o cérebro das pessoas criativas. *BBC News Brasil*, 2018. Disponível em: https://inmi.com.br/como-funciona-o-cerebro-das-pessoas-criativas/. Acesso em: 18 mar. 2024.

CORONAVÍRUS: as aulas online são a solução para a educação? *Brain Latam*, 2020. Disponível em: https://Coronavírus: as aulas online são a solução para a educação? Acesso em: 09 fev. 2021.

DENÚNCIAS de violência contra crianças e adolescentes caem 12% no Brasil durante a pandemia. *G1 - Globo*, 2020. Disponível em: https://g1.globo.com/sp/saopaulo/noticia/2020/09/10/denuncias-de-violencia-contra-criancas-e-adolescentes-caem-12percent-no-brasil-durante-a-pandemia.ghtml. Acesso em: 07 fev. 2021.

ESTRANHO mapa do mundo baseado na produção científica. *Hypescience*, 2015. Disponível em: https://hypescience.com/mapa-mundo-ciencia-producao-cientifica/. Acesso em: 03 fev. 2021.

FONSECA, Vitor. Importância das emoções na aprendizagem: uma abordagem neuropsicopedagógica. *Revista Psicopedagogia*, São Paulo, v. 33, n. 102, p. 365-384, 2016. Disponível em: http://pepsic.bvsalud.org/scielo.php?script=sci_arttext&pid=S0103-84862016000300014&lng=pt&nrm=iso. Acesso em 30 jan. 2021.

MAIS de 4,2 bilhões de pessoas vivem sem acesso a saneamento básico. *ONU News*, 2020. Disponível em: https://news.un.org/pt/story/2020/11/1733352. Acesso em: 09 fev. 2021.

O QUE faz destes países os mais generosos do mundo? *BBC News Brasil*, 2016. Disponível em: https://www.bbc.com/portuguese/vert-tra-38205668. Acesso em: 07 fev. 2021.

PESSOAS sem paciência: quero tudo e quero agora. *A mente é maravilhosa*, 2020. Disponível em: https://amenteemaravilhosa.com.br/pessoas-sem-paciencia/. Acesso em: 03 fev. 2021.

PIRES, Sergio Fernandes Senna. *O mito de Mehrabian*. Instituto Brasileiro de Linguagem Corporal. Disponível em: https://ibralc.com.br/o-mito-de-mehrabian/. Acesso em 02 abr. 2021.

QUAL a diferença entre emoção e sentimento na Psicologia. *Sociedade Brasileira de Inteligência Emocional*. Disponível em: https://www.sbie.com.br/qual-diferenca-entre-emocao-e-sentimento-na-psicologia/. Acesso em: 18 mar. 2024.

ROAZZI, Antonio "et. al". *O QUE é emoção? Em busca da organização estrutural do conceito de emoção em crianças*. Scielo, 2011. Disponível em: https://www.scielo.br/j/prc/a/9HSgPhKSGBrDv6xN3GvrQ5w/?format=pdf. Acesso em: 08 fev. 2021.

USO de celular ao volante é a terceira maior causa de mortes no trânsito no Brasil. *Auto Esporte*, 2018. Disponível em: https://agenciabrasil.ebc.com.br/radioagencia-nacional/geral/audio/2022-09/uso-do-celular-ao-dirigir-ja-e-3a-causa-de-acidentes-de-transito. Acesso em: 18 mar. 2024.

grupo novo século

Compartilhando propósitos e conectando pessoas.
Visite nosso site e fique por dentro dos nossos lançamentos:
www.gruponovoseculo.com.br

ns

facebook/novoseculoeditora
@novoseculoeditora
@NovoSeculo
novo século editora

gruponovoseculo.com.br

Edição: 1ª
Fonte: Minion Pro 12/16
Gotham 12/15